Ich drucke!

Signet, Marke und Druckerzeichen seit dem Zeitalter Gutenbergs

Herausgegeben von
Nino Nanobashvili
und Hui Luan Tran

Begleitband zur gleichnamigen Ausstellung
des Gutenberg-Museums Mainz in Kooperation
mit der Johannes Gutenberg-Universität Mainz

Deutscher
Kunstverlag

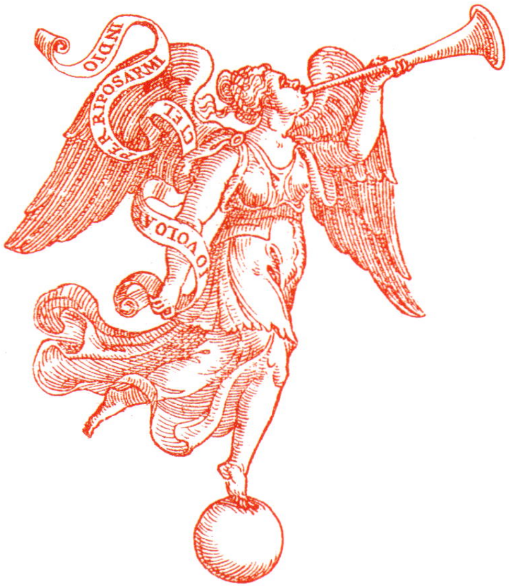
IN DIO PER RIPOSARMI
CIEL
IO VOLO A

Begleitband zur Ausstellung

Ich drucke!
Signet, Marke und Druckerzeichen seit dem Zeitalter Gutenbergs

Gutenberg-Museum Mainz,
28. November 2025
bis 22. Februar 2026

Ausstellung des Gutenberg-Museums in Kooperation mit der Johannes Gutenberg-Universität Mainz

Gutenberg-Museum Mainz

Johannes Gutenberg Universität Mainz

Begleitband und Ausstellung wurden ermöglicht durch die freundliche Unterstützung von

EvS Ernst von Siemens Kunststiftung

Art Foundation Mentor Lucerne

Tavolozza Foundation

Stiftung Rheinland-Pfalz für Kultur

Rheinhessen Sparkasse

INHALT

GRUSSWORT

Die vorliegende Publikation ist ein Ergebnis intensiver Zusammenarbeit zwischen dem Gutenberg-Museum in Mainz und der Johannes Gutenberg-Universität Mainz. Die Positionierung des weltberühmten Museums für Schrift-, Druck- und Buchgeschichte als eine wissenschaftliche Einrichtung findet Ausdruck in Forschungsprojekten, die in Kooperation mit den verschiedenen Abteilungen der Mainzer Universität und anderen Forschungseinrichtungen realisiert werden. Mit der Abteilung Kunstgeschichte gibt es einen langjährigen und sehr regen Austausch, der sowohl die universitäre Lehre als auch die wissenschaftliche Forschung betrifft.

Im Zentrum der Ausstellung und des Begleitbandes stehen Druckerzeichen aus dem Bestand des Gutenberg-Museums, die der Sammler und leidenschaftliche Förderer des Hauses, Gustav Mori, im Laufe vieler Jahre zusammengetragen hat. Diese Sammlung, die heute ein bedeutender Teil des Gutenberg-Museums ist, gewährt einen einzigartigen Einblick in die Geschichte des Buchdrucks und seine vielfältige visuelle Sprache. Druckerzeichen, diese oft kleinen, aber ausdrucksstarken Markierungen und Symbole, tragen eine bemerkenswerte Bedeutung in sich: Sie erzählen Geschichten über die Entstehung von Büchern, über die Menschen, die sie schufen, und über die Wechselwirkungen zwischen Kunst und Technik.

Gustav Mori, dessen Name nicht nur mit dieser Sammlung, sondern auch mit der Geschichte des Gutenberg-Museums untrennbar verbunden ist, hat sich in besonderer Weise für die Belange des Museums und seine vielfältigen Bildungsangebote engagiert. Insbesondere seine Initiative, die Druckvorführungen – heute ein wichtiger Bestandteil der museumspädagogischen Arbeit – zu etablieren, hat das Museum nachhaltig bereichert und den Zugang zu historischen Drucktechniken ermöglicht sowie deren Relevanz für die moderne Welt verdeutlicht.

Die Ausstellung und der Begleitband geben einen tiefen Einblick in die Welt der Druckerzeichen und ihre Bedeutung im Kontext der Buch- und Druckgeschichte. Sie laden dazu ein, die Kunstfertigkeit und den Innovationsgeist der frühen Drucker:innen neu zu entdecken und ihre Bedeutung für die Geschichte der Kommunikation und visuellen Kultur zu würdigen.

Mein besonderer Dank gilt den beiden Projektverantwortlichen, Dr. Nino Nanobashvili, Kuratorin am Gutenberg-Museum, und Frau Prof. Dr. Hui Luan Tran der Abteilung Kunstgeschichte an der Johannes Gutenberg-Universität Mainz. In ihrem Forschungs- und Ausstellungsprojekt haben sie sich eines Themas angenommen, das in Format und Bedeutung zunächst klein erschien. Durch ihre fundierte Forschungsarbeit haben die Wissenschaftlerinnen den zumeist kleinen Druckerzeichen neue Größe und Sichtbarkeit verliehen.

Ich danke allen, die das Projekt in den verschiedenen Phasen seiner Realisierung unterstützt haben. Dem Servicezentrum Digitalisierung und Fotodokumentation (SDF) unter der Leitung von Dr. Klaus T. Weber danke ich für die Digitalisierung des Druckerzeichen-Bestands. Dr. Lisa Roemer, Sammlungskoordinatorin an der JGU, gilt mein Dank für die Bereitstellung der Daten in der Datenbank der Universität und die stets hilfreiche Unterstützung.

Nur die großzügige finanzielle Unterstützung hat die Umsetzung von Ausstellung und Begleitband ermöglicht. Mein Dank gilt der Art Mentor Foundation Lucerne, der Ernst von Siemens Kunststiftung, insbesondere ihrem Generalsekretär Dr. Martin Hoernes, der Tavolozza Foundation unter der Führung von Katrin Bellinger, der Stiftung Rheinland-Pfalz für Kultur und der Rheinhessen Sparkasse.

Dem Deutschen Kunstverlag gilt mein Dank für die Produktion des vorliegenden Bandes. Sowohl das Gutenberg-Museum als auch der Deutsche Kunstverlag sind dem schönen Buch in besonderer Weise verpflichtet. Umso mehr freue ich mich, dass sich dieses Versprechen mit dem zur Ausstellung erscheinenden Begleitband einlösen lässt.

Dr. Ulf Sölter
Direktor des Gutenberg-Museums Mainz

GRUSSWORT

Sehr geehrte Damen und Herren,
liebe Mainzerinnen und Mainzer,
in diesem Jahr feiern wir den 625. Geburtstag von Johannes Gutenberg, dem wohl bekanntesten Sohn unserer Stadt und Namensgeber unserer Universität.

Kaum ein anderer Anlass bietet einen passenderen Rahmen für die Ausstellung *Ich drucke! Signet, Marke und Druckerzeichen seit dem Zeitalter Gutenbergs,* die aus einem gemeinsamen Projekt zwischen dem Gutenberg-Museum und der Abteilung Kunstgeschichte der Johannes Gutenberg-Universität Mainz hervorgegangen ist und den bisher unerschlossenen Bestand der Druckerzeichen des Gutenberg-Museums zeigt. Zur Zeit von Johannes Gutenberg kennzeichneten diese kreativen Zeichen auf der ersten oder letzten Buchseite, wer ein Buch gedruckt hatte. Man kann sie daher auch als die Vorläufer des Verlagslogos bezeichnen.

Ziel dieses Projekts war es nicht nur, die Materialien zu digitalisieren und für weitere Forschung aufzubereiten. Vielmehr sollte dieses Stück Buch- und Druckgeschichte auch Ihnen allen in Form dieser Ausstellung zugänglich gemacht werden. Als erste Ausstellung, die sich mit dem Medium der Druckerzeichen auseinandersetzt, ermöglicht sie Ihnen ganz neue Einblicke in die Tätigkeiten und Herausforderungen, die mit dem frühen Druckwesen verbunden waren.

In einer Zeit, in der die hochdynamische Digitalisierung das gedruckte Wort mehr und mehr zurückdrängt, lohnt es sich besonders, für einen Moment innezuhalten und einen Blick zurück in eine Zeit zu werfen, in der der Buchdruck noch in den Kinderschuhen steckte.

An dieser Stelle möchte ich sowohl persönlich als auch im Namen der JGU meinen Dank an die Koordinatorinnen des Projekts, Dr. Nino Nanobashvili, Kuratorin im Gutenberg-Museum für Buch- und Druckgeschichte des 15. bis

18. Jahrhunderts, und Prof. Dr. Hui Luan Tran vom Institut für Kunstgeschichte und Musikwissenschaft, aussprechen. Darüber hinaus gilt meine besondere Anerkennung dem Servicezentrum für Digitalisierung und Fotodokumentation sowie den Studierenden, die sich im Rahmen eines Seminars mit viel Neugier und großem Engagement an dem Projekt beteiligt haben.

Ich würde mich freuen, wenn diese Ausstellung Ihnen die reiche Geschichte des Buchdrucks und der Verlagswelt näherbringt und Sie auch dazu anregt, über deren Zukunft nachzudenken.

Universitätsprofessor Dr. Georg Krausch
Präsident der Johannes Gutenberg-Universität Mainz

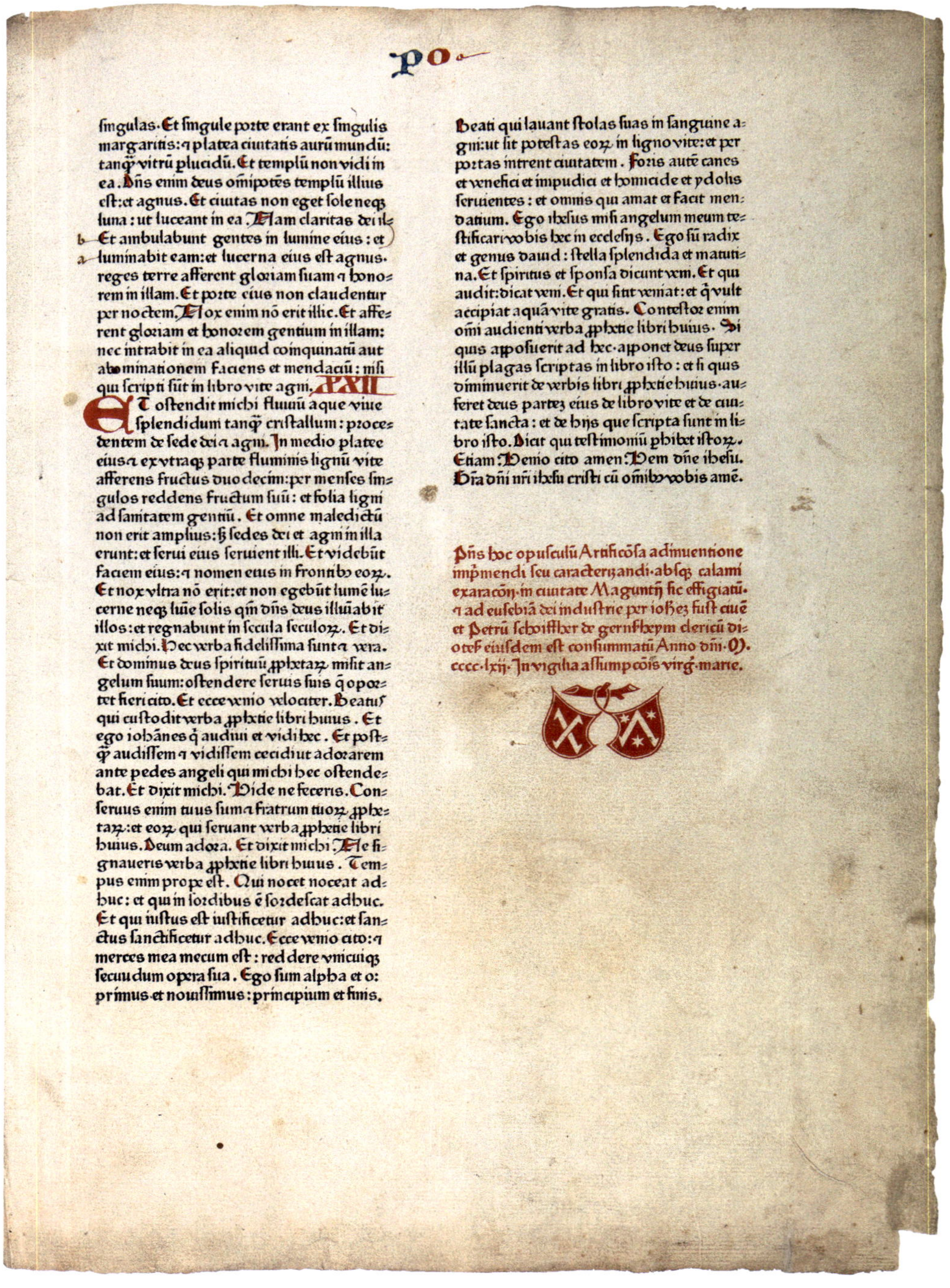

Abb. 1 | Schlussblatt mit dem Druckerzeichen von Peter Schöffer (Mainz), in: *Biblia latina* 1462. Gutenberg-Museum, Mainz, GM-Ink 32b

MEHR ALS NUR EIN LOGO.
EINE EINLEITUNG

Nino Nanobashvili und Hui Luan Tran

Welches Logo hätte Johannes Gutenberg gewählt, um sich und seine Drucke zu kennzeichnen? Die Erfindung des Buchdrucks mit beweglichen Lettern veränderte die lesende Welt auf radikale Weise. Gleichwohl Gutenbergs Leistung ohne Zweifel als bahnbrechend anzusehen ist, räumte er sich in seinen eigenen Drucken kein besonderes Auftreten ein. Anders als in heutigen Büchern, die auf Cover und Buchrücken das Logo des Verlags tragen, erhielt die „Marke" Gutenberg zu ihrer Zeit kein visuelles Zeichen. Die Notwendigkeit, sich als Drucker:in eines Buches verantwortlich zu zeigen und dies kenntlich zu machen, wurde jedoch schnell erkannt. So platzierten bereits die Nachfolger Gutenbergs und in ihrer Folge viele weitere Drucker:innen und Verleger:innen individualisierte Wort-Bild-Zeichen in ihren Drucken. Meist auf dem Titelblatt oder auf der letzten Seite des Buches begegnete den Leser:innen ein solches Druckerzeichen – der Vorfahre des späteren Verlagslogos. Die kleinen Bilder, oft in Begleitung eines kurzen Sinnspruches, ließen dabei Rückschlüsse auf die druckenden bzw. herausgebenden Personen zu, die sie führten. So standen die Frösche am Baum für Christoph Froschauer (Abb. 2) und der Greif auf dem Quader sowie der geflügelten Kugel für Sebastian Gryphius (Abb. 3). Die vermeintlich kleinen Bildchen leisteten aber weitaus mehr als nur einen Hinweis auf die Namen der Drucker zu geben.

Die teilweise rätselhaften Motive der Druckerzeichen entfalten erst bei genauerer Betrachtung ihren tiefergehenden Sinn. Seit der Etablierung der neuen Berufsfelder haben Drucker:innen, Verleger:innen und Buchhändler:innen bei der Wahl ihrer „Logos" geistreiche Gestaltungsideen entwickelt sowie Witz und Kreativität an den Tag gelegt. Die einzelnen Motive bilden ab, wie sich die Akteur:innen stets neu orientierten, um sich unter den wechselnden Bedingungen des Marktes zu behaupten. Die Druckerzeichen legten beispielsweise Zeugnis über die hohe Bildung oder Frömmigkeit der Drucker:innen ab, um so das Vertrauen der Kundschaft zu wecken. Bild- und Textelemente konnten dabei merkantile und soziale Zusammenhänge reflektieren, unter denen diejenigen, die sie führten, ihre Tätigkeit ausübten. Die „Markenzeichen" des frühen Buchwesens bergen – wie man in der heutigen Werbebranche gemeinhin sagen würde – *mehr, als* man vermutet.[1] Die Ausstellung *Ich drucke! Signet, Marke und Druckerzeichen seit dem Zeitalter Gutenbergs* rückt dieses besondere Medium, das wortwörtlich einen Eintritt in die Welt der gedruckten Bücher gewährt, ins Licht und zeigt, dass Druckerzeichen weit *mehr als nur ein Logo* sind.

Die historischen Vorläufer heutiger Verlagslogos entziehen sich einer eindeutigen begrifflichen oder funktionalen Zuordnung. Begriffe wie Signet, Druckerzeichen oder Druckermarke fallen unter die umfassendere Kategorie der Waren- und Markenzeichen und drücken insofern zum einen das Herkunfts- und Besitzverhältnis und zum anderen das Selbstverständnis ihrer Träger:innen aus. Über Jahrhunderte wurden sie durch Drucker:innen, Verleger:innen und Buchhändler:innen in den gedruckten, verlegten oder vertriebenen Werken eingesetzt.[2] Da diese Aufgabenbereiche nicht immer klar definiert waren oder manchmal mehrere Tätigkeiten in Personalunion ausgeführt wurden, wird im Folgenden der Begriff „Druckerzeichen" übergreifend und synonym für Signet und Druckermarke verwendet, ohne die Unterscheidung der Berufsgruppen und die Zusammenhänge im Einzelnen genauer aufzuschlüsseln.[3] Ein Druckerzeichen besteht in der Regel aus einem Bild teils kombiniert mit einem Kurztext, dem Motto, das in Latein oder auch mehrsprachig sein konnte und typografisch gestaltet war. Die enge Verflechtung von Bild und Text lässt eine Nähe zur Emblematik erkennen.[4]

Bereits Peter Schöffer, der ehemalige Mitarbeiter von Johannes Gutenberg, und sein Geschäftspartner Johann Fust fügten ihren Publikationen die eigenen Namen und das erste Druckerzeichen der Geschichte hinzu (Abb. 1).[5] Gutenberg selbst hatte sich beim Satz seiner Bücher an handschriftlichen Vorbildern orientiert, weswegen weder die berühmte, später nach ihm benannte *Gutenberg-Bibel* (um 1454) noch seine weiteren Drucke ein Datum oder seinen Namen enthalten, ganz wie die Vorbilder. In den frühen Jahren des Buchdrucks, insbesondere in den Inkunabeln, war es dann üblich, den eigenen Namen in einem Schlusstext, einem Kolophon, zu verorten. Parallel dazu wurde seit dem Ende des 15. Jahrhunderts ein Titelblatt entwickelt, welches das den losen Buchlagen beigegebene leere Schutzblatt ablöste. Den Marktbedingungen nachkommend, wurde es mit inhaltlichen Informationen für das Publikum versehen.[6] In den 1520er-Jahren hatte sich das Titelblatt mit allen notwendigen Angaben etabliert: Neben Titel, Textinhalt, Autor:in, Übersetzer:in, Ort, Jahr, Drucker:in, Verleger:in konnten auch bildliche Elemente, wie Illustrationen oder Druckerzeichen, hier ihren Platz finden. Den Kolophon ersetzte das Titelblatt jedoch nicht sofort. Einige Angaben, so auch das Druckerzeichen, wurden übergangsweise doppelt auf Titel- und Schlussblatt aufgeführt.[7]

1 Hacke 2025.
2 Reske 2023, S. 15–160.
3 Wolkenhauer 2002a, S. 15–17.
4 Wolkenhauer 2018.
5 Das Druckerzeichen kommt zuvor nur im Wiener Exemplar des *Psalteriums* (1457) vor. Die *48-zeilige Bibel* (1462) ist das erste Buch, in dem es in allen Exemplaren verwendet wird.
6 Peter Schöffer war auch in diesem Fall der Erste, der sein Druckerzeichen auf dem Titelblatt des *Herbariums* (1484) platzierte. Rautenberg 2008, S. 31.
7 Rautenberg 2008.

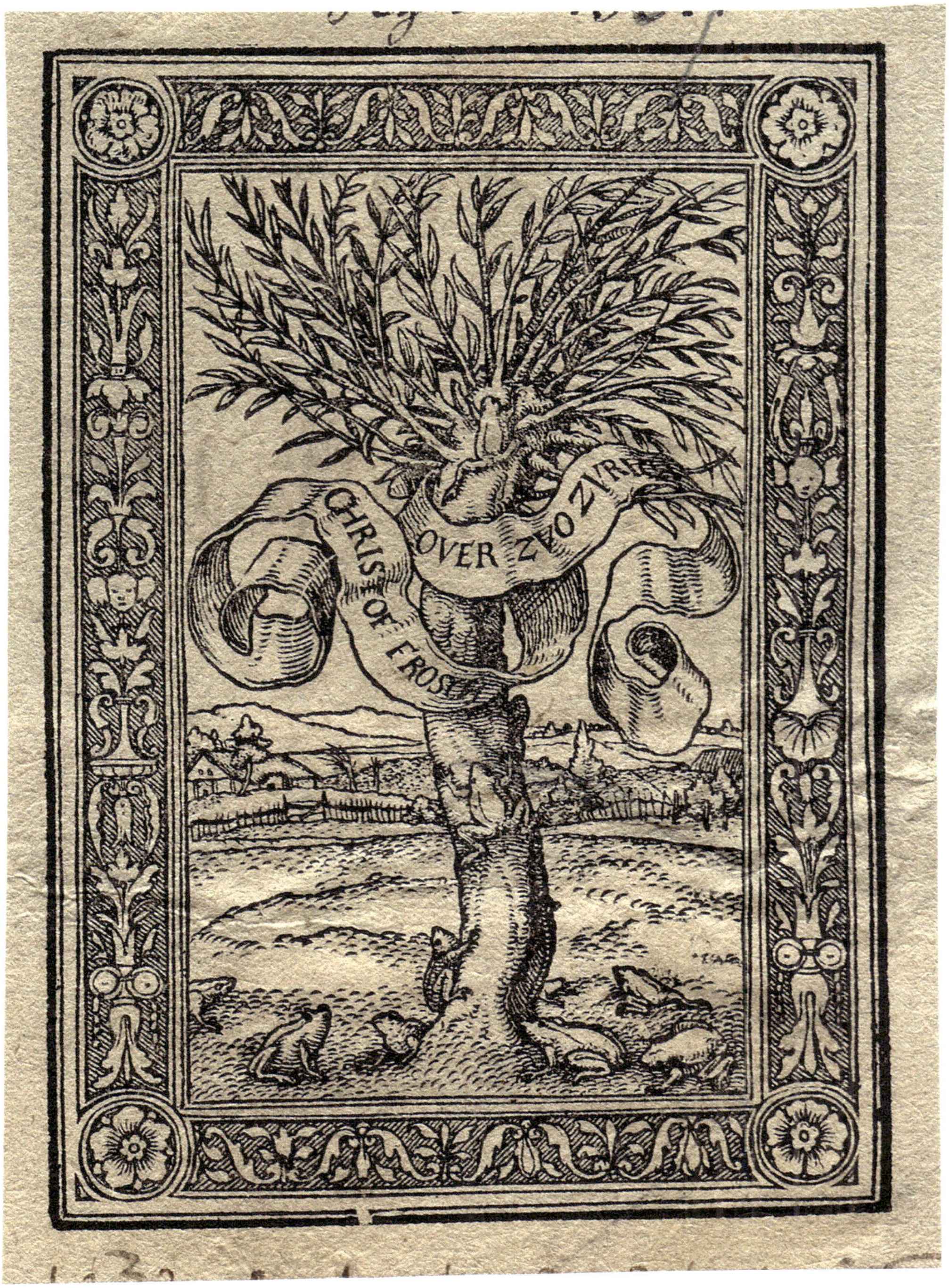

Abb. 2 | Druckerzeichen von Christoph Froschauer (Zürich), Anfang 16. Jahrhundert.
Gutenberg-Museum, Mainz, GM Mori Dz 107 c

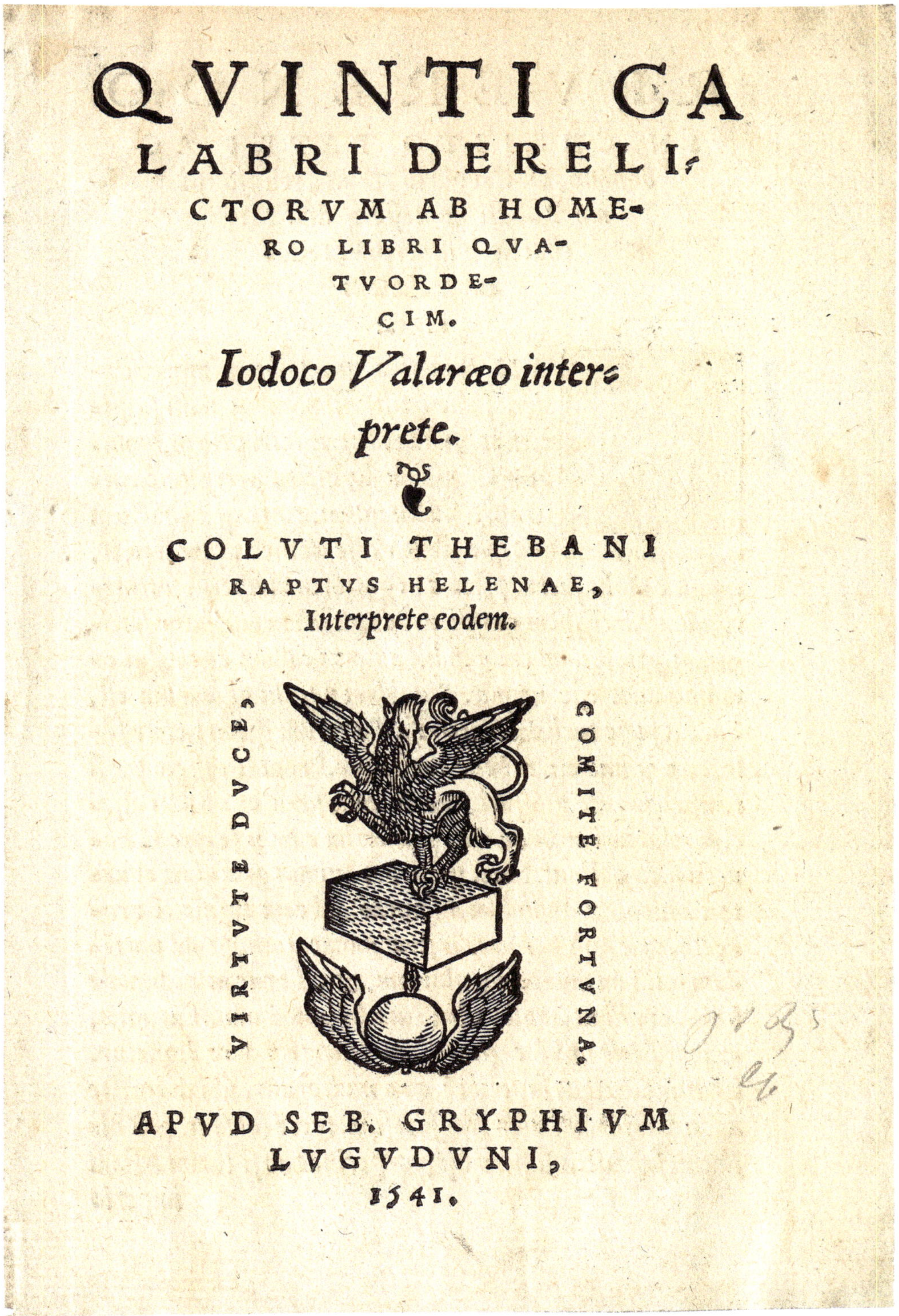

QVINTI CALABRI DERELICTORVM AB HOMERO LIBRI QVATVORDECIM.

Iodoco Valaræo interprete.

COLVTI THEBANI RAPTVS HELENAE,

Interprete eodem.

VIRTVTE DVCE, COMITE FORTVNA.

APVD SEB. GRYPHIVM LVGVDVNI, 1541.

Abb. 3 | Titelblatt mit dem Druckerzeichen von Sebastian Gryphius (Lyon), in: Quintus 1541. Gutenberg-Museum, Mainz, GM Mori Bs 397 a

Bereits früh weckten Druckerzeichen das Interesse von Sammler:innen und Forscher:innen. Getrieben durch ein buchgeschichtliches und humanistisches Interesse, entstanden erste Kompilationen schon im 18. Jahrhundert. So bezeugt Friedrich Roth-Scholtzius' *Thesaurus* von 1730 mit seinen über 500 Kupferstichreproduktionen der Druckerzeichen ein Interesse an Ikonografie und grafischer Gestaltung der Bilder.[8] Ende des 19. Jahrhunderts lieferte Paul Heitz eine bedeutende Serie an Zusammenstellungen zu Druckermarken im deutschsprachigen Gebiet, die trotz Lücken bis heute eine Grundlage in der Forschungsarbeit zu Druckerzeichen darstellt.[9] Während Heitz, Nachkomme einer Straßburger Druckerdynastie, dem illustratorischen Charakter der Druckerzeichen große Beachtung schenkte und sich für die Künstler:innen, die hinter den Entwürfen standen, interessierte, ignorierte er die Motti weitgehend.[10] Ähnliches gilt für die Zusammenstellung zu italienischen Buchdruckerzeichen von Paul Kristeller, die lediglich Signets bis 1525 erfasst.[11] Bereits hier zeichnet sich ein beharrlicher Hang zum Ikonografischen ab, durch den die „kleinen Bilder" selten aus dem Bereich der Fragen zu den Motiven und einem Vergleich zu anderen Bildgattungen innerhalb von Büchern wie *ex libris* oder Emblemen heraustraten. Aufgrund ihrer klaren Bildsprache wurden Druckerzeichen häufig als Vorläufer moderner Firmenlogos begriffen und als solche auf die Wiedererkennbarkeit und die vielschichtigen Bedeutungsebenen hin analysiert.[12]

Die enge Verbindung von Bild, Text und typografischer Gestaltung wurde den Druckerzeichen bei ihrer Erforschung zuweilen zum Verhängnis: Sie bewegen sich gleichsam zwischen den Disziplinen der Buchwissenschaft, den (Alt-) Philologien und der Kunstgeschichte. Vereinzelt fanden bildliche, sprachliche sowie kultur- und mediengeschichtliche Aspekte Berücksichtigung wie in der Studie zu deutschen Druckerzeichen des 16. Jahrhunderts von Heinrich Grimm, der die Signets als „Kulturdokumente" auffasste.[13] Einen bedeutenden Vorstoß innerhalb der Forschung zu Druckerzeichen leistete Anja Wolkenhauer. In der 2002 erschienenen Monografie *Zu schwer für Apoll* befasste sie sich mit dem antiken Erbe des Mediums und arbeitete die humanistischen Bezüge der Druckerzeichen des 16. Jahrhunderts heraus.[14] In weiteren Aufsätzen zeigte sie das Potenzial von Druckerzeichen auf.[15] Anders als etwa Flugblätter bietet die Vielzahl der Druckermarken und die *longue durée* des Auftretens einzelner Zeichen einen Materialkorpus, der Untersuchungen hinsichtlich wechselnder Bedürfnisse der Drucker:innen und der Erwartungen der Käufer:innen und Leser:innen über längere Zeiträume ermöglicht. Wolkenhauer prognostizierte: „Eine umfassende Erschließung, wie sie sich jetzt abzuzeichnen beginnt, würde einen neuen und hervorragenden Indikator zur Erforschung der frühmodernen Medien-, Mentalitäts- und Bildungsgeschichte liefern."[16]

8 Roth-Scholtzius 1730.

9 Bearbeitet wurden die Städte und Regionen Zürich, Genf, Basel, das Elsass, Köln, Mainz und Frankfurt.

10 Heitz 1885–1908. Aber auch in neuerer Zeit entstanden kompilatorische Werke, vgl. z. B. Wendland 1984.

11 Kristeller 1893. Für den französischen Bereich siehe Silvestre 1860, Havre 1883/84, für den englischen Roberts 1893.

12 Mollerup 1999, S. 36 f.; Kauer 1976.

13 Grimm 1965.

14 Wolkenhauer 2002a; siehe auch Wolkenhauer/Scholz 2018.

15 Scheibe/Wolkenhauer 2015; Wolkenhauer 2002b; Wolkenhauer 2015b.

16 Wolkenhauer 2015b, S. 36.

In dieser ersten Ausstellung, die sich eigens dem Medium des Druckerzeichens widmet, werden die Zeichen am Rand des Buches ins Zentrum gerückt. Als Knotenpunkt zwischen unterschiedlichen Tätigkeitsfeldern der typografischen, illustrierenden, druckenden und verlegerischen Arbeit ermöglichen die Signets einen Zugang zur Welt des Buchwesens und erlauben einen Blick auf das Selbstverständnis der Drucker:innen, auf die Bedingungen und Herausforderungen ihrer Berufsausübung. Die Druckerzeichen bilden in der Ausstellung und dem vorliegenden Begleitband einen wortwörtlichen Eintritt zum Verständnis der technischen, sozialen und marktwirtschaftlichen Zusammenhänge des Buchdrucks. Das 625-jährige Jubiläum Gutenbergs bildet den idealen Rahmen, diesem bislang wenig beachteten Medium eine eigene Bühne zu geben.

Abb. 4 | Logo des Verlags Hermann Schmidt

Mit der Digitalisierung der Druckerzeichensammlung des Gutenberg-Museums, die im Herbst 2023 in Zusammenarbeit mit der Abteilung Kunstgeschichte der Johannes Gutenberg-Universität Mainz begann, ist ein erster Schritt zur umfassenden Erschließung dieses Bestands erfolgt. Das Seminar „Kleine Bilder im Fokus. Druckerzeichen sammeln, bewahren, beforschen und ausstellen", das im Wintersemester 2024/25 im Fach Kunstgeschichte durchgeführt wurde, konnte auf die digitalisierten Druckerzeichen innerhalb einer internen Datenbank zurückgreifen. Einzelne Wissenschaftler:innen – beispielsweise die Beitragenden dieses Bandes – bekamen für ihre Forschung bereits Einblick in die Datenbank. Die ersten Erkenntnisse zum Bestand werden in der Sonderausstellung *Ich drucke! Signet, Marke und Druckerzeichen seit dem Zeitalter Gutenbergs* sowie im vorliegenden Begleitband einem breiten Publikum präsentiert.

Die Ausstellung und der Begleitband konzentrieren sich vorwiegend auf Signets aus dem 16. bis 18. Jahrhundert. Den einzelnen Ausstellungskapiteln, die Highlights aus der Sammlung zeigen, werden exemplarisch Verlagslogos von heute gegenübergestellt, um einen Brückenschlag zwischen den damaligen und heutigen Beweggründen für die Wahl und Ausgestaltung der eigenen Marke zu schaffen. Die heutigen Verlagslogos stehen in der Tradition ihrer historischen Vorfahren, insofern sie das Programm und die Schwerpunktsetzung des Verlags veranschaulichen. So verweist das Logo des Deutschen Kunstverlags mit dem Naumburger Dom auf ein zentrales Werk der „deutschen" Kunst- und Architekturgeschichte – ein Bezug, den Katja Richter in ihrem Beitrag beleuchtet. Ein ähnlich symbolträchtiges Logo steht für die schön gestalteten Bücher des Verlags Herrmann Schmidt (Abb. 4). Das sogenannte Aldusblatt, ein vielfach verwendetes Ornament, geht auf den berühmten humanistischen Drucker aus Venedig, Aldus Manutius, zurück. Viele andere Häuser setzen ihren Namen plakativ oder auch augenzwinkernd in Szene: etwa mit den Fischen und Fischern der S. Fischer Verlage oder der drastisch inszenierten Strichmännchen-Grafik des Verbrecher-Verlags.

Die Druckerzeichen des Gutenberg-Museums stammen größtenteils aus dem Besitz des Frankfurter Druckers und Druckforschers Gustav Mori (1872–1950). Seine Sammlung von etwa 2000 Druckerzeichen – meist als einzelne Buchseiten oder ausgeschnittene Druckerzeichen – wurden von ihm auf Kartons montiert und katalogisiert. Nino Nanobashvili zeichnet in ihrem Beitrag seine Sammlerinteressen und den Weg des einzigartigen Bestands in das Gutenberg-Museum nach. Ein weiterer Beitrag von Nino Nanobashvili und Josefine Milde beschreibt den Weg eines Kölner Druckstocks in die Sammlung des Gutenberg-Museums und beleuchtet die damit verbundene Rezeptionsgeschichte der Inkunabelforschung und Entstehung zahlreicher Druckstöcke im 19. Jahrhundert.

Ein Forschungsgebiet Moris aufgreifend, widmen sich gleich zwei Beiträge dem Druckzentrum Frankfurt, das im 16. Jahrhundert eine Schlüsselstellung in der Landschaft des Buchgewerbes einnahm. Vergleichsweise spät kamen in der freien Reichsstadt durch eine Buchdruckerordnung Regelungen zum Einsatz, die Rahmenbedingungen wie die Anzahl der Druckereien, Ausbildungsstandards, Arbeitszeiten, Feiertage und Löhne festlegten. Zuvor herrschte ein kaum regulierter Wettbewerb, der neben harter Konkurrenz auch kreative Spielräume bot, die mitverantwortlich für das Florieren des Buchgewerbes in der Stadt waren. Hui Luan Tran analysiert in ihrem Beitrag die einzelnen Arbeitsschritte der Buchproduktion und zeigt, wie deren handwerkliche und wirtschaftliche Herausforderungen das Selbstverständnis der am Buchdruck beteiligten Personen prägten. Der Fokus auf die alltagsweltliche Realität der Drucker:innen erlaubt es, eine weitere Sinnschicht, die in den Druckerzeichen angelegt ist, zu verstehen. Ebenfalls mit einem Fokus auf Frankfurt beleuchtet der Beitrag von Sophia Sarbinowski am Beispiel des Druckers und Verlegers Sigmund Feyerabend, der im 16. Jahrhundert zum Marktführer in Frankfurt avancierte, die Gestaltung seines Druckerzeichens und die Spielräume der entwerfenden Künstler. Die wechselnde Ausführung, die Veränderung in der Anordnung von Figuren, der stilistischen Ausformung, der Einbettung in Szenerie und Rahmenwerk bei der immer gleichen Personifikation der Fama erlauben

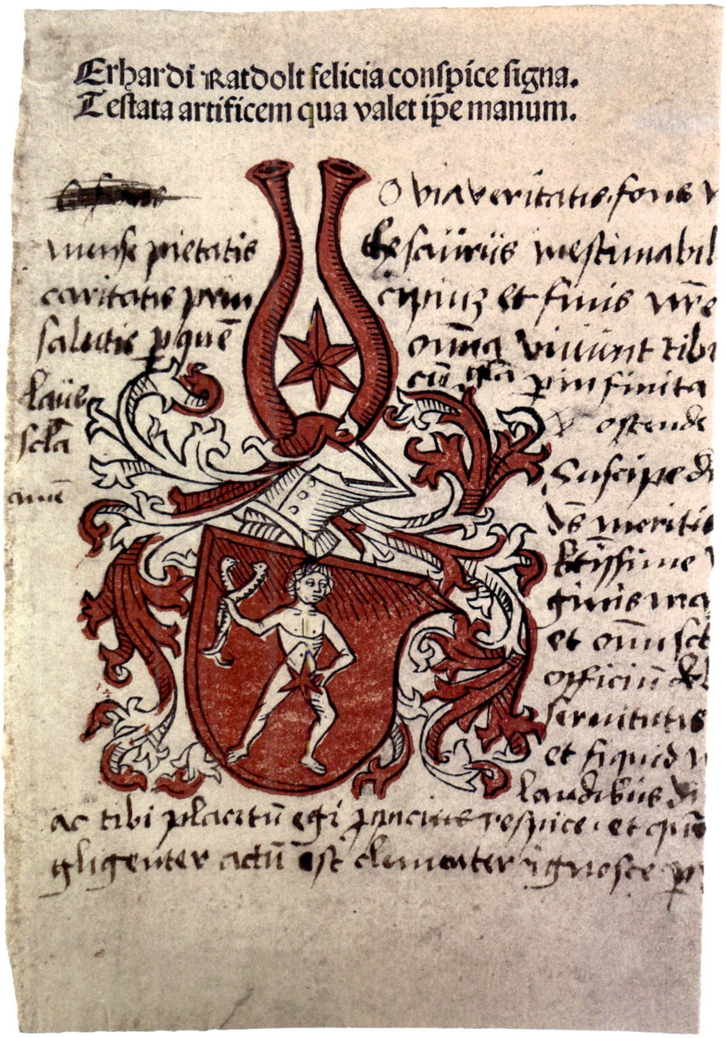

Abb. 5 | Druckerzeichen von Erhard Ratdolt (Augsburg), um 1490. Gutenberg-Museum, Mainz, GM GS 2025.0011

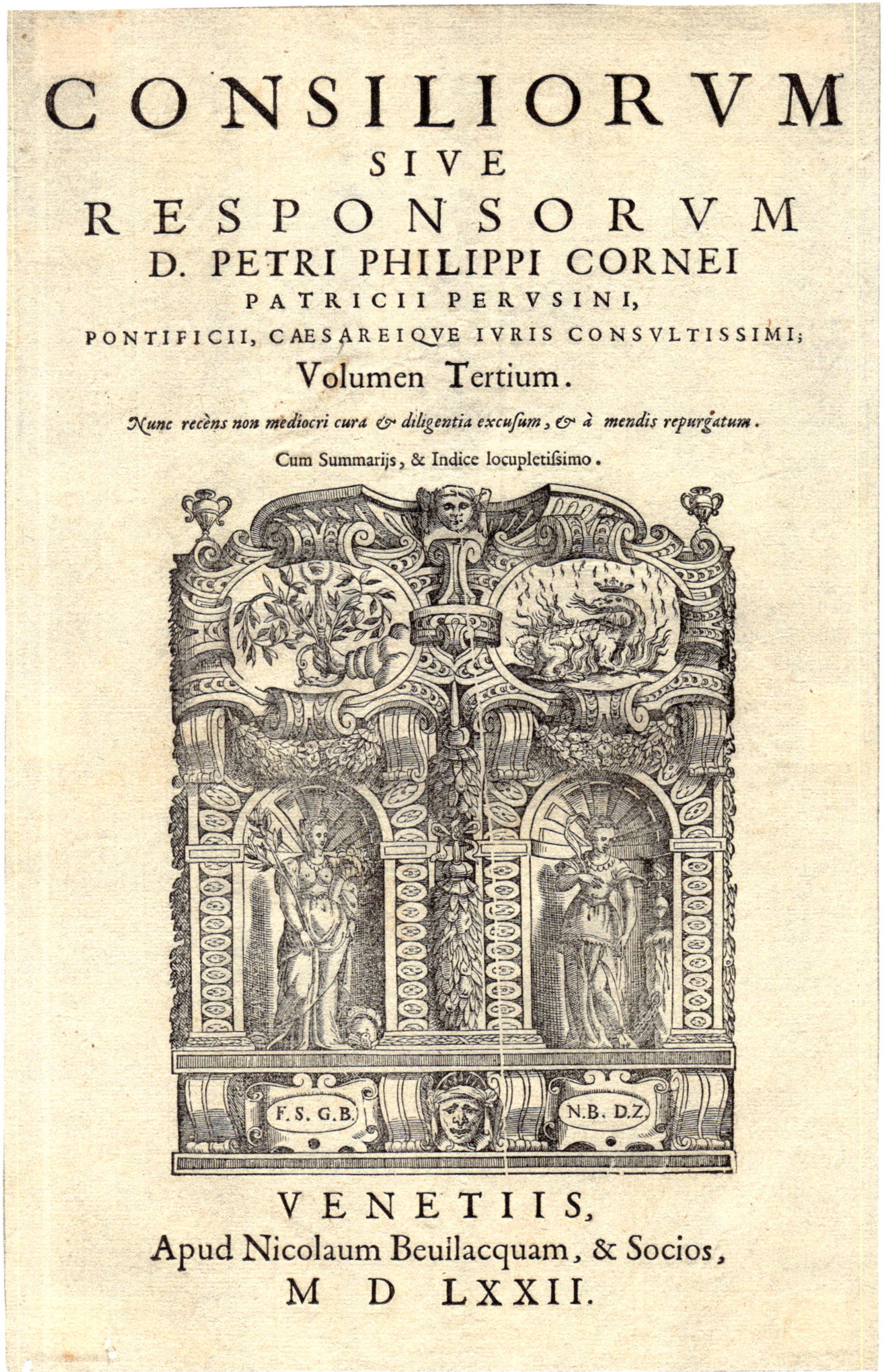

CONSILIORVM
SIVE
RESPONSORVM
D. PETRI PHILIPPI CORNEI
PATRICII PERVSINI,
PONTIFICII, CÆSAREIQVE IVRIS CONSVLTISSIMI;
Volumen Tertium.
Nunc recens non mediocri cura & diligentia excusum, & à mendis repurgatum.
Cum Summarijs, & Indice locupletiſsimo.

F. S. G. B.   N. B. D. Z.

VENETIIS,
Apud Nicolaum Beuilacquam, & Socios,
M D LXXII.

Abb. 6 | Titelblatt mit dem Allianzdruckerzeichen von Gaspare Bindoni (o. l.), Francesco de Franceschi Senese (u. l.), Damiano Zenaro (o. r.) und Niccolò Bevilacqua (u. r.) (Venedig), in: CORNEO 1572. Gutenberg-Museum, Mainz, GM Mori Bs 132

Rückschlüsse auf die Rolle der entwerfenden Künstler und deren gestalterischen Einfluss in der Zusammenarbeit mit Feyerabend.

Der Beitrag von Joost Depuydt lenkt den Blick nach Antwerpen zu einer der bedeutendsten Druckerdynastien Europas. Christophe Plantin gründete hier 1555 die Officina Plantiniana, die bis 1876 unter der Leitung der Familie Plantin-Moretus Bestand haben sollte. Depuydt gibt Einblick in die Ikonografie des Druckerzeichens, das einen Zirkel – den sogenannten goldenen Kompass – mit dem Motto „Labore et constantia" (wörtlich „Durch harte Arbeit und Beständigkeit", oder freier: „Durch Fleiß und Ausdauer") zeigt. Der außergewöhnliche Bestand an Druckstöcken und Kupferplatten der Druckermarken der Officina Plantiniana führt nicht nur die Varianten des Signets vor Augen, sondern erlaubt auch Rückschlüsse auf deren Herstellungsprozess.

Die Unternehmensgeschichte der Officina Plantiniana bietet außerdem ein Beispiel, in dem sich die Rolle der Frauen innerhalb der Buchproduktion und des Vertriebs klar nachvollziehen lässt und vergleichsweise gut aufgearbeitet ist. Die Sichtbarkeit von Frauen und ihre Beteiligung im frühen Buchdruckgewerbe bleiben jedoch meist verdeckt. Der juristische Sonderstatus der Witwen gewährte Frauen die offizielle Führung der Offizinen ihrer verstorbenen Männer. Welche Konsequenzen das für die Sichtbarkeit der Frauen in den Büchern hatte, behandeln die Beiträge von Saskia Limbach, die sich den Buchdruckerwitwen des 16. Jahrhunderts im Alten Reich widmet, und Christine Sauer, die zwei Druckerinnen aus Nürnberg in den Fokus rückt.

Einen Beitrag von aktueller politischer Brisanz liefert Valentyna Bochkovska zu Druckerzeichen und der Druckgeschichte auf dem Gebiet der heutigen Ukraine. Die Autorin zeigt auf, wie Forschende der Sowjetunion in die Historiografie des Buchdrucks eingriffen, um die Bedeutung Moskaus zu stärken. Der Beitrag setzt damit ein Zeichen gegen die bis heute andauernde vereinnahmende Politik. Gleichzeitig macht Bochkovska Parallelen zwischen ukrainischen Druckerzeichen, etwa in den Städten Lwiw, Ostrog oder Kijew, und Signets aus anderen, verhältnismäßig besser erforschten Regionen deutlich.

Die Ausstellung führt nach einleitenden Erläuterungen zur Herstellung von Druckerzeichen, wie etwa zum Zweifarbendruck von Erhard Ratdolt (Abb. 5), und ihrer Platzierung im Buch zur ersten Sektion mit dem Titel *Telling Names*. Wie auch heute noch bedienten sich viele Drucker:innen oder Verleger:innen eines Bildes, das ihren Namen (Abb. 2 und 3), den ihres Hauses oder ihrer Stadt aufgriff. In der darauffolgenden Sektion stehen unter *Dynastien* prominente Namen, wie Aldus Manutius, Johann Froben und Christophe Plantin mit ihren über mehrere Jahrzehnte hinweg bestehenden Werkstätten im Zentrum. Mit der Sektion zu den *Witwen* wird der Unsichtbarkeit von Frauen im Buchgewerbe entgegengewirkt. Ihr rechtlicher Sonderstatus erlaubte es ihnen, Werkstätten

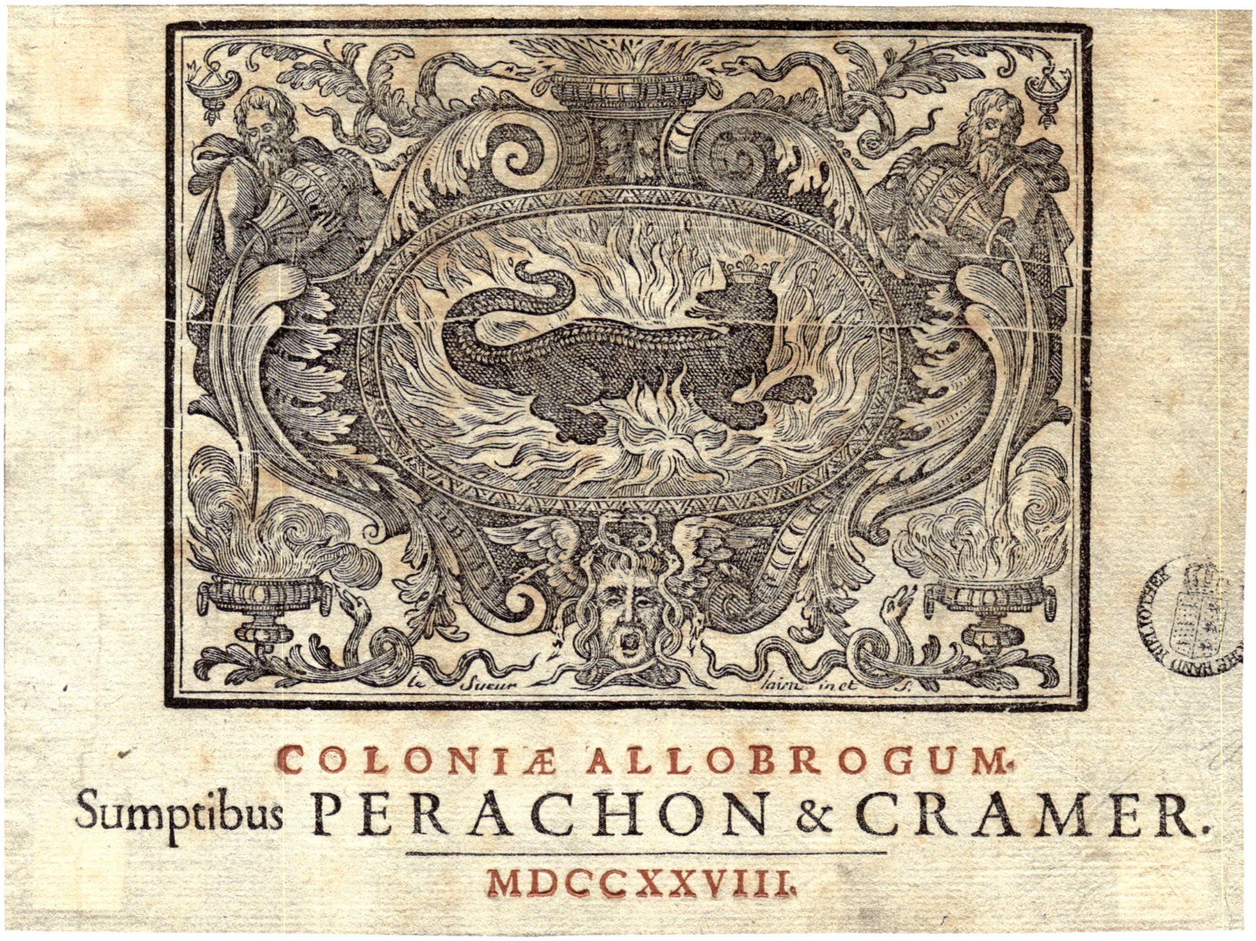

Abb. 7 | Druckerzeichen von Philibert Peranchon und Guillaume Philibert Cramer (Genf), 1728. Gutenberg-Museum, Mainz, GM Mori Sig 91 b

und Druckerzeichen ihrer verstorbenen Ehemänner weiterzuführen und selbst im Impressum in Erscheinung zu treten (s. Abb. 1 Beitrag Saskia Limbach, S. 62). Druckerzeichen markierten auch unterschiedliche Formen der Zusammenarbeit und Kooperation unter den Drucker:innen und Verleger:innen, was in der Sektion *Allianzen* gezeigt wird. So wurden anlässlich solcher Zusammenschlüsse Allianzdruckerzeichen erstellt, in denen mehrere individuelle Signets zu einer großen Komposition verschmolzen. Das großformatige Druckerzeichen der venezianischen Drucker Gaspare Bindoni, Francesco de Franceschi Senese, Damiano Zenaro und Niccolò Bevilacqua vereint in einem architektonischen Rahmen die individuellen Druckerzeichen aller vier (Abb. 6).

Im Mittelteil der Ausstellung werden den Besucher:innen überblicksartig die Varianzen der Druckerzeichenmotive *Fama* und *Feuersalamander* vor Augen geführt, die ungewöhnlich häufig von Drucker:innen verwendet wurden. Abgeleitet aus dem Emblem von Franz I. entwickelte sich der Feuersalamander

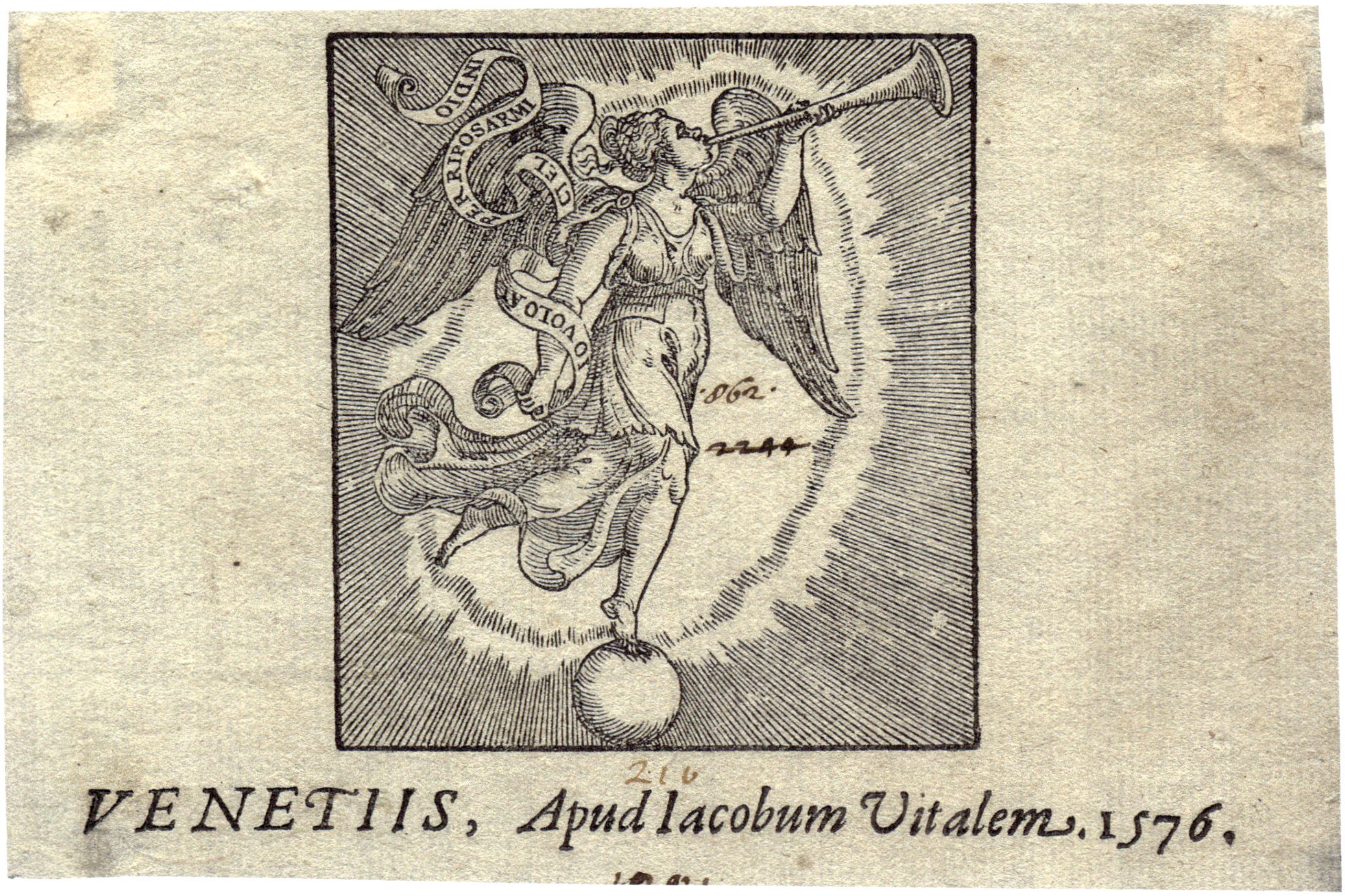

Abb. 8 | Druckerzeichen von Giacomo Vidali (Venedig), 1576. Gutenberg-Museum, Mainz, GM Mori Dz 212 a

von Frankreich aus zu einem beliebten Motiv, das von verschiedenen Drucker:innen geführt wurde. Der Feuersalamander, der für Beständigkeit gegen Feuer steht, konnte somit das Hantieren mit Feuer in der Herstellung von Lettern oder im übertragenden Sinne die Beständigkeit im Konkurrenzkampf im eigenen Metier zum Ausdruck bringen (Abb. 7). Die Allegorien Fama, Fortuna und Occasio, sollten das Gelingen der Druckprojekte verkünden oder verdeutlichen, wie sich das Rad Fortunas zugunsten dieser drehte oder die günstige Gelegenheit mit zum Erfolg führte (Abb. 8). Mit der Darstellung von *Fleiß und Arbeit,* häufig in Form von Bienen oder der Feldarbeit (Abb. 9), wie es in der benachbarten Ausstellungssektion vorgestellt wird, setzten Drucker:innen auf ihre eigenen Kompetenzen. Ein vertiefender Bereich zu Emblembüchern stellt die *Ähnlichkeiten* zwischen den beiden Gattungen her. Am Ende der Schau rückt der Druckforscher und Sammler Gustav Mori ins Zentrum, dessen akribisch geordnete Sammlung sowie seine Forschungspublikationen.

Unser herzlicher Dank gilt mehreren Personen, Institutionen und Stiftungen, ohne deren Unterstützung das Projekt zu den Druckerzeichen nicht möglich gewesen wäre. An erster Stelle stehen die großzügige Förderung und Spenden durch die Art Mentor Foundation Lucerne, die Ernst von Siemens Kunststiftung, die Tavolozza Foundation, die Stiftung Rheinland-Pfalz für Kultur und die Rheinhessen Sparkasse, die den Druck der Publikation sowie eine aufwendige Gestaltung der Ausstellung mit der medialen Vermittlung ermöglichten. Durch das Engagement von Dr. Klaus T. Weber, Leiter des Servicezentrums Digitalisierung und Fotodokumentation, von Larissa Arlt, Fotografin des Servicezentrums, und von Dr. Lisa Roemer, Sammlungskoordinatorin der Johannes Gutenberg-Universität Mainz, konnte der Bestand des Museums aufgenommen und in die universitätsinterne Datenbank eingepflegt werden, sodass eine Grundlage für die tiefergehende Arbeit mit den Druckerzeichen geschaffen wurde. Unser Dank gilt außerdem den Projektmitarbeiterinnen Alice Glotin und Sophia Sarbinowski für ihre ausführlichen Recherchen zur Erweiterung der Normdaten der Datenbank; ebenso danken wir Viviane Schür, die mit zahlreichen Ideen und mit Begeisterung die Arbeit an der Ausstellung bereicherte. Mehrere Abteilungen des Gutenberg-Museums waren in der Umsetzung des Ausstellungsprojekts tatkräftig eingebunden. Insbesondere danken wir Dr. Ulf Sölter, dem Direktor des Museums, der von Beginn an das Projekt mit großer Überzeugung unterstützte, der Restauratorin Dorothea Müller für ihren unermüdlichen Einsatz und die Vorbereitung eines so umfangreichen Bestands für die Ausstellung sowie der Museumsassistentin Esther Klippel für ihre besondere Unterstützung. Für den Austausch und die anregenden Gespräche sind wir Dr. Olena Balun, Joost Depuydt, Prof. Dr. Jan Kusber, Dr. Edward Potten, Dr. Elizabeth Savage, Dr. Zanna van Loon und Prof. Dr. Anja Wolkenhauer dankbar. Ohne die Begeisterung des Deutschen Kunstverlags für das Thema und eine sehr produktive Zusammenarbeit wäre die Publikation nicht so gelungen, wie sie nun vorliegt.

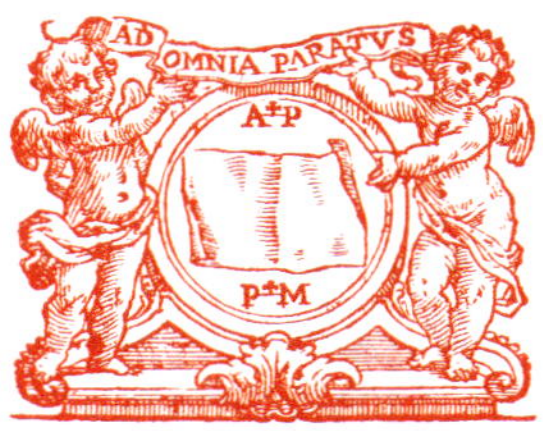

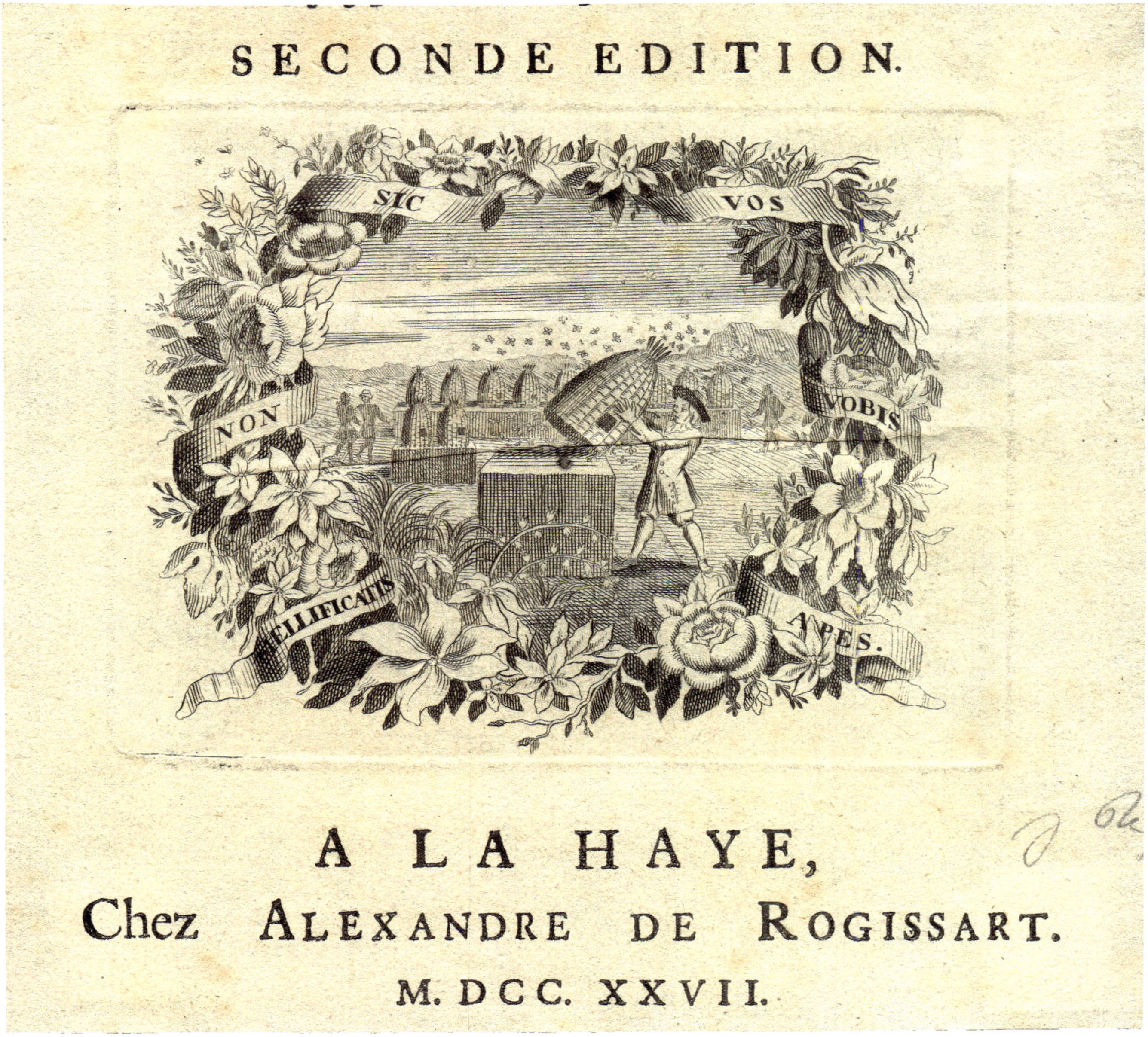
SECONDE EDITION.

A LA HAYE,
Chez ALEXANDRE DE ROGISSART.
M. DCC. XXVII.

Abb. 9 | Druckerzeichen von Alexandre de Rogissart (Den Haag), 1727.
Gutenberg-Museum, Mainz, GM Mori Sig 204 b

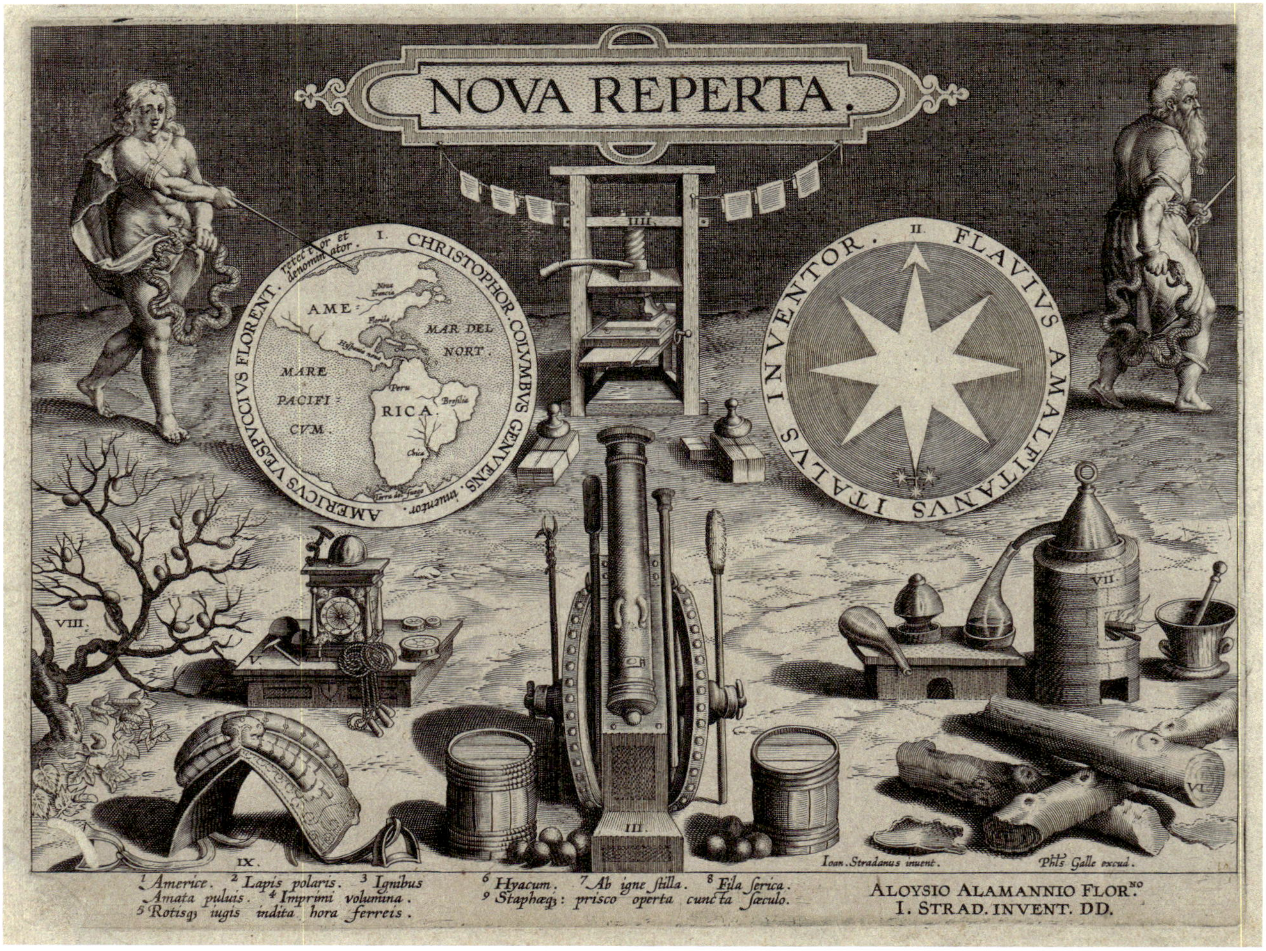

Abb. 1 | Entdeckungen und Erfindungen der Welt, in: VAN DER STRAET [1589–1593], Titelblatt. New York, Metropolitan Museum of Art, 34.30 (1)

EINBLICKE IN DIE DRUCK-WERKSTATT. ARBEITS-SCHRITTE UND SELBSTVERSTÄNDNIS IM FRÜHEN BUCHDRUCK

Hui Luan Tran

Ein Blick auf das Titelblatt der *Nova Reperta*, entworfen von Jan van der Straet, offenbart, als welch bedeutender Meilenstein die Erfindung des Buchdrucks bereits Ende des 16. Jahrhunderts angesehen wurde (Abb. 1). Neben militärischen und technischen Errungenschaften sowie der Entdeckung Amerikas ist es der Buchdruck, der auf dem Titelblatt eine zentrale Position erhält, indem die Druckpresse mittig und direkt unter dem Titel für die Betrachtenden platziert ist. Es steht außer Zweifel, dass der Buchdruck, für dessen Entwicklung sich Johannes Gutenberg maßgeblich verantwortlich zeichnet, einen Grundstein für die Neuzeit legte.[1] Die „durch Gutenberg ausgelöste *Medienrevolution*" wurde auch in der Forschung vielfach diskutiert und zu einer der „Säule[n] der europäischen Moderne" erklärt.[2] Dass eine „Medienrevolution" aber keineswegs von Gutenberg allein ausging, sondern nur multifaktoriell zu erklären ist, kann dabei nicht oft genug hervorgehoben werden,[3] und ist allein schon in der Produktion eines Buchs begründet, die bereits in der Frühphase eine arbeitsteilige war.

Auch auf dem Blatt zum *Buchdruck* (*Impressio librorum,* Abb. 2) der ursprünglich neunteiligen Serie von Stradanus, welche die Erfindungen der Neuzeit präsentieren, sind die Arbeitsschritte des Setzens, Korrigierens und Druckens zu erkennen. Wie Lia Markey herausgearbeitet hat, wurde in den Vorarbeiten zum Entwurf des Blattes Gutenberg als Erfinder markiert.[4] In der finalen Version wurde diese individuelle Kennzeichnung jedoch abgeschwächt, was die Werkstattsituation, in der die verschiedenen Tätigkeiten ausgeführt werden, in den Vordergrund rückt.

Dieser Beitrag wirft einen Blick auf die verschiedenen Arbeitsschritte und die Rolle derjenigen Personen, die an der Tätigkeit des Druckens beteiligt waren. Während die Bedeutung der Erfindung des Buchdrucks für das moderne Europa intensiv untersucht wurde, ist bisher wenig darüber bekannt, wie sich diese Entwicklung auf die Drucker:innen und auf die Ausübung der mit der Buchproduktion verbundenen Tätigkeiten auswirkte.[5]

1 Zu den Auswirkungen der typografischen Kultur siehe McLuhan 1962.
2 Dies etwa grundlegend in Roeck 2018, S. 24.
3 Hierzu beispielsweise Stöckl/Kuenzer 1988.
4 Markey 2020a, S. 30 f.
5 Eine Auseinandersetzung mit dem Berufsbild des Buchdruckers und der Ausbildung wurde z. B. von Ness 1992 vorgelegt; siehe außerdem Schottenloher 1935.

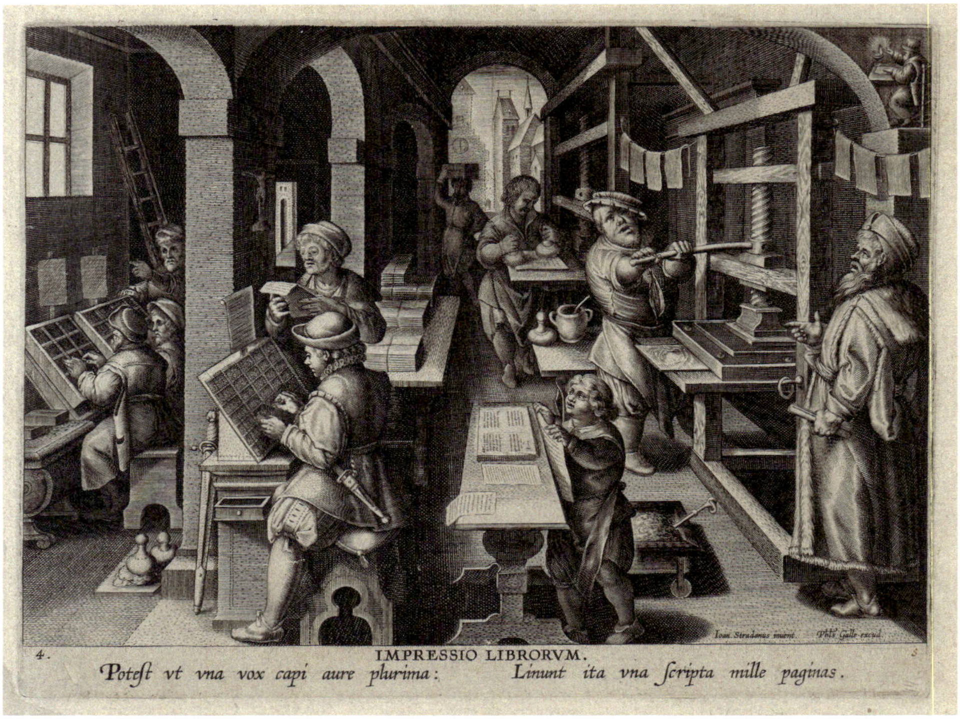

Abb. 2 | Buchdruckerwerkstatt, in: VAN DER STRAET [1589–1593], Bl. 4. New York, Metropolitan Museum of Art, 34.30 (5)

Druckerzeichen gewähren hierbei wie kaum ein anderes Medium einen Einblick in das Selbstverständnis des frühen Buchwesens. Bereits in den 1470er-Jahren belegt, etablierten sie sich sukzessive mit dem Selbstverständnis der Ausübenden des neuen Handwerks des Buchdruckens.[6] Die Frage, inwiefern Druckerzeichen etwas über die Drucker:innen aussagen, die sie entwerfen ließen und in ihren Produkten führten, wurde in der Forschung bereits beleuchtet.[7] Meist wurde die Verwandtschaft der Gattung der Druckerzeichen zu anderen bimedialen Bildzeichen wie Emblemen und Impresen betont, ebenso wie deren Bezüge zu biblischen und antiken Textformen, etwa zu Epigrammen. Während die Forschung die in den Druckerzeichen eingelagerten humanistischen und religiösen Bezüge herausgearbeitet hat – etwa als Ausdruck humanistischer Gelehrsamkeit oder persönlicher Frömmigkeit – fanden Sinnschichten, die auf ihre alltagsweltliche Realität verweisen, bislang weniger Beachtung.[8]

Wie sah die Tätigkeit der Drucker:innen aus? Welche Qualifikationen und Kompetenzen brachten sie mit, und unter welchen Bedingungen arbeiteten sie? Welche Herausforderungen brachte das Tätigkeitsfeld mit sich, auf dem man sich behaupten musste? Wie verstanden Drucker:innen und Verleger:innen sich, und wie präsentierten sie sich und ihre Produkte? Dieser Beitrag unternimmt den Versuch, anhand einer Auswahl von Druckerzeichen aufzuzeigen, wie dieses Medium die Tätigkeitsfelder des Buchdrucks reflektiert. Dabei wird

6 Vgl. NESS 1992, S. 50; SCHOTTENLOHER 1935, S. 22, die die Druckermarken in Büchern als Ergebnis einer vorangegangenen Etablierung einer „statusverändernde[n] Selbst- und Fremdeinschätzung“ der Vertreter:innen des neuen Handwerks sehen.

7 Entscheidenden Vorstoß in der Forschung zu Druckerzeichen leistete Anja Wolkenhauer mit ihren Publikationen; hier seien exemplarisch genannt WOLKENHAUER 2002a, 2002b, 2015a, 2015b; WOLKENHAUER/SCHOLZ 2018.

8 Vereinzelt, wie bei MEEUS 2018, spielen solche Aspekte eine Rolle.

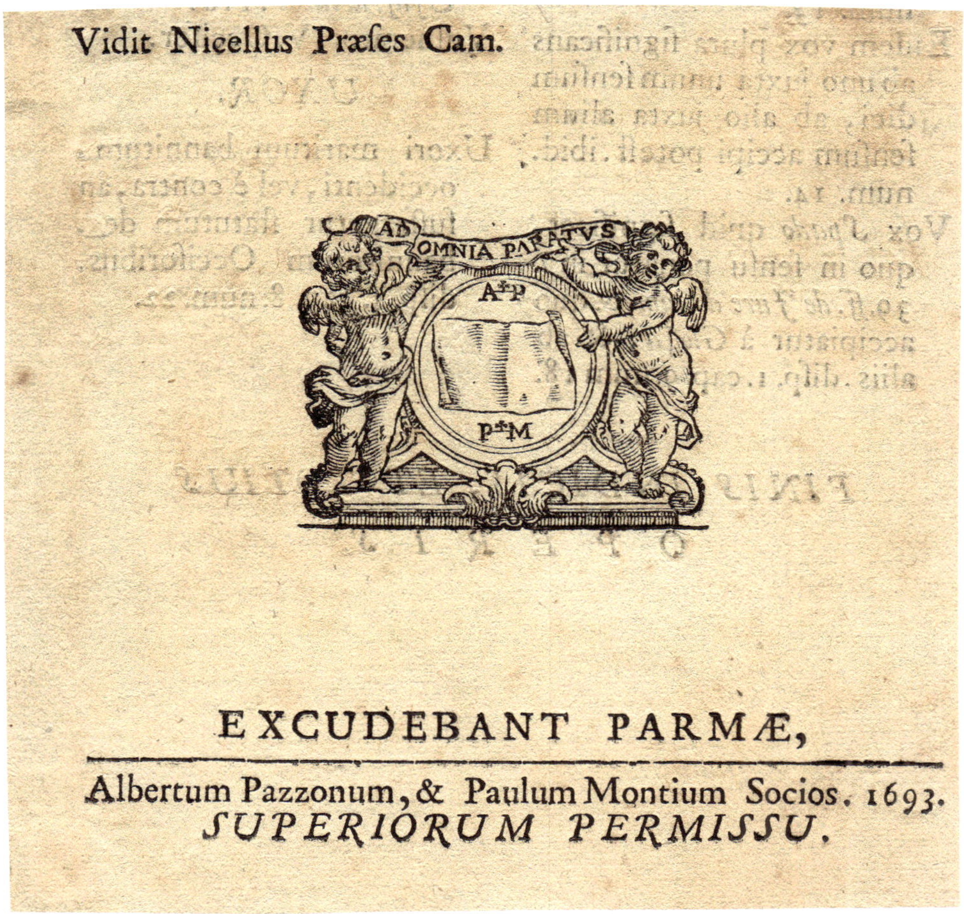

Abb. 3 | Schlussseite mit dem Druckerzeichen von Alberto Pazzoni und Paolo Monti (Parma), in: Passerini 1693. Gutenberg-Museum, Mainz, GM Mori Dz 176

entlang einzelner Arbeitsschritte und der Herausforderungen herausgearbeitet, welche Implikationen und Assoziationsfelder mit dem Drucken von Büchern verbunden war, um eine weitere Sinnschicht der ohnehin meist enigmatischen und mehrdeutig angelegten Druckerzeichen anzubieten.

EIN BERUFSBILD UND SEINE TÄTIGKEITEN

Das Druckerzeichen von Alberto Pazzoni und Paolo Monti (Abb. 3), das 1693 in einem in Parma gedruckten Buch verwendet wurde, verdeutlicht mit dem Leitspruch „Ad omnia paratus" (dt.: „Zu allem bereit") einen geradezu abenteuerlichen Geist. Die Banderole mit dem Motto wird von zwei Putti gehalten, die zu beiden Seiten eines runden Rahmens stehen. Hierin ist ein gefaltetes Blatt eingefasst. „Zu allem bereit" erklären sich die Drucker, deren Leitspruch und Motiv an ein Emblem aus Diego Saavedra Fajardos *Idea De Un Principe Politico Christiano* angelehnt ist (Abb. 4). Das Bild aus dem erstmals 1640 in München

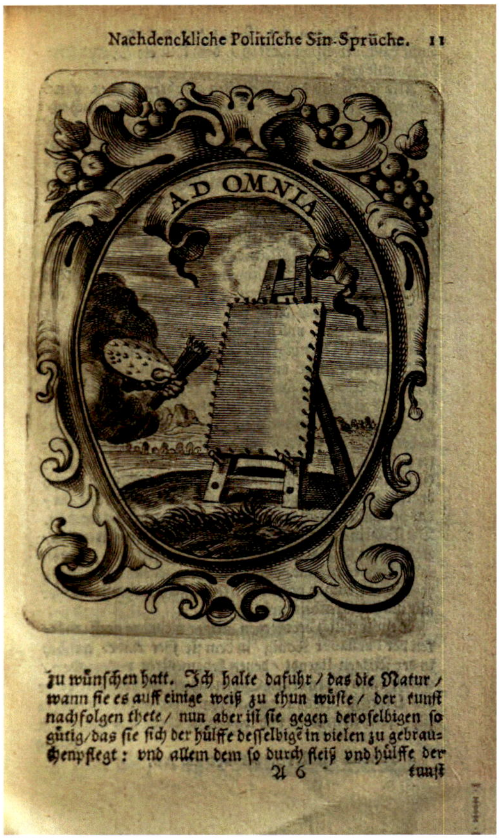

Abb. 4 | Emblem „Ad omnia“, in: Saavedra Fajardo 1655, S. 11. Augsburg, Staats- und Stadtbibliothek, Stw 6507

erschienenen Buch[9] zeigt den Spruch „Ad omnia“ über einer leeren Leinwand auf einer Staffelei. Pinsel und Palette, die bereit sind, die Leinwand zu bemalen, werden von einer Hand gehalten, die aus einer Wolke erscheint. Der bei Saavedra Fajardo zur *pictura,* dem Bild des Emblems, beigegebene Text parallelisiert die weiße Leinwand mit dem Menschen, der mit nichts geboren wird und mittels Wissenschaft und auserlesenen Künsten zu einem tugendvollen und gebildeten Wesen erzogen werden kann. In der deutschen Ausgabe heißt es:

„Also sehen wir / den Menschen gebohren werden ohne Wissenschafft der Sprach / oder erkandtnis einiger Sachen / auf daß in dessen gemueht / hernacher / gleichsam als auff einer reinen Taffel / die Leiber allerhandt außerlesenen kunsten / und wissenschafften werden entworffen / und die Lehre der tugentsamen erziehung gemahlet.“[10]

Wenn Pazzonis und Montis Druckerzeichen Motto und Motiv des Emblems aufgreifen, so wird damit verdeutlicht, dass sie in der Kunst des Druckens die gleiche bildende Wirkung auf den Menschen sehen, wie die Künste es vermögen.

Die sogenannte Schwarze Kunst des Druckens wurde bereits in ihrer Entstehungszeit als eine Kunstform begriffen. So bezeichnete Peter Schöffer, ein Mitarbeiter Gutenbergs, der später mit Johannes Fust eine erfolgreiche Werkstatt gründete, in seiner Ausgabe des Hieronymus von 1470 den Buchdruck als „ars impressoria“.[11] Etwa ein Jahrhundert später wird die Buchdruckerei in den Rang der Künste gerückt, wenn sie in Hans Sachs' *Eygentlicher Beschreibung Aller Stände auff Erden*, dem sogenannten *Ständebuch* von 1568, das von Jost Amman illustriert wurde, noch vor der Malerei, Bildhauerei und Goldschmiedekunst genannt wird. Schriftgießer, Reißer, Formschneider, „Papyrer“, Buchdrucker und Buchbinder folgen direkt auf den Klerus und den Adel und erhalten in der Vorrede von Sigmund Feyerabend, einem Frankfurter Drucker und dem Verleger des Werkes, eine zusätzliche Würdigung, wenn er vom Ursprung der Buchdruckkunst berichtet: „Ich wil allein Exempels weise gantz kurtz anzeygen, von wem die Büchstaben und die löbliche Kunst der Truckerey erfunden seyen.“[12] Ähnlich wie Plinius d. Ä. in seiner *Naturgeschichte* die Kunst der Malerei und Bildhauerei auf ihre Anfänge zurückführt, so versucht auch Feyerabend, die Schwarze Kunst bis hin zur Erfindung der Buchstaben zurückzuverfolgen. Diese Rühmung scheint schnell Nachhall zu finden. Im sogenannten *Buchdruckerlied* von 1582 aus Frankfurt erhält das Gewerbe des Buchdrucks gleich im Titel die Preisung: *Ein schön new Lied, von der hochlöblichen Kunst der Buchdruckerey.*[13]

Angesichts dieser hohen Wertschätzung ist es kaum verwunderlich, dass Buchdrucker in ihren Druckerzeichen ihre Wirkungsstätten zeigten und ihre

9 1642 in Mailand und 1659 in Amsterdam nachgedruckt.
10 Saavedra Fajardo 1655, S. 12.
11 Brielis 1470, Vorrede, zit. nach Ness 1992, S. 46, Anm. 34.
12 Sachs 1568, Vorrede.
13 Zitiert nach Ness 1992, S. 175 f.

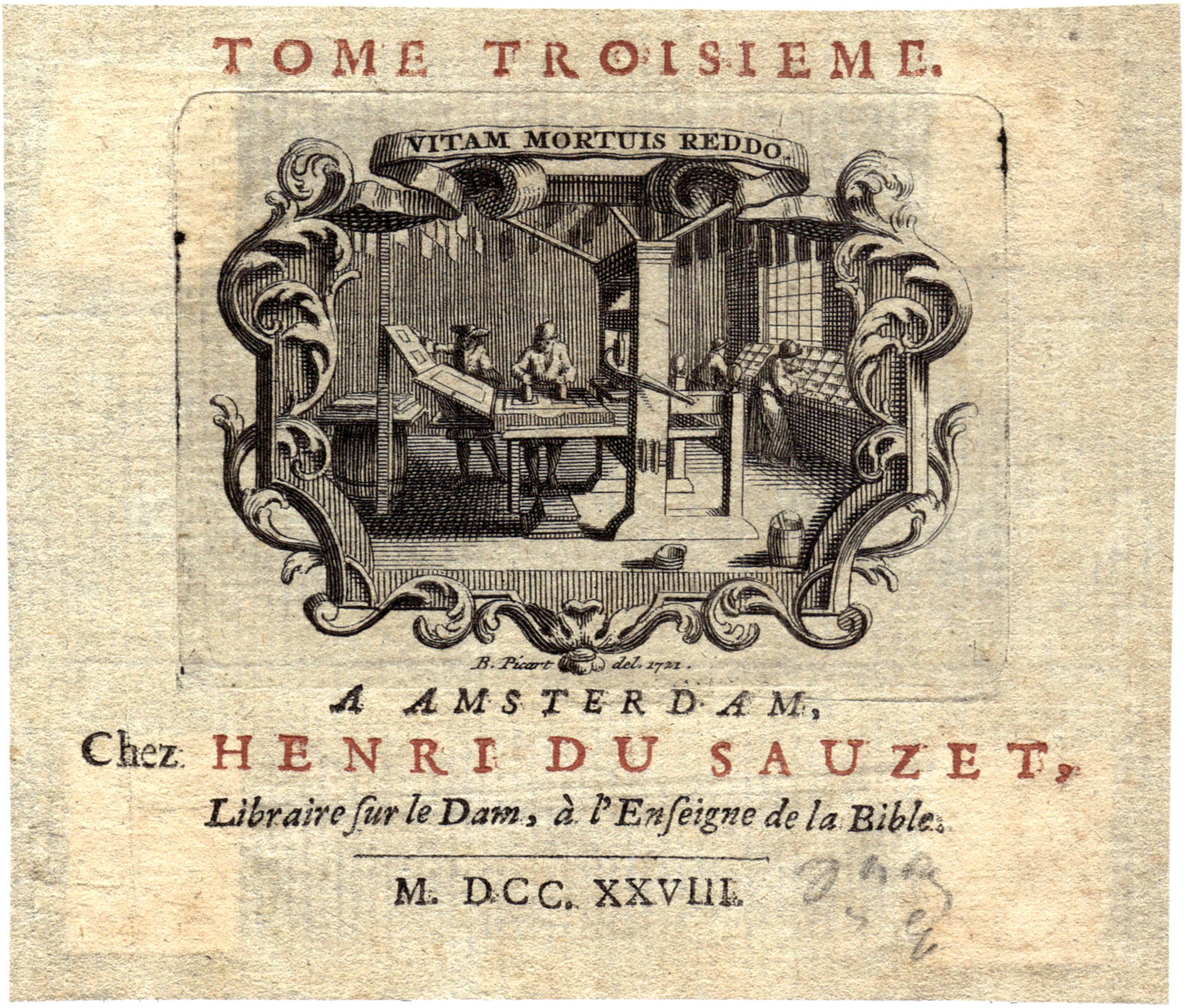

Abb. 5 | Druckerzeichen von Henri du Sauzet (Amsterdam), 1728.
Gutenberg-Museum, Mainz, GM Mori Sig 194 a

Abb. 6 | Titelblatt mit dem Druckerzeichen von Johann Immanuel Gebauer (Halle), in: RAMBACH 1759. Gutenberg-Museum, Mainz, GM Mori Bs 301 a

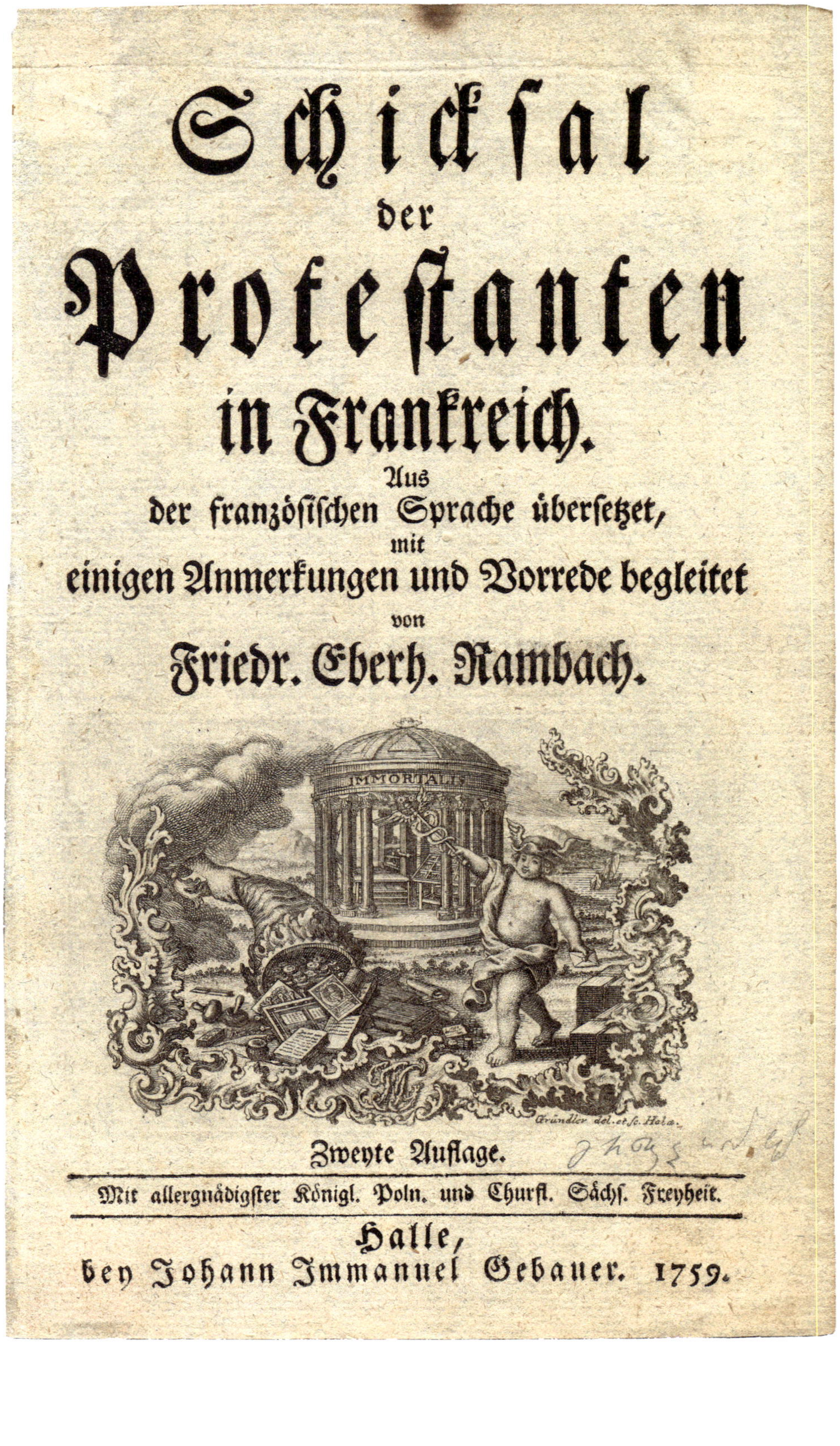

Schicksal
der
Protestanten
in Frankreich.
Aus
der französischen Sprache übersetzet,
mit
einigen Anmerkungen und Vorrede begleitet
von
Friedr. Eberh. Rambach.

Zweyte Auflage.

Mit allergnädigster Königl. Poln. und Churfl. Sächs. Freyheit.

Halle,
bey Johann Immanuel Gebauer. 1759.

eigene Tätigkeit nobilitierten. Den Blick in die Druckwerkstatt gibt beispielsweise Jodocus Badius’ Druckermarke frei (Frontispiz, S. 2), die er in unterschiedlichen Varianten ab etwa 1510 führte und die damit zu den frühesten Darstellungen einer Druckerwerkstatt zählt. Der Bildausschnitt zeigt eine an das Hochformat des Druckerzeichens angepasste, beengt wirkende Räumlichkeit, in deren Zentrum die Druckerpresse steht. Neben der Person, die die Presse bedient, sitzt rechts eine weitere, die mit dem Setzen des Textes beschäftigt ist, während eine andere Figur, leicht in den Hintergrund gerückt, die Druckerballen zum Schwärzen des Satzes hält.

Diese drei Arbeitsschritte finden sich auch in Henri du Sauzets Druckerzeichen (Abb. 5). Der 1721 von Bernard Picart entworfene Kupferstich zeigt eine großzügige Druckerei, in der vier Leute am Werk sind. Die Szene wird am oberen Rand durch die Worte „Vitam mortuis reddo“ (dt.: „Ich gebe den Toten das Leben zurück“) eingefasst. Diese Fähigkeit, Schriften zum Leben zu erwecken, wird den gedruckten Werken – beziehungsweise dem Drucker, hier Sauzet, der sie produziert – zugeschrieben. Durch sie wird den jeweiligen Autor:innen ein Fortleben über den Tod hinaus gewährt. In Johann Immanuel Gebauers Signet (Abb. 6) kommt dieser Qualität des Druckens besondere Ehrung zuteil: Druckerpresse und Setzkasten sind in einen Tempel gesetzt, in dessen Fries „Immortalis“ (dt. „Unsterblich“) zu lesen steht.

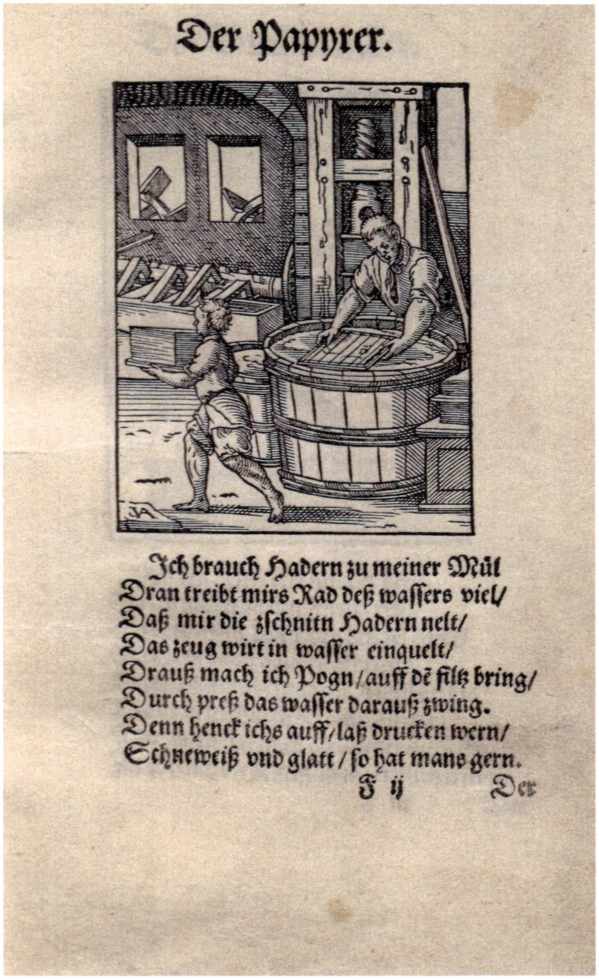

Der Papyrer.

Ich brauch Hadern zu meiner Mül
Dran treibt mirs Rad deß wassers viel/
Daß mir die zschnitn Hadern nelt/
Das zeug wirt in wasser einquelt/
Drauß mach ich Pogn/ auff dē filtz bring/
Durch preß das wasser darauß zwing.
Denn henck ichs auff/ laß drucken wern/
Schneweiß vnd glatt/ so hat mans gern.
F ij Der

Abb. 7 | Jost Amman: *Der Papyrer,* in: Sachs 1568, Fol. Fii. Dresden, SLUB, Lit.Germ.rec.B.2039

Die mit Badius und Sauzet aufgerufenen Szenen zeigen bereits das klar eingegrenzte Tätigkeitsfeld des Druckens. Während in der frühen Phase des Druckens mit Handpresse noch mehrere Arbeitsschritte in Personalunion ausgeführt wurden, setzte ab Mitte des 16. Jahrhunderts eine Trennung von Schriftgießerei und Druckerei ein.[14] Ein deutlich differenzierteres Bild bietet das Blatt zum Buchdruck (*Impressio librorum,* Abb. 2) von Stradanus. So ist im Vordergrund, mit der stehenden Figur neben dem Setzer, vermutlich der Schritt des Korrigierens dargestellt, ein Aspekt, der bei den Druckerzeichen von Badius und Sauzet nicht zu verorten ist. Korrektoren arbeiteten mit einem Korrekturabzug, den sie mit Korrekturzeichen versahen.

Der aus dem hinteren Torbogen in die Werkstatt hereintretende Jüngling, der einen Stapel Papier auf seinem Kopf balanciert, ruft zugleich die materielle Grundlage des Druckens ins Gedächtnis, die laut dem *Ständebuch* wie auch dem *Buchdruckerlied* zur Abfolge der buchhandwerklichen Arbeitsschritte zählt. Im Letzteren werden der „Papirer“, der „Drucker“, der „Setzer“, der „Giesser“, der

14 Bereits zuvor ließen sich Drucker:innen Matrizen herstellen; siehe hierzu Reske 2023, S. 49 f. Zum Schriftgießen auch im Folgenden ausführlicher.

„Corrector“, der „Formschneider“ und der „Buchbinder“ einzeln benannt und kommen jeweils zu Wort. Obgleich diese Bezeichnungen reale Arbeitsteilungen widerspiegeln, die auch im *Ständebuch* meist getrennt aufgeführt und bildlich dargestellt werden,[15] vermittelt das Lied zugleich eine kollegiale Haltung, die die Zusammenhänge der Buchproduktion betont: Die einzelnen Gesellen sehen sich in guter Gesellschaft und bringen am Ende ein Hoch auf ihr gemeinsames Gewerbe aus: „Frisch, Frey, Frölich, Freundlich und Fromb, Ist aller Buchdruckerreichthumb.“[16]

PAPIER ALS MATERIELLE VORAUSSETZUNG

Wie es der papiertragende Jüngling in Stradanus' Buchdruckwerkstatt bereits andeutet, waren Buchdrucker:innen auf eine zuverlässige Zufuhr an Papier angewiesen – jenem Material, auf das seit der Zeit des Frühdrucks bevorzugt gedruckt wurde.[17] Die Herstellung, die erstmals 1460 vom Prager Gelehrten Paulus Paulerinus beschrieben wurde, basierte auf Lumpen.[18] Diese wurden gesammelt, zerschnitten und zum Faulen gebracht. Aufgrund des dabei entstehenden Geruchs lagen Papiermühlen meist am Rand städtischer Siedlungen. Die fein zerstoßene Masse wurde in einem Trog angerührt, und mit einer siebartigen flachen Form wurden einzelne Blätter geschöpft – eine Tätigkeit, mit der auch der „Papyrer“ in Ammans Darstellung des *Ständebuchs* gerade beschäftigt ist (Abb. 7). Papier konnte in unterschiedlichen Qualitäten für verschiedene Zwecke bezogen werden. Druckpapier wurde aus Lumpen „mittlerer einländischer Leinwand und Kattun“ hergestellt und wurde im Vergleich zu Schreibpapier weniger geleimt. So konnte das für den Druckprozess angefeuchtete Papier die Tinte besser aufnehmen.

Obwohl Papier preiswerter war als Pergament, war eine kontinuierliche Materialzufuhr, die für die Buchproduktion unerlässlich war, nicht immer gewährleistet. Ein Privileg von Kurfürst August an den Papiermüller Hieronymus Schaffhirt, das Letzterem das Recht zum Handeln mit Lumpen zusprach,[19] sowie das Lumpenausfuhrverbot von 1685 in der Kurmark Brandenburg belegen,[20] wie eingeschränkt der Zugang zu Rohstoffen war; dies war auch für Buchdrucker:innen spürbar. Bedenkt man zudem, dass Papier in der Zeit des Frühdrucks zwischen 50 und 70 Prozent der gesamten Kosten der Buchproduktion ausmachen konnte,[21] wird deutlich, wie zentral die Sicherung dieses Trägermaterials war. Vor diesem Hintergrund spricht aus dem unbedruckten Blatt des Druckerzeichens „Ad omnia paratus“ von Pazzoni und Monti nicht nur die ideelle Bereitschaft und die Einordnung der Buchdruckerei in den Rang der Künste, sondern es signalisiert auch die gesicherte Verfügbarkeit der materiellen Grundlage.

15 Lediglich Drucker und Setzer sind in einem Bild zusammen dargestellt.
16 Zitiert nach Ness, 1992, S. 175 f.
17 Pergament wurde zur Zeit des Frühdrucks für hochwertige Werke benutzt; siehe Reske 2023, S. 17.
18 Steinmann 2013, Nr. 857,4.
19 Reske 2023, S. 19.
20 Ebd.
21 Reske 2023, S. 28, führt an, dass im 16. Jahrhundert das Papier bei Plantin in Antwerpen etwa 60–65 Prozent der Kosten ausmachte, bei größeren Formaten auch bis zu 75 Prozent.

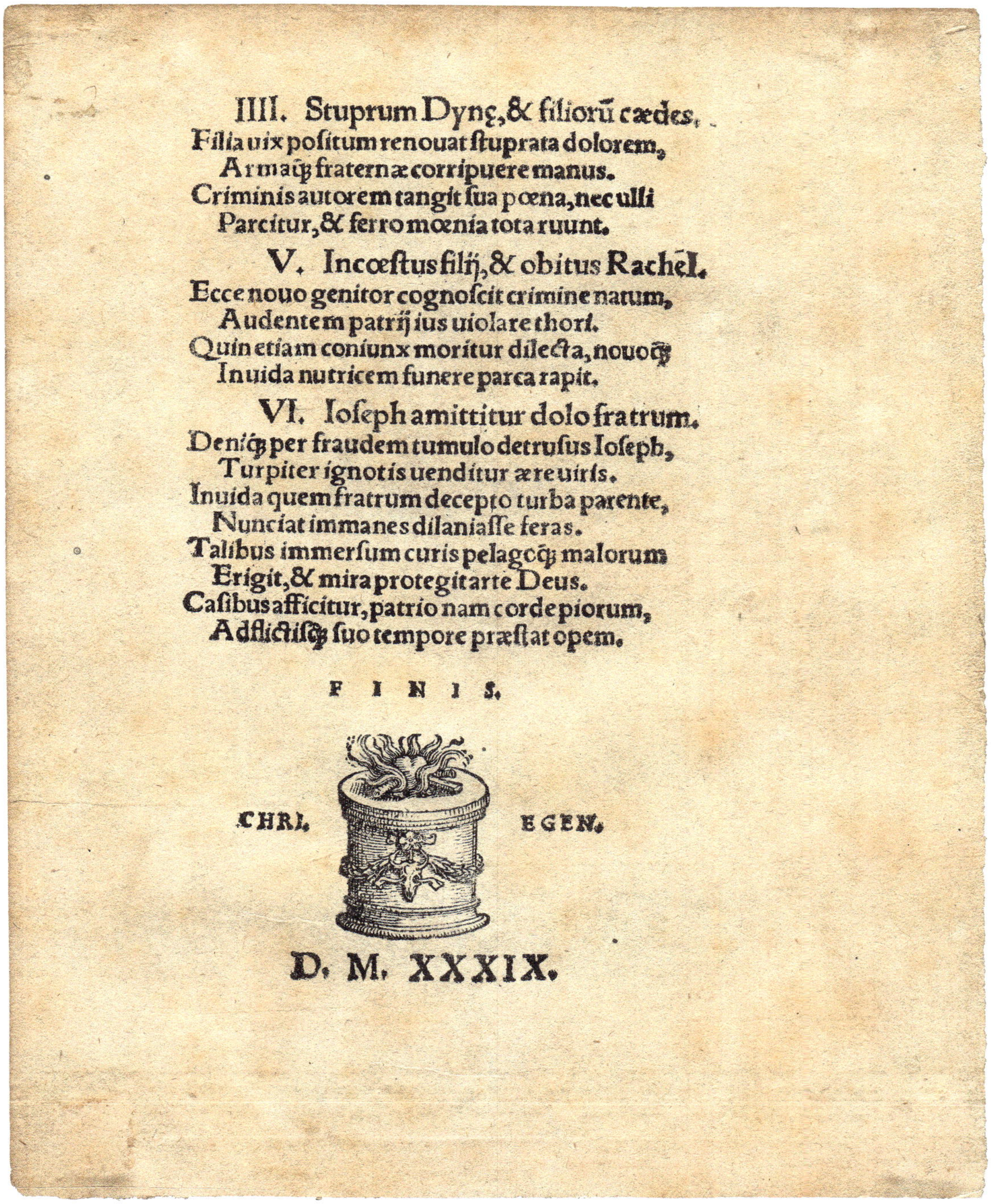

IIII. Stuprum Dynę, & filiorũ cædes.
Filia uix positum renouat stuprata dolorem,
Armaq́; fraternæ corripuere manus.
Criminis autorem tangit sua pœna, nec ulli
Parcitur, & ferro mœnia tota ruunt.
V. Incœstus filij, & obitus Rachel.
Ecce nouo genitor cognoscit crimine natum,
Audentem patrij ius uiolare thori.
Quin etiam coniunx moritur dilecta, nouoq́;
Inuida nutricem funere parca rapit.
VI. Ioseph amittitur dolo fratrum.
Deniq́; per fraudem tumulo detrusus Ioseph,
Turpiter ignotis uenditur ære uiris.
Inuida quem fratrum decepto turba parente,
Nunciat immanes dilaniasse feras.
Talibus immersum curis pelagoq́; malorum
Erigit, & mira protegit arte Deus.
Casibus afficitur, patrio nam corde piorum,
Afflictisq́; suo tempore præstat opem.

FINIS.

CHRI. EGEN.

D. M. XXXIX.

Abb. 8 | Schlussseite mit dem Druckerzeichen von Christian Egenolff (Frankfurt am Main), in: Aemilius 1539.
Gutenberg-Museum, Mainz, GM Mori Sig 12

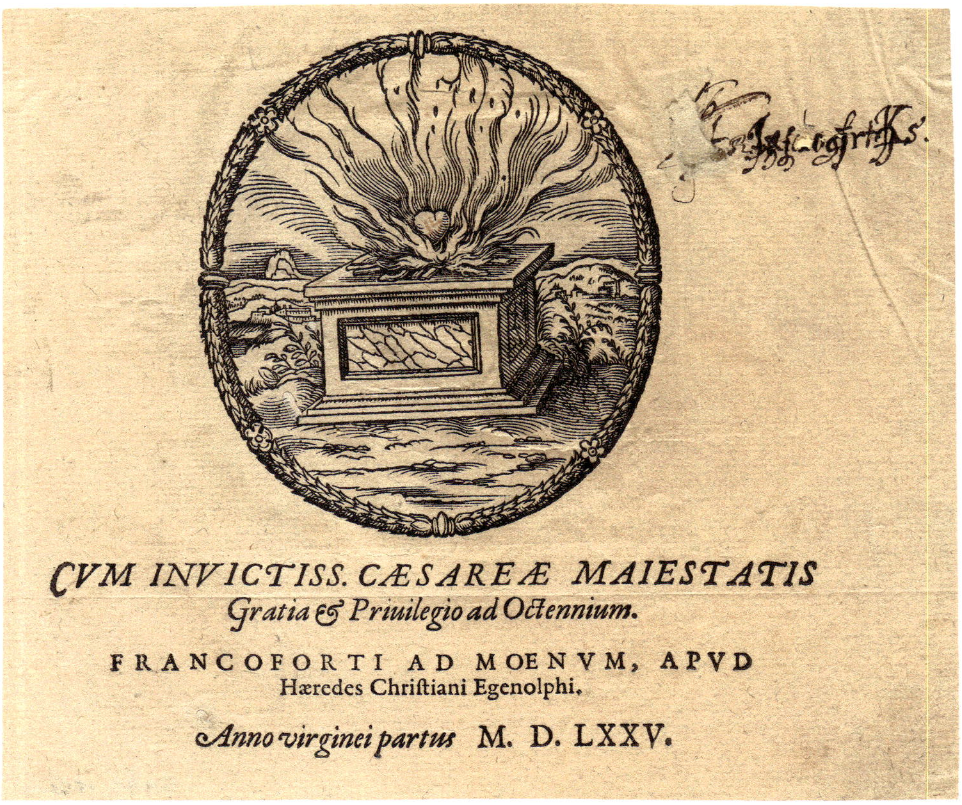

Abb. 9 | Druckerzeichen von den Erben Christian Egenolffs (Frankfurt am Main), 1575. Gutenberg-Museum, Mainz, GM GS 1992.1556

DIE HERSTELLUNG DER LETTERN – MIT FEUER HANTIEREN

Die Sicherung der Papierquelle mag auch Christian Egenolff bewogen haben, eine Papiermühle bei Gegenbach im Schwarzwald zu erwerben, die er ab 1555 betrieb. Der aus dem Westerwald stammende Egenolff, eine maßgebliche Figur in der Entwicklung Frankfurts zur Druckmetropole des 16. Jahrhunderts, studierte von 1516 bis 1519 an der Universität Mainz. Anschließend arbeitete er in Straßburg unter dem Drucker Wolfgang Köpfel als Schriftgießer, bevor er 1530 beim Frankfurter Rat um das Bürgerrecht bat, um sich dort niederzulassen und eine Offizin zu gründen. Die Unterstützung des Rates und die regen Kontakte, die Egenolff als Humanist und Protestant in der freien Reichsstadt Frankfurt knüpfen konnte, trugen bald ihre Früchte, sodass er bereits 1535 zum Universitätsbuchdrucker in Marburg berufen wurde. Ab 1542 leitete er in seinem städtischen Anwesen am Kornmarkt ein Unternehmen, das Schriftsatzherstellung, Druck sowie verlegerische und vertriebliche Tätigkeiten unter einem Dach vereinte.[22] Als Motiv für sein Druckerzeichen wählte Egenolff einen brennenden Altar, wie er auf der Schlussseite eines Druckes von 1539 zu erkennen ist (Abb. 8).

22 Reske/Benzing 2015, S. 2440–2442; Terrahe 2010, S. 185.

Auch nach seinem Tod im Jahre 1555 führte seine Witwe Margarethe Egenolff das Unternehmen bis 1605 unter „Haeredes Christiane Egenolphi“ (Egenolffs Erben) fort und verwendete das Altarzeichen in leicht abgewandelten Formen, wie etwa auf dem Blatt von 1575 (Abb. 9).

Im sogenannten *Marckschiffer Gespräch* findet das Signet Egenolffs unter einer Reihe weiterer Frankfurter Drucker lobende Erwähnung: „Den brennenden Altar schaw an/ Was der mög zu bedeuten han: Daß er hab helffen breiten auß // Die Künst zu Ehrn Gottes hauß.“[23] Die Wahl des Altars wird „zu Ehrn Gottes“ gedeutet, was vermutlich mit Egenolffs Bibelübersetzung zusammenhängt, die er 1534 als erste in Frankfurt erschienene Übersetzung der Bibel Martin Luthers druckte. Eine Opferbereitschaft, die das Motiv des Altars vermittelt, findet sich auch in einem Emblem aus Gabriel Rollenhagens *Nucleus emblematum selectissimorum* von 1611: Wie im Signet Egenolffs ist hier ein brennendes Herz auf einem Altar dargestellt. Der Sinnspruch „Sacrificium deo cor contribulatim“, der auf Psalm 50,19 („Sacrificium Deo spiritus contribulatus“) aus der Bibel verweist, verdeutlicht ebenfalls das an Gott zu erbringende Opfer. Egenolffs Signet scheint damit auf die Tugend der Frömmigkeit zu verweisen. Dass das Zeichen einen hohen Identifikationswert für ihn besaß, zeigt sich daran, dass der brennende Altar auch als Wasserzeichen in seiner Papiermühle Verwendung fand und sogar mehrfach in Porträts Egenolffs integriert wurde. Vor diesem Hintergrund ist es mehr als naheliegend, dass Egenolff seine Druckermarke mit Bedacht ausgesucht hatte. Dem in humanistischen Kreisen verkehrenden Drucker ist die Wahl eines durchdachten und vielschichtigen Signets durchaus zuzutrauen. Welche Facetten das Motiv jenseits der Opferbereitschaft für Gott birgt, lässt sich exemplarisch an der Darstellung des Schriftgießers im *Ständebuch* verdeutlichen (Abb. 10). Hier ist die Herstellung einer weiteren grundlegenden Voraussetzung für den Buchdruck dargestellt: der Guss der Lettern. Diese entstanden in einem aufwendigen, mehrschrittigem Prozess. Für die Herstellung der Typen benötigte man die sogenannte Patrize, einen Stempel, der erstmals 1476 als „punctellos“[24] erwähnt wird. Bei einem etwa fünf Zentimeter langen stiftförmigen Stück Stahl wurde am spitzen Ende mithilfe von Feile und Stichel ein seitenverkehrter Buchstabe ausgearbeitet. Um die filigranen Linien präzise formen zu können, erhitzte man das Stahlstiftchen meist über Nacht in glühenden Kohlen. Die fertige Patrize wurde in eine kleine, quaderförmige Form aus weicherem Metall geschlagen,

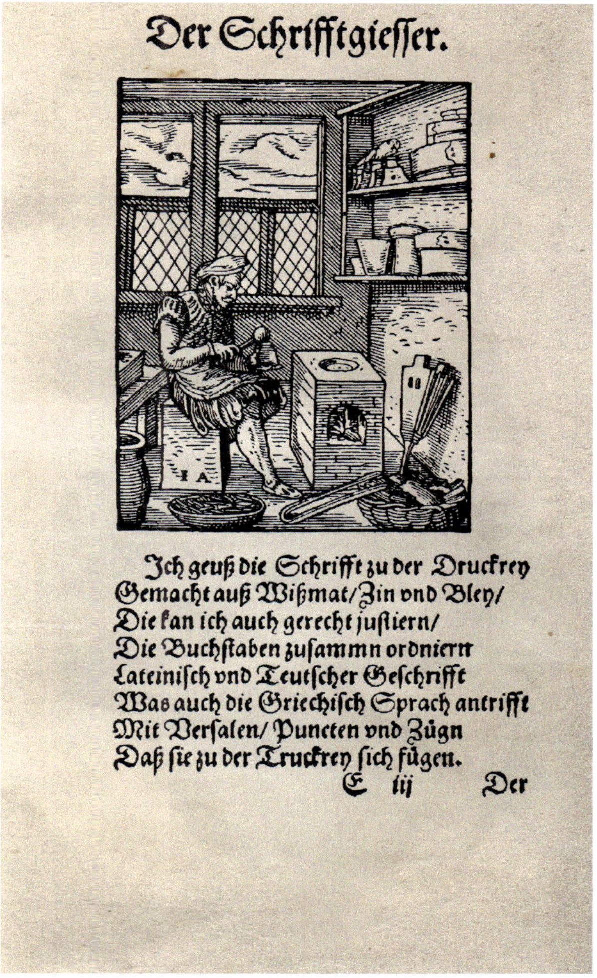
Der Schrifftgiesser.

Ich geuß die Schrifft zu der Druckrey
Gemacht auß Wißmat/Zin vnd Bley/
Die kan ich auch gerecht justiern/
Die Buchstaben zusammn ordniern
Lateinisch vnd Teutscher Geschrifft
Was auch die Griechisch Sprach antrifft
Mit Versalen/ Puncten vnd Zügn
Daß sie zu der Truckrey sich fügen.
E iij Der

Abb. 10 | Jost Amman, *Der Schrifftgiesser,* in: Sachs 1568, Fol. Eiii

23 Mangold 1596, [S. 33].
24 Reske 2023, S. 30.

Abb. 11 | Imprese von François I., in: Giovio 1559, S. 22. Wien, Österreichische Nationalbibliothek *48.G.28 ALT PRUNK

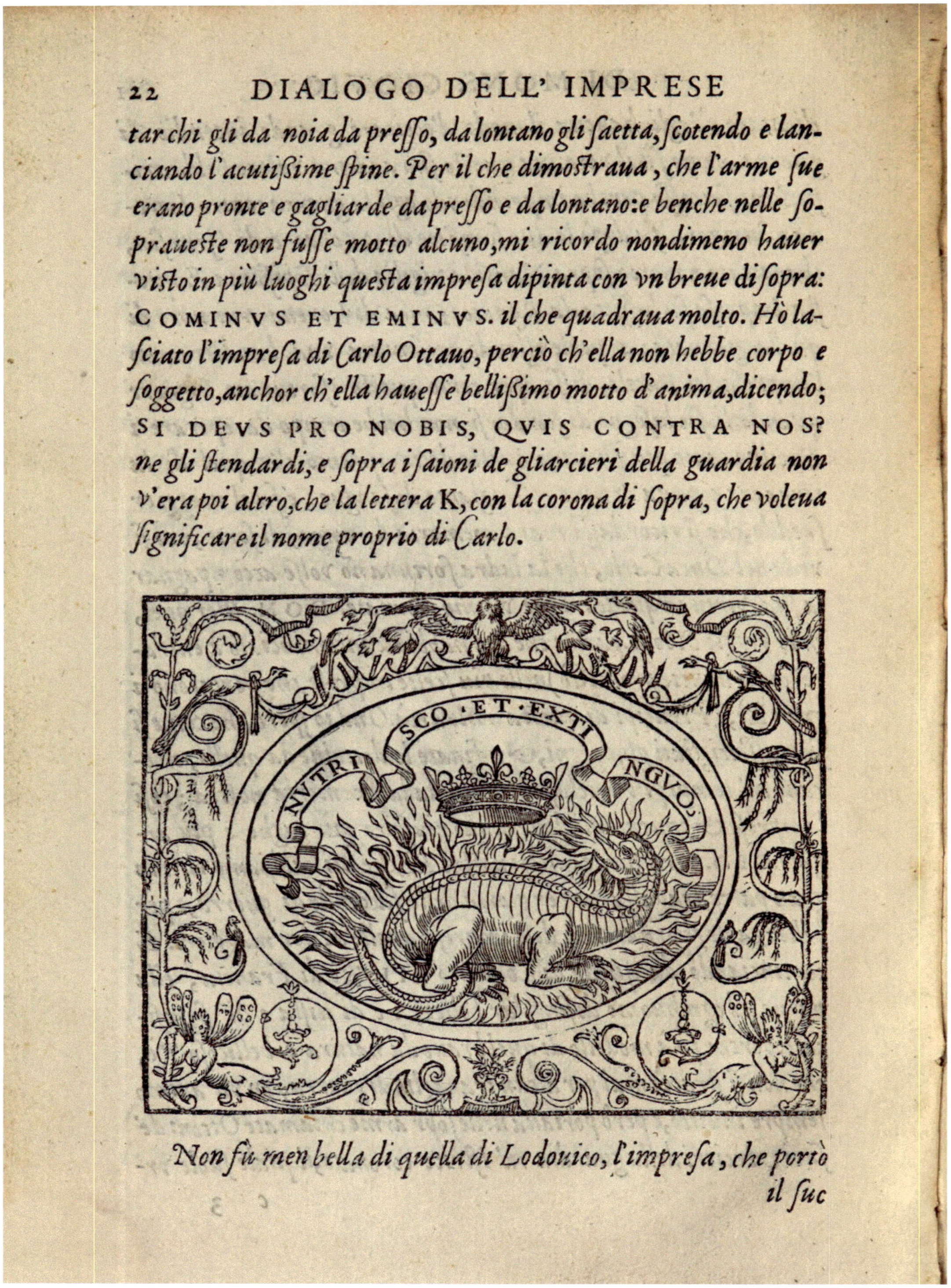
22 DIALOGO DELL' IMPRESE

tar chi gli da noia da preſſo, da lontano gli ſaetta, ſcotendo e lanciando l'acutißime ſpine. Per il che dimoſtraua, che l'arme ſue erano pronte e gagliarde da preſſo e da lontano: e benche nelle ſopraueſte non fuſſe motto alcuno, mi ricordo nondimeno hauer viſto in più luoghi queſta impreſa dipinta con vn breue di ſopra: COMINVS ET EMINVS. il che quadraua molto. Hò laſciato l'impreſa di Carlo Ottauo, perciò ch'ella non hebbe corpo e ſoggetto, anchor ch'ella haueſſe bellißimo motto d'anima, dicendo; SI DEVS PRO NOBIS, QVIS CONTRA NOS? ne gli ſtendardi, e ſopra i ſaioni de gliarcieri della guardia non v'era poi altro, che la lettera K, con la corona di ſopra, che voleua ſignificare il nome proprio di Carlo.

Non fù men bella di quella di Lodouico, l'impreſa, che portò

il ſuc

aus der eine Matrize entstand. Die ältesten noch erhaltenen Matrizen stammen aus dem Jahr 1500 und befinden sich heute in Haarlem.[25] Diese setzte man in das Gießinstrument ein, das als eine der bahnbrechendsten Erfindungen Gutenbergs gilt. Es bestand aus zwei Teilen, die zusammengefügt einen Kanal bildeten, durch den man die etwa 360 Grad Celsius heiße Metalllegierung eingoss. Wie in Jost Ammans Darstellung zu erkennen ist, schöpfte der Schriftgießer diese Flüssigkeit aus einem Kessel, der in einen Ofen eingelassen war und seitlich mit Kohle befeuert wurde. Die Arbeit des Schriftgießers verlangte den Umgang mit großer Hitze und offenem Feuer – und entsprechend wichtig war der Schutz vor Verbrennungen. Dank der speziellen Legierung aus Blei, Zinn und Antimon erstarrten die gegossenen Lettern sehr schnell.

Der Umgang mit Feuer, wie er in diesem Produktionsschritt beherrscht werden musste, spiegelt sich vermutlich in zahlreichen Druckerzeichen wider, die das Motiv des Feuersalamanders zeigen. Bereits in der Antike galt das Tier nicht nur als giftig, sondern man schrieb ihm auch die Fähigkeit zu, Feuer zu löschen beziehungsweise darin überleben zu können.[26] Das Tier und seine sagenhaften Eigenschaften fanden Eingang in die Imprese von François I., dessen Porträt auf der einen Seite einer Medaille von 1504 wiederzufinden war. Die andere Seite zeigte einen in Flammen sitzenden Salamander begleitet von dem Motto „Nutrisco et extinguo“ (dt.: „Ich nähre [mich davon] und lösche aus“). Sein Vater und Großvater führten das Tier bereits als persönliches Emblem, jedoch schien die Imprese für den späteren französischen König einen hohen Identifikationswert zu besitzen. Als dekoratives Element erschien der Feuersalamander schließlich in zahlreichen Renaissanceschlössern, wie in Fontainebleau, im Stadtschloss von Blois oder in Chambord, wo das Tier hundertfach als ornamentales Element in Architektur und Ausstattung Verwendung fand. Kurz nachdem die Imprese von François I. in Paolo Giovios *Dialogo dell'imprese militari et amorose* 1559 in Lyon erschienen war (Abb. 11), führten die Brüder Senneton ihre Druckerei unter dem Zeichen des Feuersalamanders. In der Version aus dem Jahr 1566 wird das Motto auf Französisch beigegeben: „Durer, mourir, et non perir“ (dt.: „Überdauern, sterben und nicht zugrunde gehen“). Es verweist auf die mythische Eigenschaft des Feuersalamanders, im Feuer zu überleben und gestärkt daraus hervorzugehen (Abb. 12). Führt man sich die alltäglichen Herausforde-

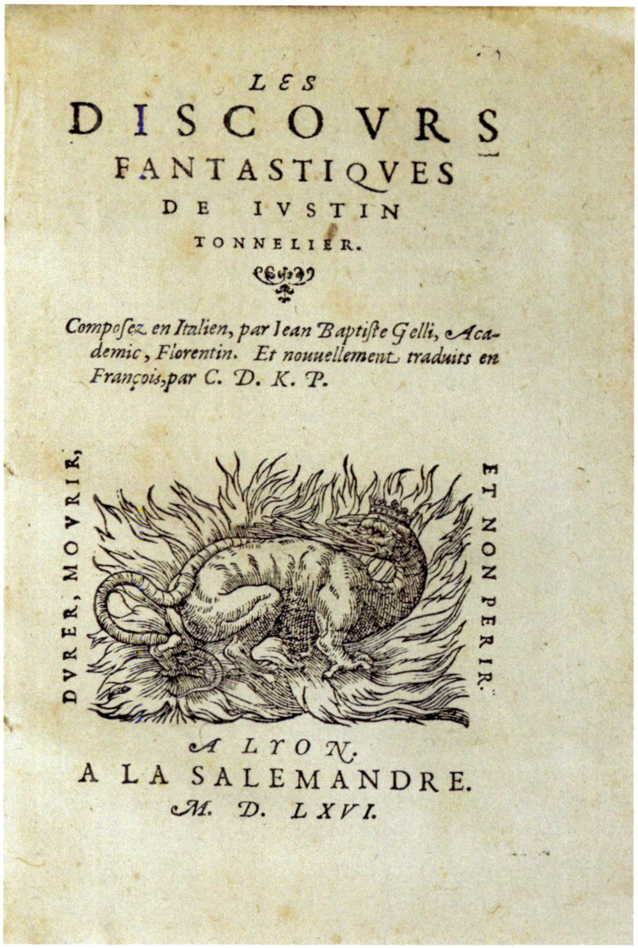
LES
DISCOVRS
FANTASTIQVES
DE IVSTIN
TONNELIER.

Composez en Italien, par Iean Baptiste Gelli, Academic, Florentin. Et nouuellement traduits en François, par C. D. K. P.

DVRER, MOVRIR, ET NON PERIR.

A LYON.
A LA SALEMANDRE.
M. D. LXVI.

Abb. 12 | Druckerzeichen der Brüder Senneton (Lyon) 1566, in: Gelli 1566. Wien, Österreichische Nationalbibliothek 71.Z.81 ALT PRUNK

25 Reske 2023, S. 32.

26 Aristoteles 1965–1991, Bd. 2, 185, 552b, S. 15–1; Plinius 2014, S. 125–128, zum Salamander siehe auch Helas 2024.

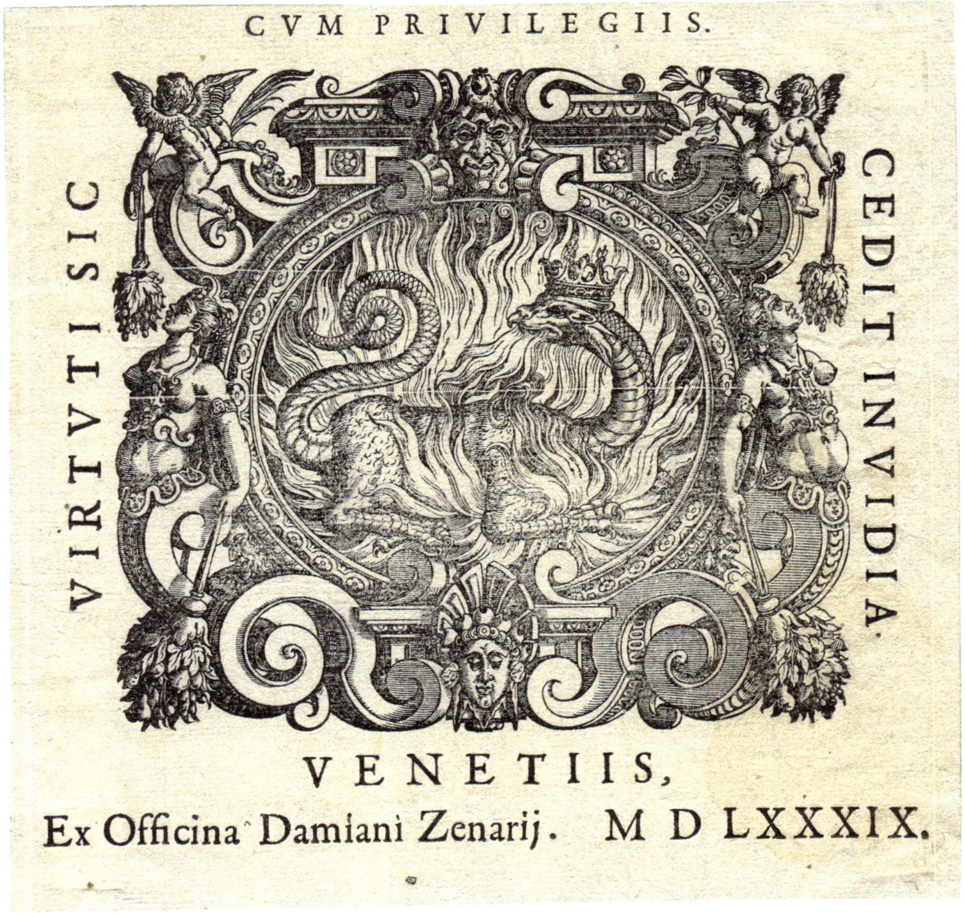

Abb. 13 | Druckerzeichen von Damiano Zenaro (Venedig), 1589. Gutenberg-Museum, Mainz, GM Mori Sig 183

rungen bei der Herstellung von Lettern vor Augen, gewinnt diese Vorstellung eine neue Bedeutungsebene. Die Tätigkeit des Schriftgießens war vom Umgang mit Feuer und großer Hitze geprägt, vor der man sich aber auch schützen musste. Aus ihr gingen die erhärteten Lettern hervor. Mit seiner ihm zugeschriebenen Eigenschaft, gestärkt aus dem Feuer hervorzutreten, hatte der Feuersalamander das Potenzial, die Herstellung des Schriftsatzes zu verkörpern. Dies könnte mit ein Grund dafür gewesen sein, dass sich das Tier als Druckersignet schnell in ganz Europa verbreitete. So fand es sich kurze Zeit später bei Damian Zenaro (Abb. 13) als Druckerzeichen, aber auch in Genf, Paris, Barcelona und Madrid wurde unter dem Zeichen des Feuersalamanders gedruckt.

Egenolffs brennender Altar wurde zwar in der ersten Hälfte des 17. Jahrhunderts von den ebenfalls in Frankfurt wirkenden Druckern Matthäus Kempfer und Johannes Bringer erneut verwendet. Doch anders als der Salamander verbreitete sich dieses Zeichen nicht wie ein Lauffeuer. Der Produktionsprozess des Schriftgießens ist in Egenolffs Druckerzeichen womöglich dennoch angedeutet.

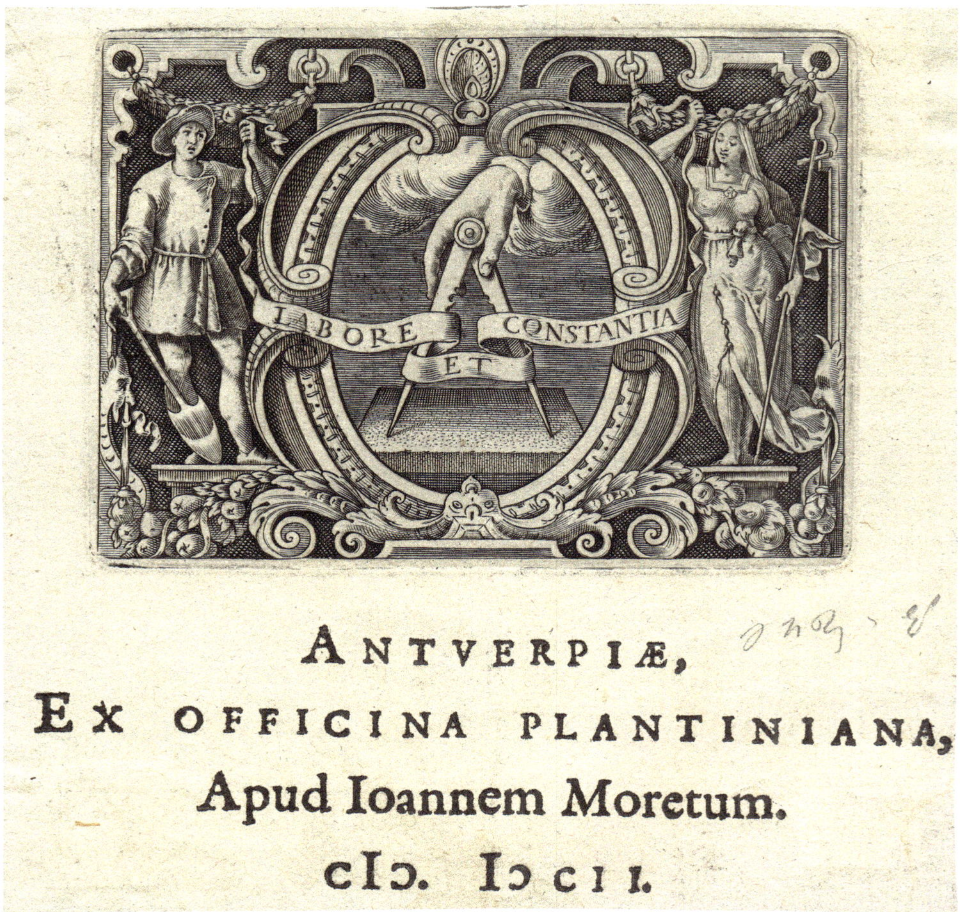

Abb. 14 | Druckerzeichen von Jan Moretus (Antwerpen), 1602. Gutenberg-Museum, Mainz, GM Mori Sig 198 b

Ein Blick auf Jost Ammans Illustration des Berufs (Abb. 10) führt vor Augen, wie die Arbeit des Schriftgießers vor dem brennenden Ofen ausgesehen haben dürfte. Egenolff, selbst Buchdrucker und Schriftgießer, könnte mit dem Motiv folglich auch seinen alltäglichen Umgang mit Hitze und Feuer mitausgestellt haben.

DIE HERSTELLUNG DER DRUCKFORMEN – MIT FLEISS UND HARTER ARBEIT

Das Ausstellen jener Tugenden, die zum Erfolg des Druckens dazugehören, ist in etlichen Signets angelegt – so auch im Druckerzeichen von Plantin, das über mehrere Jahrhunderte Bestand hatte. Fleiß und Ausdauer werden hier programmatisch dargestellt, symbolisiert durch den stabilen und den freien Schenkel des Zirkels. Die beiden Tugenden werden in einzelnen Varianten direkt mit dem Buchwesen verknüpft, etwa indem im Rahmenwerk Einblicke in eine Buchhandlung gegeben werden.[27] Die im Motto „Labore et constantia“ (dt.: „Durch

27 Siehe Abb. 11 im Beitrag von Joost Depuydt in diesem Band.

harte Arbeit und Beständigkeit“ oder freier übersetzt: „Durch Fleiß und Ausdauer“) erwähnte harte Arbeit wird in vielen Entwürfen durch die Figur des Herkules verkörpert. Zuweilen ist auch ein Mann mit Schaufel dargestellt, der landwirtschaftlicher Arbeit nachgeht – als Sinnbild für Fleiß (Abb. 14).

Das Thema der Feldarbeit wurde auch von weiteren Druckern aufgegriffen. So zeigt das Signet von Johann Andreas Bauer auf einer Publikation von 1748 zwei Männer bei der Kornernte (Abb. 15). Das Motto „Onerat sulcos, atque horrea vincit“ (dt.: Er belädt die Furchen und erobert die Kornspeicher), ein Zitat aus der *Carmen de Incarnatione* des Coelius Sedulius, verweist auf den Ertrag mühevoller Feld- und Flurarbeit. Bauers Signet, das durch die gezeigte landwirtschaftliche Tätigkeit zugleich auf seinen Namen anspielt, verdeutlicht, dass sich Mühe und Arbeit lohnen. In ähnlicher Weise funktioniert das Druckerzeichen von Joannes van Someren, das er ab etwa 1669 in unterschiedlichen Versionen führte. Allen gemein ist eine landwirtschaftliche Szene (Abb. 16): Im Hintergrund ist die Kornernte zu sehen, während im Vordergrund Ameisen auf einem Pfad ihre Vorräte in einen Bau am Fuß eines Baumes am rechten Bildrand tragen. Die Feldarbeit, die für Sommerdarstellungen in der Jahreszeitenikonografie typisch ist, nimmt wiederum Bezug auf den Namen van Somerens. Die Ameisen im Vordergrund setzen darüber hinaus einen Akzent auf christliche Tugenden, allen voran den Fleiß.[28]

Welche Bewandtnis die Eigenschaft des Fleißes für das Druckwesen hat, wird deutlich, wenn man sich die Arbeit des Setzens vor Augen führt: Bis zu einer fertigen Druckform, also dem Satz für eine Seite, musste ein aufwendiger Arbeitsprozess durchlaufen werden, der ein hohes Maß an Sorgfalt erforderte. Ausgehend von einem ordentlichen Manuskript wurde eine Umrechnung auf gesetzte Zeilen vorgenommen. So wurde ermittelt, wie viele Druckzeilen sich aus dem Manuskript ergeben und wie viele Manuskriptseiten schließlich eine Druckform füllen, wodurch schließlich das Format und der Umfang des Buches bestimmt wurden. Bei der Manuskriptberechnung wurden die Typen bereits probeweise abgesetzt.[29] Sobald die Berechnung vorgenommen war, konnte die Arbeit an den Druckformen vorgenommen werden. Da für das Lesen des Manuskriptes Lateinkenntnisse erforderlich waren, wurden für das Setzen zu Beginn des Buchdrucks Personen mit humanistischer Bildung rekrutiert. Die Sorgfalt und Ausdauer, mit der die Setzer[30] arbeiteten, zeigte sich beispielsweise im Prozess des Absetzens der Typen. Wie im Druckerzeichen von Badius (Frontispiz, S. 2) oder in der Darstellung des Buchdrucks aus der *Nova Reperta* (Abb. 2) zu erkennen ist, war der Arbeitsplatz im Wesentlichen wie folgt eingerichtet: Der Setzer stand meist vor dem Setzkasten, an dem das Manuskript mit einem Tenakel befestigt war. Mithilfe des sogenannten Divisoriums, einem vertikal verschiebbaren Lineal, konnten die Zeilen rasch wiedergefunden werden. Der

28 Kirschbaum/Braunfels 1994, S. 110 f.
29 Reske 2023, S. 53 f.
30 Da es sich in der Regel um eine Lohnarbeit handelte, sind Frauen nur in den seltensten Fällen dieser Tätigkeit nachgegangen. Zu den Ausnahmen siehe den Beitrag von Saskia Limbach in diesem Band.

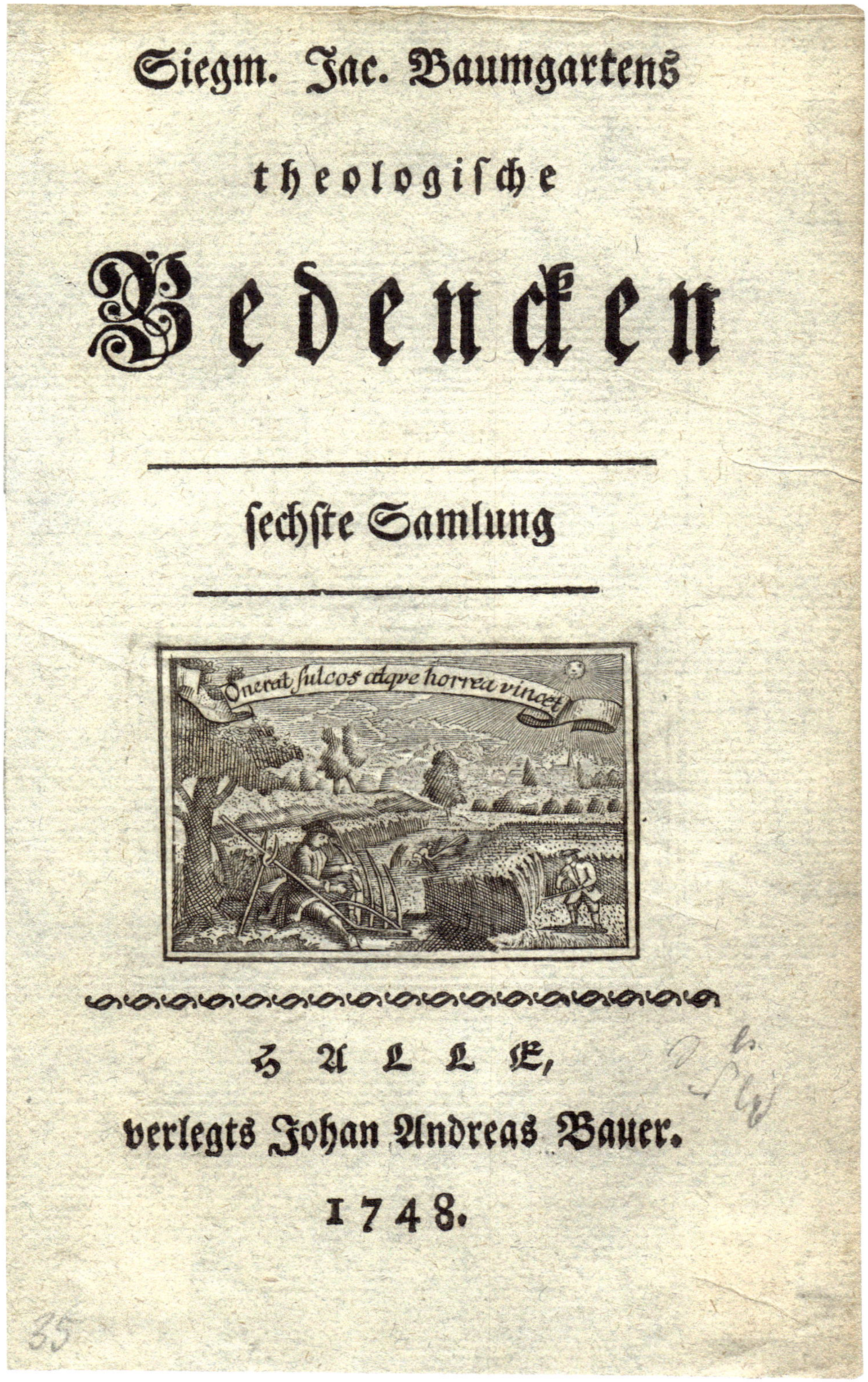

Siegm. Jac. Baumgartens

theologische

Bedencken

sechste Samlung

Onerat sulcos atqve horrea vincet

HALLE,

verlegts Johan Andreas Bauer.

1748.

Abb. 15 | Titelblatt mit dem Druckerzeichen von Johann Andreas Bauer (Halle), in: Baumgarten 1748. Gutenberg-Museum, Mainz, GM Mori Bs 300

Abb. 16 | Titelblatt mit dem Druckerzeichen von Joannes van Someren mit der Nennung der Witwe Hester de Weer (Amsterdam), in: Leigh 1679. Gutenberg-Museum, Mainz, GM Mori Dz 347

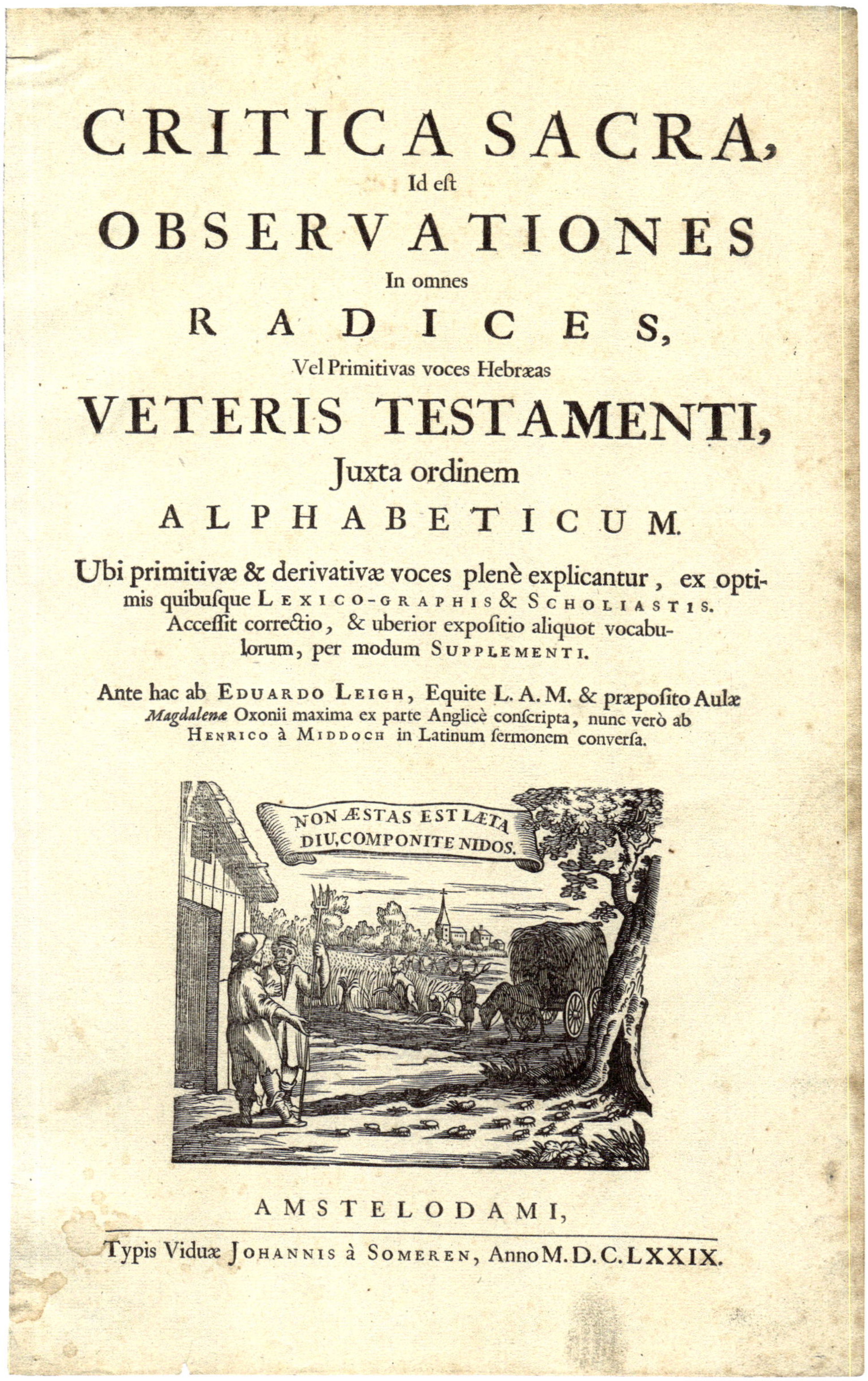

CRITICA SACRA,
Id est
OBSERVATIONES
In omnes
RADICES,
Vel Primitivas voces Hebræas
VETERIS TESTAMENTI,
Juxta ordinem
ALPHABETICUM.

Ubi primitivæ & derivativæ voces plenè explicantur, ex optimis quibusque Lexico-graphis & Scholiastis. Accessit correctio, & uberior expositio aliquot vocabulorum, per modum Supplementi.

Ante hac ab Eduardo Leigh, Equite L. A. M. & præposito Aulæ *Magdalenæ* Oxonii maxima ex parte Anglicè conscripta, nunc verò ab Henrico à Middoch in Latinum sermonem conversa.

AMSTELODAMI,
Typis Viduæ Johannis à Someren, Anno M. D. C. LXXIX.

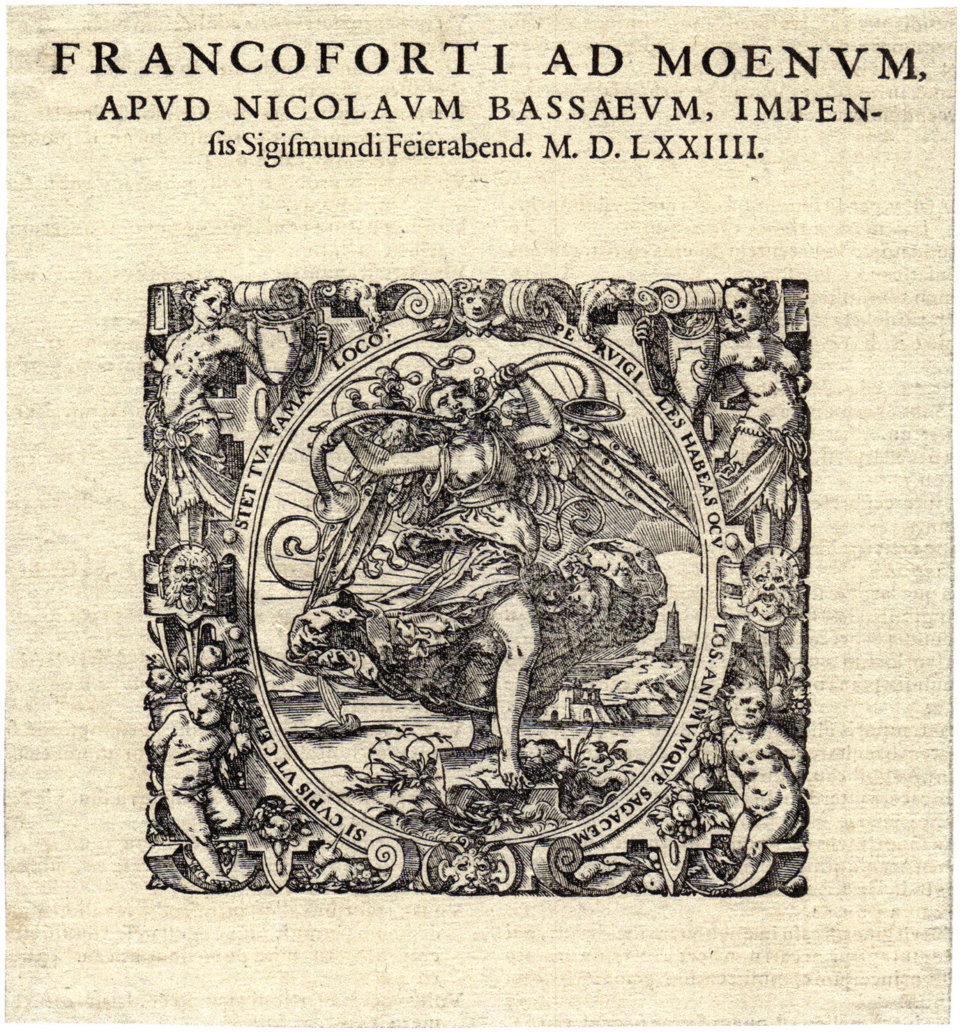

Abb. 17 | Druckerzeichen von Sigmund Feyerabend (Frankfurt am Main), in: Bohier 1574. Gutenberg-Museum, Mainz, GM Mori Sig 16

Setzer stand in optimaler Position vor dem Setzkasten, hielt den Winkelhaken in der linken Hand setzte Type für Type, wobei er deren richtige Position jeweils ertastete.[31] Zu Gutenbergs Zeiten bestanden Setzkästen noch aus über 300 Fächern. Im Jahr 1556 waren es bei Plantin nur noch 162 Zeichen, worunter auch Abbreviaturen und Ligaturen, Spatien und Gevierte (nach einem Punkt) und Halbgeviert (nach einem Komma) sowie weitere Interpunktionszeichen fielen.[32] In der Frankfurter Druckerordnung von 1572 wurde festgelegt, wie viele Druckformen pro Tag zu leisten waren – drei bei großer, zwei bei mittlerer und eine bei kleiner Schrift – wobei man von einem zehnstündigen Arbeitstag ausging. Dass die Drucker:innen in ihren Signets auf Qualitäten wie Fleiß, harte Arbeit und Ausdauer verwiesen, lässt sich mit Blick auf die aufwendige und präzise Arbeit des Setzens gut nachvollziehen.

31 Reske 2023, S. 59 f.
32 Ebd., S. 55.

TROTZ WIDRIGER UMSTÄNDE

Der Buchdruck war unmittelbar nach seiner Erfindung und Etablierung ein Bereich, der von zahlreichen Herausforderungen geprägt war. Die Versorgung mit Materialien und die Sicherung der technischen Ausrüstung mussten gewährleistet sein; Verbote und Privilegien durch die Obrigkeiten grenzten den Handlungsspielraum der Drucker:innen ein, und in den sich bald herauskristallisierenden Druckerzentren herrschte starker Wettbewerb.

In Frankfurt am Main beispielsweise wurde erst im Jahr 1563 ein Entwurf für eine Buchdruckerordnung vorgelegt, doch erst 1572 trat die Regelung in Kraft. Mit dem Inkrafttreten wurden längst notwendige Rahmenbedingungen für die Drucker:innen, die in der freien Reichsstadt tätig waren, formuliert: etwa zur Anzahl der Druckereien, zu Ausbildungsstandards, Arbeitszeiten, Feiertagen und Löhnen. Die zuvor fehlende Ordnung führte aber nicht nur zu einer harten Konkurrenz, sondern ermöglichte den Drucker:innen auch eine gewisse Unabhängigkeit – ein Umstand, der wiederum zum Florieren des Buchmarkts in Frankfurt beitrug.[33] Nach Egenolffs Tod avancierte Feyerabend zum erfolgreichsten Drucker der Stadt, der seine Fama in verschiedenen Abwandlungen als Druckerzeichen führte (Abb. 17). Als Verleger ließ er auch bei anderen Lohndruckern produzieren, beispielsweise bei Nikolaus Basse, der 1561 das Frankfurter Bürgerrecht erwarb und bald darauf als Mitstreiter und Konkurrent in Erscheinung trat. Basses Occasio, die er in Frankfurt bald als sein Druckerzeichen einführte, ist in manchen Ausführungen deutlich an die Fama Feyerabends angelehnt (Abb. 18). Anders als die Fama, die als Verkörperung des Ruhmes in erster Linie den guten Ruf Feyerabends verkünden sollte,[34] verweist die Occasio auf die Unwägbarkeiten des Berufs. Auf einem Rad – manchmal auf einer Kugel – stehend, ist Occasio stets in Bewegung. Es gilt also, die Gelegenheit am Schopfe zu packen – denn wenn sie erst einmal vorbeigezogen ist, ist die Chance vertan.[35] Basses Occasio ruft damit subtil die widrigen Umstände auf, denen sich die Drucker:innen konfrontiert sahen – und denen nur durch das Ergreifen des richtigen Augenblicks zu begegnen ist.[36]

33 Terrahe 2010, S. 192.
34 Siehe hierzu auch den Beitrag von Sophia Sarbinowski in diesem Band.
35 Zur Occasio siehe Helas 2000; Baert 2016; Baert 2021.
36 Reske/Benzing 2015, S. 249.

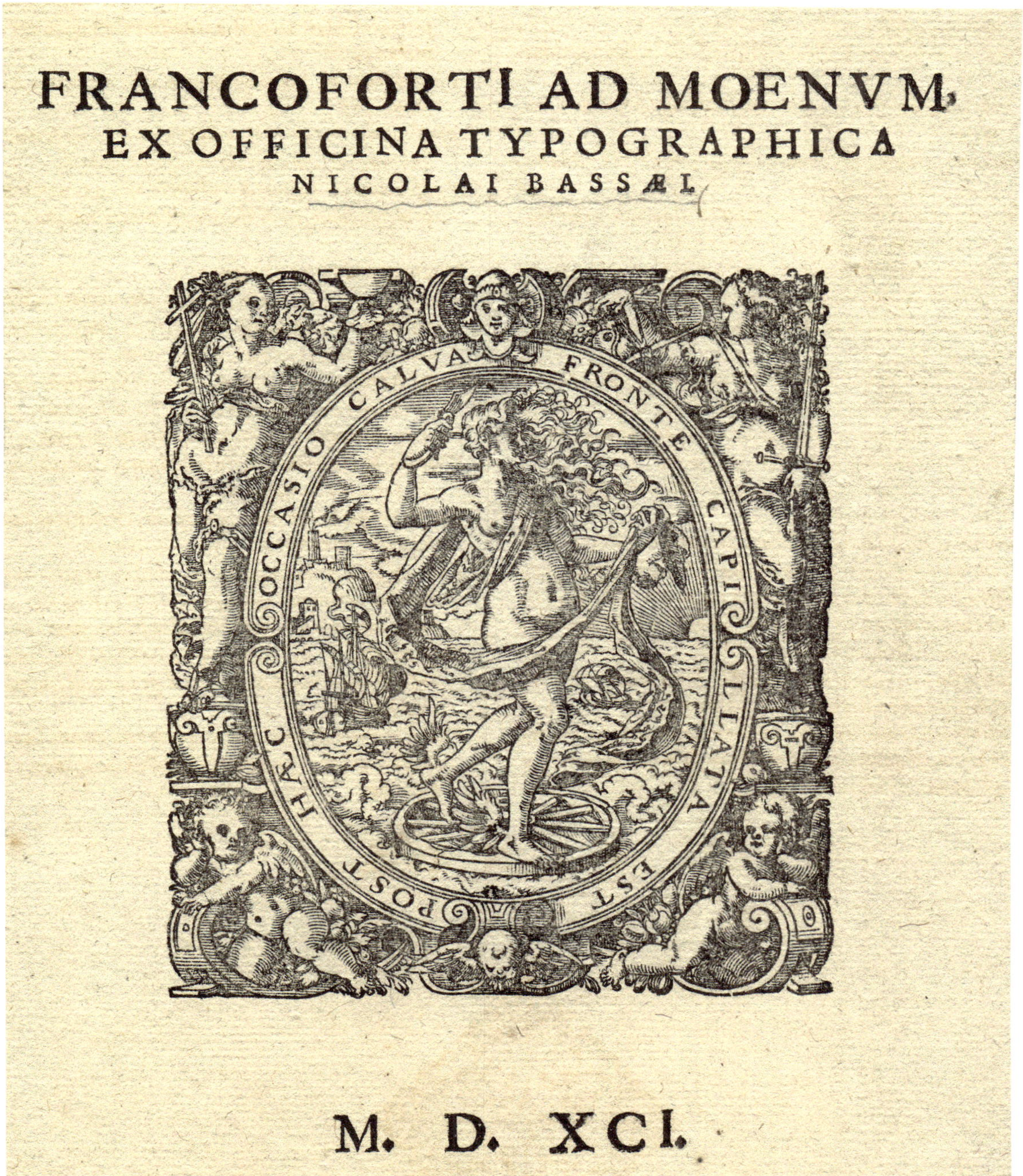

FRANCOFORTI AD MOENVM,
EX OFFICINA TYPOGRAPHICA
NICOLAI BASSÆI

M. D. XCI.

Abb. 18 | Druckerzeichen von Nikolaus Basse (Frankfurt am Main), in: Gomez 1591. Gutenberg-Museum, Mainz, GM GS 2012.0817

Abb. 1 | Titelblatt mit dem Druckerzeichen von Sigmund Feyerabend, David Zöpfel und Johann Rasch (Frankfurt am Main), in: LUTHER 1560. Universitätsbibliothek J. C. Senckenberg, Frankfurt am Main, Ausst. 279

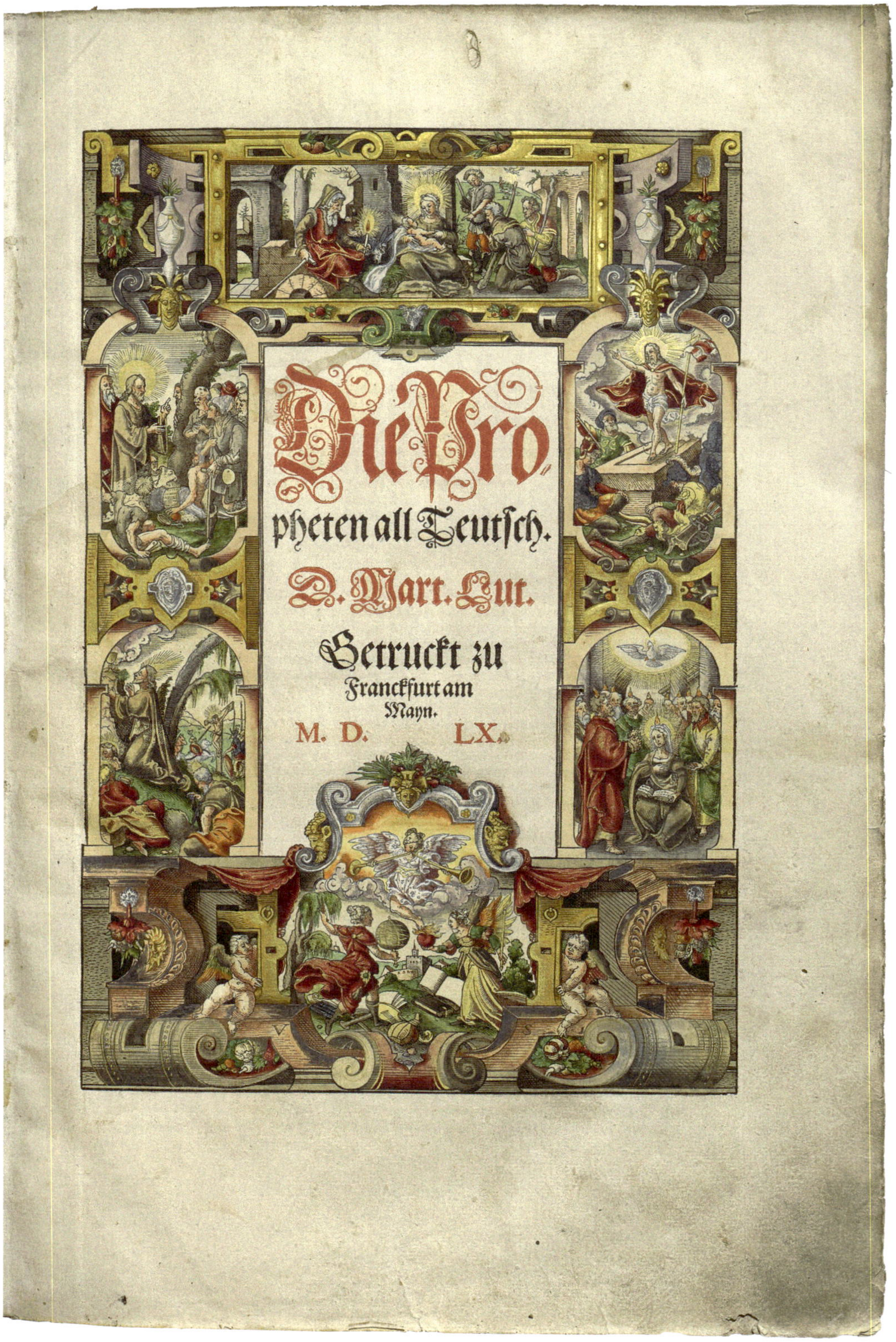

DIE ZUSAMMENARBEIT ZWISCHEN BUCHDRUCKER UND KÜNSTLER – SIGMUND FEYERABEND UND DIE REISSER VIRGIL SOLIS, JOST AMMAN UND TOBIAS STIMMER

Sophia Sarbinowski

Das Unternehmen des Druckers und Verlegers Sigmund Feyerabend, einer „Schlüsselfigur im literarischen Betrieb des 16. Jahrhunderts“,[1] trug maßgeblich zur Etablierung Frankfurts als bedeutendem Druckstandort bei.[2] Neben der thematischen Vielfalt der von ihm verlegten Bücher zeichnete sich seine Offizin insbesondere durch reich illustrierte Publikationen und eine Vielzahl von Druckerzeichen aus.[3] Die Ausführung dieser druckgrafischen Werke übernahmen vor allem Virgil Solis, Jost Amman und Tobias Stimmer, die für Feyerabend als Reißer tätig waren.[4] Dieser Beitrag zeigt auf, wie es zu den jeweiligen Zusammenarbeiten zwischen Feyerabend und den Reißern kam und untersucht, inwiefern diese künstlerischen Wechsel in der Offizin eine Auswirkung auf die gestalterischen Elemente der Druckerzeichen hatten. Um diese Variationen aufzuzeigen, werden die Werke der drei oben genannten Künstler[5] auf stilistischer, motivischer sowie technischer Ebene betrachtet.

Für die Analyse unter diesen drei genannten Kriterien spielen die verschiedenen Kontexte der Druckerzeichen eine entscheidende Rolle, die lange Zeit in der Forschung übergangen wurden. Seit dem frühen 18. Jahrhundert liegen Katalogisierungen von Druckerzeichen vor, beginnend mit der ältesten erhaltenen Monografie, dem *Thesaurus* von Friedrich Roth-Scholtz aus dem Jahr 1730. Die Kataloge erfassen die einzelnen Bildzeichen, ihre Ikonografie und die Drucker, die sie führten, während ihre Bedeutungen, Varianten, Genealogien und gestalterischen Elemente wie Motti und Kartuschen nicht näher in Betracht gezogen wurden. In der Literatur des 18. und 19. Jahrhunderts, wie dem Sammelband *Frankfurter und Mainzer Drucker- und Verlegerzeichen bis in das 17. Jahrhundert* von Paul Heitz aus dem Jahr 1896, wurden Druckerzeichen primär als Buchillustrationen katalogisiert. Hierbei wurden ihre funktionale Rolle im Buch und entscheidende Kontexte biografischer, chronologischer und textlicher Daten vernachlässigt. Der Grund hierfür sind fehlende Quellen, da es sich in den zahlreichen Druckerzeichensammlungen vorwiegend um die einzelnen Buchseiten handelte und nicht um die vollständigen Bücher.[6] Erst mit den tech-

1 Seidel/Toepfer 2010, S. 14.
2 Terrahe 2010, S. 189.
3 Ebd., O'Dell 1993, S. 11.
4 Ebd., S. 11–13. Als Reißer wurden Zeichner benannt, welche die Entwürfe für die Holzschnitte der Druckerzeichen anfertigten. Zusätzlich gab es Formschneider, welche die Druckformen aus diesen Entwürfen herstellten.
5 Da sich in diesem Beitrag ausschließlich auf männliche Künstler, Drucker und Verleger des 16. Jahrhunderts bezogen wird, findet hier kein Gendern statt.
6 Siehe hierzu den Beitrag von Nino Nanobashvili zu Gustav Mori in diesem Band.

nischen Möglichkeiten der letzten Jahrzehnte lassen sich Migration, Nutzungskontexte und Variationen mit bibliografischen Daten aus Büchern erheben.[7]

Dieser Beitrag verfolgt das Ziel, die zahlreichen Facetten und Einflüsse rund um die Entstehung und Gestaltung von Druckerzeichen kenntlich zu machen. Durch die Begrenzung auf die Druckerzeichen aus der Offizin Feyerabend wird versucht, die Komplexität dieser Werke und die Relevanz ihrer weiteren Erforschung darzustellen.

FEYERABEND UND SOLIS. DER STILISTISCHE AUSGANGSPUNKT

In den Offizinen, in denen Feyerabend tätig war, verantwortete er Druck, Vermarktung und Vertrieb der Bücher, während der jeweilige Künstler, in diesem Zusammenhang auch Reißer genannt, das Entwerfen der Vorlagen für die Holzschnitte der Druckerzeichen übernahm. Das Hauptmotiv in den Druckerzeichen ist die Personifikation der Fama – die aus der antiken Literatur stammende göttliche Gestalt des Geredes –, die insbesondere durch die Druckgrafik des 16. Jahrhunderts in der bildenden Kunst Bekanntheit erlangte.[8] Die frühesten Fama-Signets aus der Offizin Feyerabend entwarf Virgil Solis. Die Zusammenarbeit mit Solis erklärt sich unter anderem durch die persönliche Verbindung zwischen beiden: Feyerabend hatte einen Teil seiner Lehre zum Formschneider bei dem Meister Solis absolviert, wodurch bereits ein beruflicher Austausch bestand.[9] Solis war als Künstler über Nürnberg hinaus bekannt, sodass Feyerabend von dessen etabliertem Ruf profitieren konnte.[10]

Zwischen 1560 und 1562 gestaltete Solis die Illustrationen und das Druckerzeichen für die von David Zöpfel, Johann Rasch und Feyerabend verlegte Bilderbibel (Abb. 1).[11] Die dreifigurige Darstellung auf der unteren Leiste des schmuckvollen Titelrahmens unterhalb der Jahreszahl bildet das Allianzsignet der drei Drucker ab. Das Signet wurde hier direkt in den Titelrahmen eingebunden, jedoch erschien es auch eigenständig auf anderen Buchseiten, wie im Kolophon eines zwei Jahre später gedruckten Buches. Jede Figur repräsentiert hier jeweils einen Drucker. Die obere Figur am Himmel, die aus einem Wolkenschwarm herausfliegt, stellt Fama dar, während die linke stehende Figur Iustitia und die rechte Fides zeigt.[12] Die Fama Feyerabends wird in dieser Abbildung mit den für sie charakteristischen zwei Posaunen gezeigt. Diese Instrumente, auch Fanfaren genannt, sind Symbole des guten Rufes, „Fama buona",[13] sowie des schlechten Rufes, „Fama mala",[14] und bringen eine Mehrdeutigkeit der Figur zum Ausdruck. In der Frühen Neuzeit vertrat sie jedoch insbesondere in der Gattung der Buchillustration die Idee des guten Rufes.[15] Die Figur der Fama in Feyerabends Druckerzeichen trägt häufig nur eine der Fanfaren (Abb. 2). Feyerabend nimmt

7 Wolkenhauer 2015a, S. 7–11.
8 Durch Vergil hat sich möglicherweise die Personifikation des Gerüchts in ganz Europa verbreitet, wobei die Bedeutung des Gerüchts in unterschiedlichen Kontexten variieren kann und die Fama wie viele allegorische Figuren im Hinblick auf ihre visuelle Gestaltung und Inszenierung einen Wandel über die Zeit durchmachte. In den Druckerzeichen und der Emblematik dieser Zeit verkörpert die Fama das spätantikische, ethische Prinzip des Strebens nach hohem Ansehen, das nur durch Tugend erlangt werden kann und zu ewigem Ruhm, nämlich dem Sieg über die Zeit, führt. Vgl. Neubauer 2009, S. 9, 59–78, 85–88, 220.
9 Pallmann 1881, S. 9.
10 Ebd.
11 O'Dell 1993, S. 17.
12 Zur Zuordnung der Attribute vgl. Kretschmer 2008, „Buch, Buchrolle", S. 72–74, hier S. 74, und „Herz", S. 184 f., hier S. 185.
13 Neubauer 2009, S. 85.
14 Ebd.
15 Ebd., S. 88.

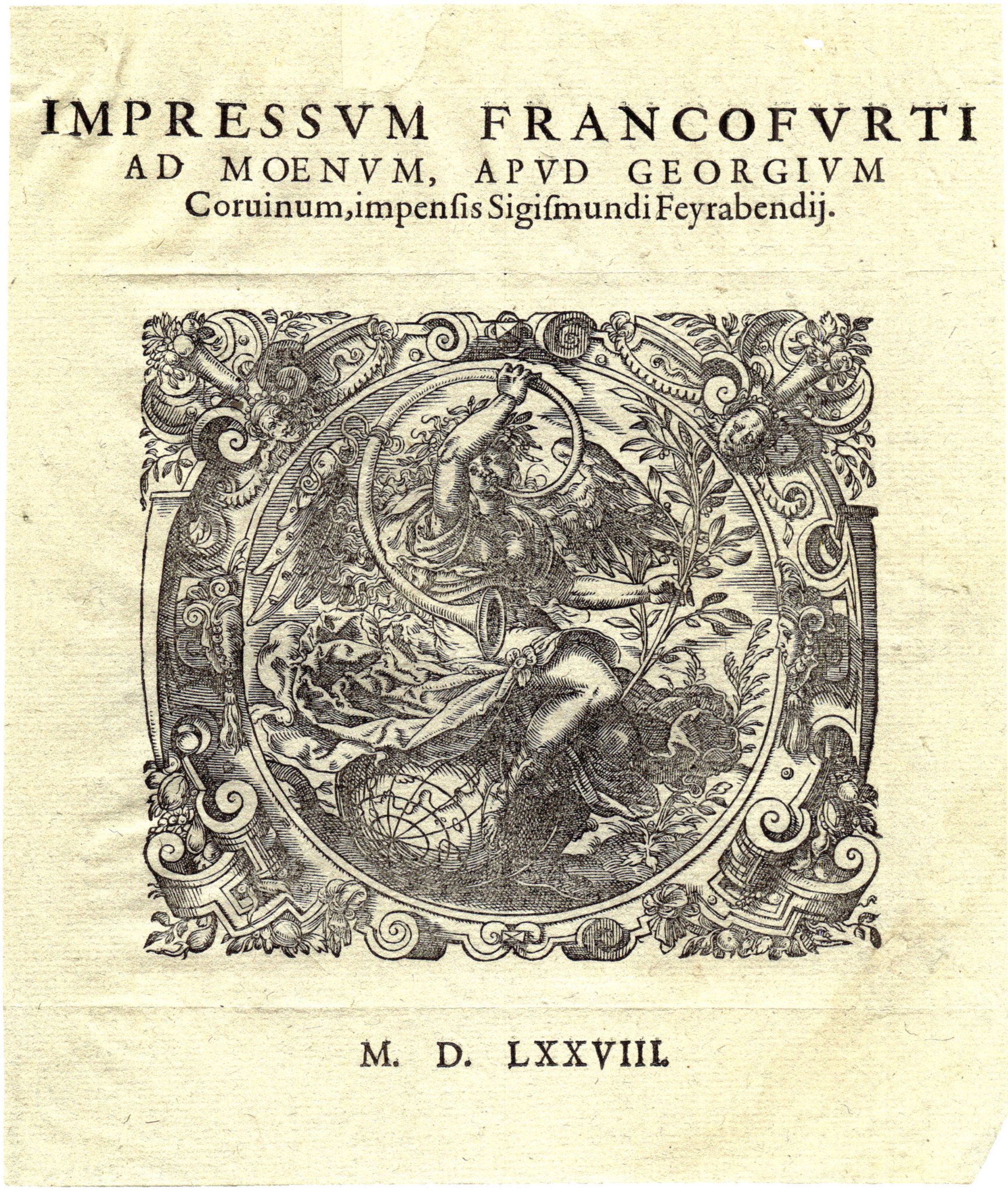

IMPRESSVM FRANCOFVRTI
AD MOENVM, APVD GEORGIVM
Coruinum, impenſis Sigiſmundi Feyrabendij.

M. D. LXXVIII.

Abb. 2 | Druckerzeichen von Sigmund Feyerabend (Frankfurt am Main), in: Amman 1578. Gutenberg-Museum, Mainz, GM GS 92 1554

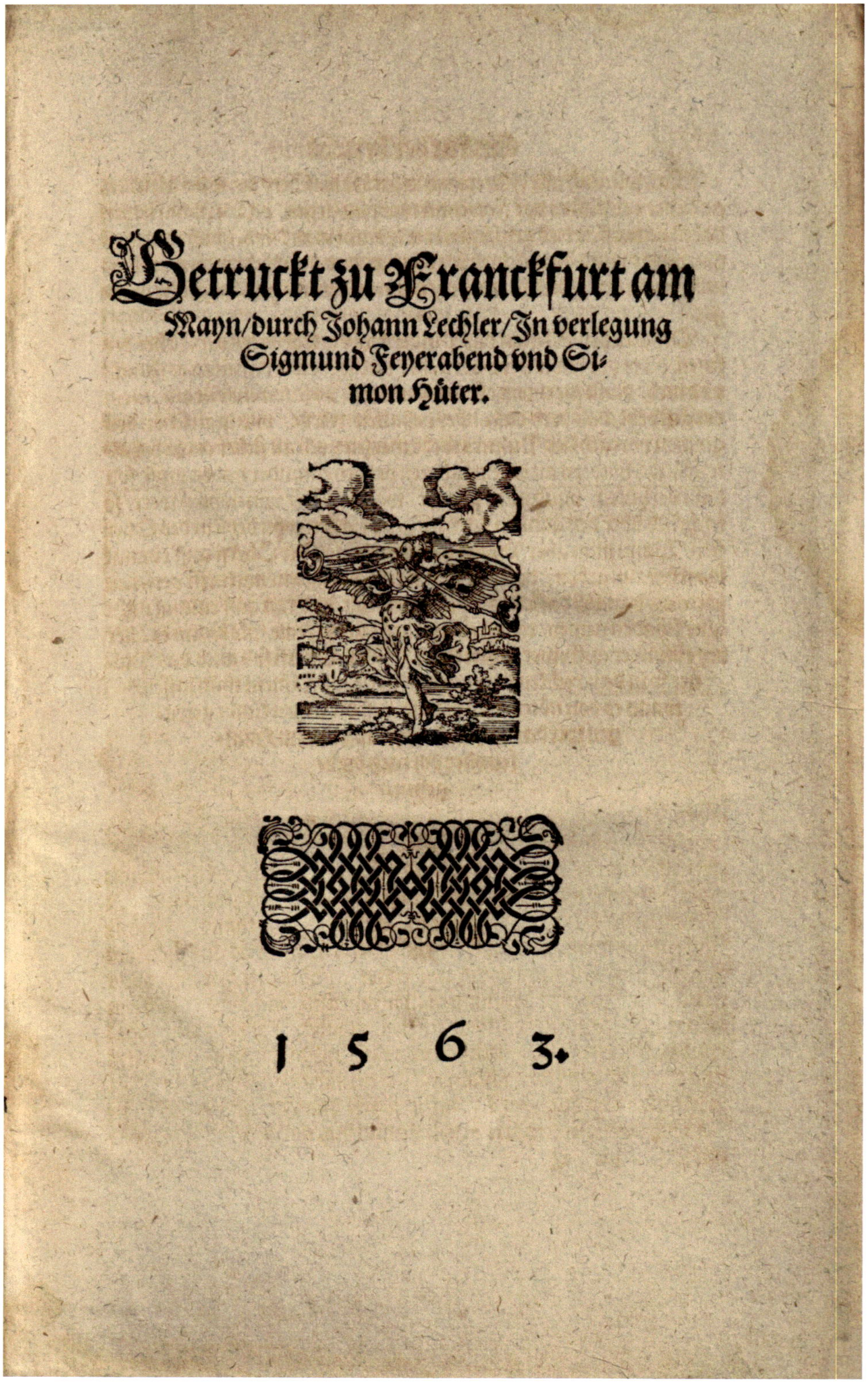

Getruckt zu Franckfurt am
Mayn/durch Johann Lechler/In verlegung
Sigmund Feyerabend vnd Si=
mon Hûter.

1 5 6 3.

Abb. 3 | Schlussblatt mit dem Druckerzeichen von Sigmund Feyerabend (Frankfurt am Main), in: Solms-Lich 1563. Bayerische Staatsbibliothek, München, 2/999 Jur.1002 angeb.1

in dem Vorwort des *Stamm- und Wappenbuchs* selbst Bezug auf die motivische Auswahl dieses Instruments, indem er erklärt, dass „die Kunst der Druckerey [...] von Gott der Welt gegeben sey als ein helle Posaun [sic]".[16] Laut dessen stellt er die Kunst des Druckens und somit seine eigene Tätigkeit als eine bedeutende Schöpfung dar. Anhand dieses Attributs wird die bedachte, auf seine Imagegestaltung abgestimmte Motivauswahl deutlich.

FEYERABEND UND AMMAN. ÜBERNAHME UND WEITERENTWICKLUNG

Nach Solis' Tod im Jahr 1562 beauftragte Feyerabend Jost Amman, der zu diesem Zeitpunkt bereits eine gewisse Bekanntheit erlangt hatte, mit der Gestaltung weiterer Druckerzeichen.[17] Auch hier bestand bereits eine Verbindung, da Amman zuvor in der Werkstatt von Solis in Nürnberg tätig gewesen war.[18] In seinen frühen Werken für Feyerabend zeigt Amman noch deutliche stilistische Anlehnungen an seinen Vorgänger (Abb. 3).[19] In den darauffolgenden Jahrzehnten entwickelte er jedoch zunehmend eine eigene Formsprache: Während Solis vorwiegend Parallelschraffuren, schwere Linien und starke Konturen verwendet hatte, integrierte Amman eine dichtere Linienführung und differenzierte Schraffuren, insbesondere feinere Kreuzschraffuren, die den Figuren eine erhöhte Lebendigkeit verleihen (Abb. 4). Zudem ist im Vergleich zu Solis eine stärker ausgearbeitete Gestaltung der Landschaft zu erkennen, weshalb zum Beispiel die Pflanzen bei Amman durch eine detaillierte Modellierung naturalistischer wirken. Obwohl es sich in all den hier aufgeführten Werken um Holzschnitte handelt, sind manche stilistischen Wandlungen gewiss nicht nur auf das Geschick des Künstlers, sondern ebenfalls auf technische Verfeinerungen im Laufe der Zeit zurückzuführen.[20] Später entstandene Druckerzeichen aus der Offizin Feyerabends weisen zudem weitere Techniken wie die Radierung auf.

Dennoch sind technikunabhängige Variationen erkennbar. Während Solis häufig eine ausgeprägte Wolkenmotivik dargestellt hatte, setzte Amman den Fokus auf eine den Himmel einnehmende Sonne. Insbesondere ergänzte er schmuckvolle Kartuschen und Motti, die nicht nur dekorativ, sondern auch funktional als Träger von Botschaften dienen.[21] Die ornamentale Rahmung verleiht den Druckerzeichen eine repräsentativere Wirkung. Vermutlich wurden Kartuschen in Abbildungen, die stilistische Eigenschaften von Solis und Amman vereinen, nachträglich von Letzterem hinzugefügt (Abb. 5).[22] Trotz dieser dekorativen Handschrift weist eine zweite Version des Allianzsignets von Feyerabend, Heinrich Tack und Peter Fischer eine untypische Umsetzung aus der Hand Ammans in dieser Zeit auf (Abb. 6). Dieses Werk ist vermutlich ein Jahr später entstanden, deutlich schlichter gestaltet und lediglich halb so

16 Feyerabend 1579, S. 13.
17 Pallmann 1881, S. 9, 22.
18 O'Dell-Franke 1977, S. 22.
19 O'Dell 1993, S. 259.
20 Die feinere, detailliertere Ausführung Ammans resultierte unter anderem aus Verbesserungen in der Drucktechnik des Holzschnitts im Laufe des 16. Jahrhunderts, beispielweise durch Fortschritte in den Schneidtechniken und leistungsfähigeren Druckpressen.
21 Die Inschrift des Allianzsignets erklärt, dass durch Tugenden und Eigenschaften wie Glauben und Fleiß die Hoffnung besteht, für immer in Erinnerung zu bleiben: „Sedvlvs instar apvm si sis fideiqve probatvs: spes bona qvod svper hinc aethera notvs eris." „Wenn man so fleißig ist wie Bienen und vom Glauben geprüft wird, besteht gute Hoffnung, dass man in den Himmeln bekannt wird." [Übersetzung der Autorin]
22 O'Dell 1993, S. 280.

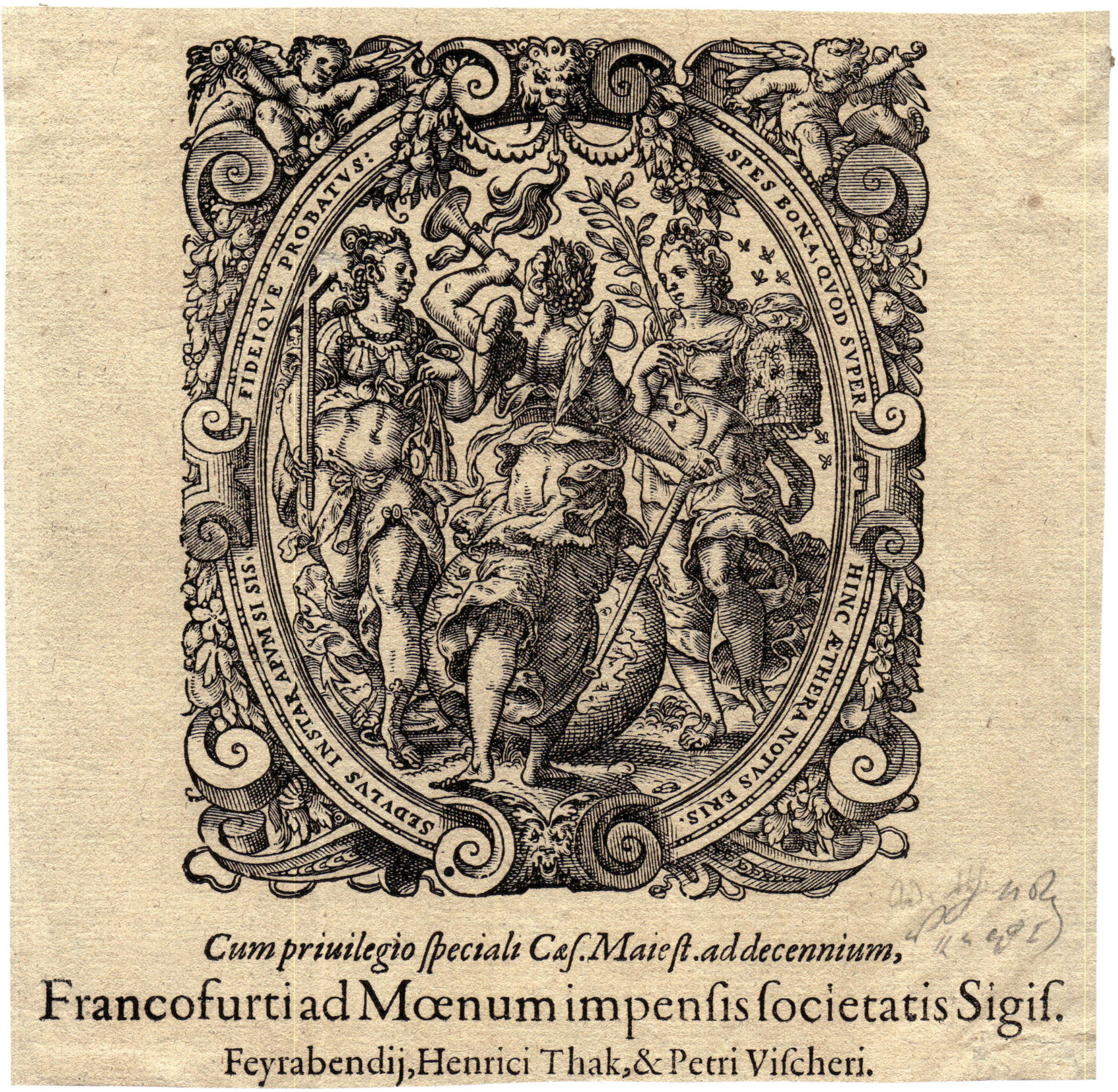

Abb. 4 | Allianzsignet von Sigmund Feyerabend, Heinrich Tack und Peter Fischer (Frankfurt am Main), in: van Brederode 1587. Gutenberg-Museum, Mainz, GM Mori Sig 21

groß wie sein Vorgänger. Diese reduzierte und formatbedingte Entwicklung ist möglicherweise auf die Abstimmung mit den gestalterischen Voraussetzungen des jeweiligen Titelblatts zurückzuführen. Denn in diesem Fall ist die Titelseite mit umfangreicher Schrift gefüllt, sodass das Format des Druckerzeichens vermutlich entsprechend verkleinert wurde.

Ausgehend von erkennbaren stilistischen Unterschieden stellt sich die Frage, inwiefern die Reißer in ihrer Arbeit künstlerische Freiheit besaßen. Zur Untersuchung der Selbstständigkeit der Künstler lassen sich nicht nur die Druckerzeichen heranziehen, sondern auch die Illustrationen in Feyerabends verlegten Büchern. Diese ermöglichen eine umfassendere Kontextualisierung des Gesamtwerks, nämlich des gesamten Buches als Einheit. Anhand einer Illustration von Amman, die erstmals in dem *Stamm- und Wappenbuch* Feyerabends aus dem Jahr 1579 gedruckt wurde, kann die Frage nach der gestalterischen Verantwortung in der Offizin Feyerabends behandelt werden (Abb. 7).[23] Dieser Holzschnitt zeigt eine allegorische Szene, nämlich einen von Krebsen gezogenen Schlitten mit einem Kutscher und einem Fuchs darin. Die Motivik wurde bisher unterschiedlich interpretiert: Ilse O'Dell deutet sie als eine Klage Feyerabends über die Schwierigkeiten des Druckgewerbes, während Rolf Dietrich Jessewitsch hierin eine ironische Anspielung Ammans auf die verlegerischen Misserfolge seines Auftraggebers sieht.[24] Zwar liegen Primärquellen vor, die ein fragwürdiges geschäftliches Verhalten Feyerabends aufweisen und eine kritische Darstellung durch Amman erklären würden, jedoch ist eine negative Darstellung Feyerabends in einem von ihm selbst verlegten Buch fraglich.[25] Denn seine Tätigkeit als Drucker und Verleger kann anhand eines Druckauftrags des Kurfürsten Ludwig VI. von der Pfalz veranschaulicht werden. Der Vertrag zwischen dem Kurfürsten und Feyerabend zeigt auf, dass Amman in dieser Zusammenarbeit lediglich als ausführende Kraft für Feyerabend tätig gewesen ist.[26] Feyerabend hätte dem Künstler hierbei klare Vorlagen gegeben und dessen Arbeit zur Begutachtung an den Kurfürsten weitergeleitet.[27]

Somit begrenzte sich die künstlerische Freiheit vermutlich auf Feinheiten, die durch das handwerkliche Können ermöglicht wurden, und die stilistische Eigenheit der ausführenden Künstler, da sie schließlich im Auftrag des Verlegers arbeiteten. Daher ist ebenso die Motivvorgabe auf den Verleger zurückzuführen. Hierbei lässt sich jedoch hinterfragen, ob die Motivauswahl von Feyerabend selbst stammt. Denn die Drucker zu dieser Zeit beauftragten in der Regel huma-

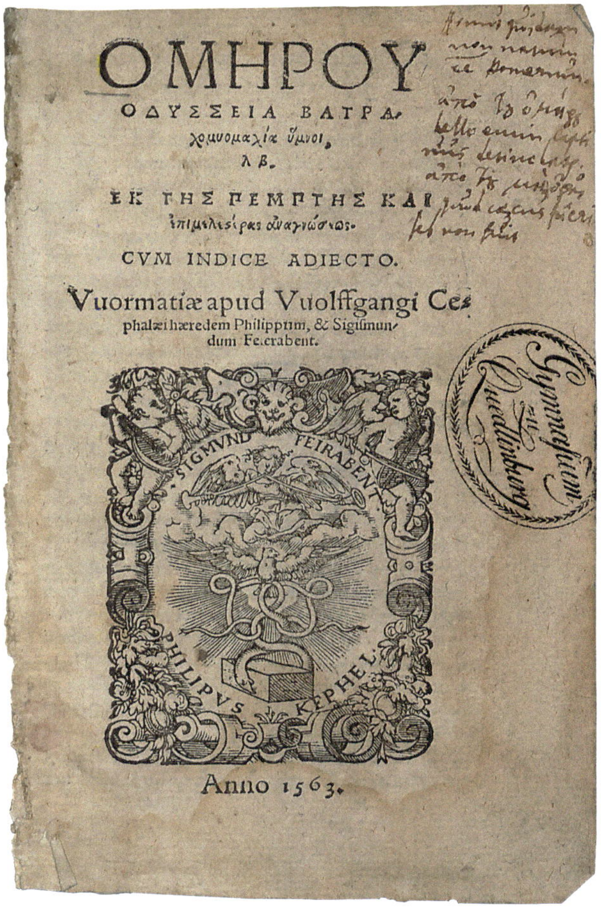

Abb. 5 | Titelblatt mit dem Druckerzeichen von Sigmund Feyerabend und Philipp Köpfel (Worms), in: Homer 1563. Universitäts- und Landesbibliothek Sachsen-Anhalt, Halle (Saale), Cf 2271 i

23 Feyerabend 1579, S. 185.
24 O'Dell-Franke 1986/87, S. 96; Jessewitsch 1987, S. 89.
25 Überlieferte Briefe und geschäftliche Unterlagen Feyerabends lassen erkennen, dass er ein rücksichtloser Geschäftsmann gewesen war und seine Angestellten wie Amman finanziell ausgenutzt hatte, vgl. Pallmann 1881, S. 22.
26 O'Dell 1993, S. 22.
27 Ebd.

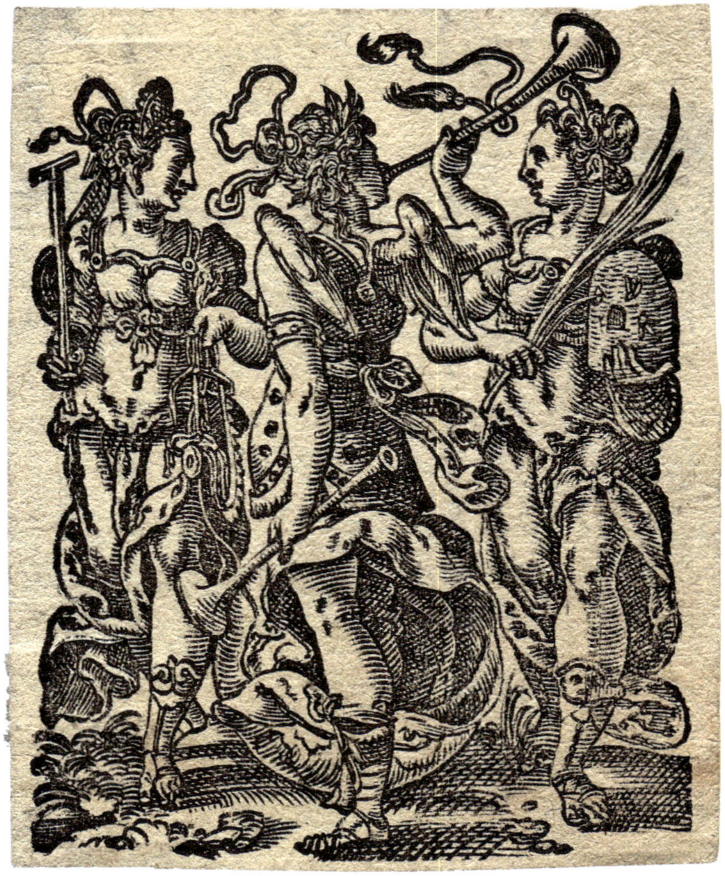

Abb. 6 | Titelblatt mit dem Allianzsignet von Sigmund Feyerabend, Heinrich Tack und Peter Fischer (Frankfurt am Main), in: Livius 1588. Gutenberg-Museum, Mainz, GM Mori Sig 22

nistische Berater, um die inhaltliche Bedeutung ihrer Signets durch Motti und Motive zu entwickeln.[28] Da nur begrenzt schriftliche Quellen den Arbeitsprozess ausreichend detailliert dokumentieren, bleibt es ungewiss, inwieweit der Drucker selbst an der Entwicklung der Signets beteiligt war und wie die Arbeitsteilung zwischen Druckern, Künstlern und Beratern verlief.

Ausgehend davon, dass Feyerabend die gestalterische Kontrolle in der Herstellung der Werke aus seiner Offizin besaß, kann die Illustration aus dem *Stamm- und Wappenbuch* folgendermaßen gelesen werden: Wie auch in der dazugehörigen *subscriptio* beschrieben, zeigt das Werk den Versuch, einen Schlitten von Krebsen über trockenen Boden ziehen zu lassen – doch da diese in unterschiedliche Richtungen laufen, kommt er nicht voran.[29] Die kleine Figur an der Spitze des Schlittens ist anhand des Attributs des Segels als Fortuna, Göttin des Schicksals und Glücks, zu identifizieren. Mit dem Gehalt des glücklichen oder unglücklichen Schicksals unterstreicht sie die Ambivalenz dieser Szene: zum einen die Vergeblichkeit der dargestellten Handlung, zum anderen die schlussendliche Erlösung des Schlittenfahrers. Die Krebse symbolisieren hier Hindernisse und Fehlentscheidungen, während der Fahrer als der Drucker selbst verstanden werden kann. Seine Rettung erfolgt durch den Fuchs, der die Klugheit des Dargestellten aufzeigt, sowie durch die Figur der Fama, die über dem Geschehen schwebt und nur in die positiv aufgeladene Fanfare bläst und das Schlechte damit hinter sich lässt. Somit könne der Drucker, der in geschäftliche Gefahren gezogen wird und mal vom Glück, mal vom Unglück geleitet wird, durch seine Klugheit und den Schutz der Fama gerettet werden und seinen guten Ruf erhalten. Diese Motivik weist, wie in den Druckerzeichen Elemente des Erfolgsnarrativs zur Selbstdarstellung Feyerabends auf, was auf eine vom Drucker selbst bestimmte Motivauswahl hinweist und eine gestalterische Eigenständigkeit des Künstlers einschränkt.

28 Wolkenhauer 2015a, S. 8.

29 Feyerabend 1579, S. 13: „Wie gschaffen sey mein Schlittenfahrt / Sieht man an diser Jungfrau zart. / Dann dise Pferd gehen nach irem Sinn / Es bring gleich Verlust / oder Gwinn. / Hatt ich mich dieser Art entschlagn/Kein grauwen Bart dörfft ich jetzt tragn / Es leßt sich diß Geschlecht nicht regirn / Anderst / solts gleich das Lebn verliern [sic]."

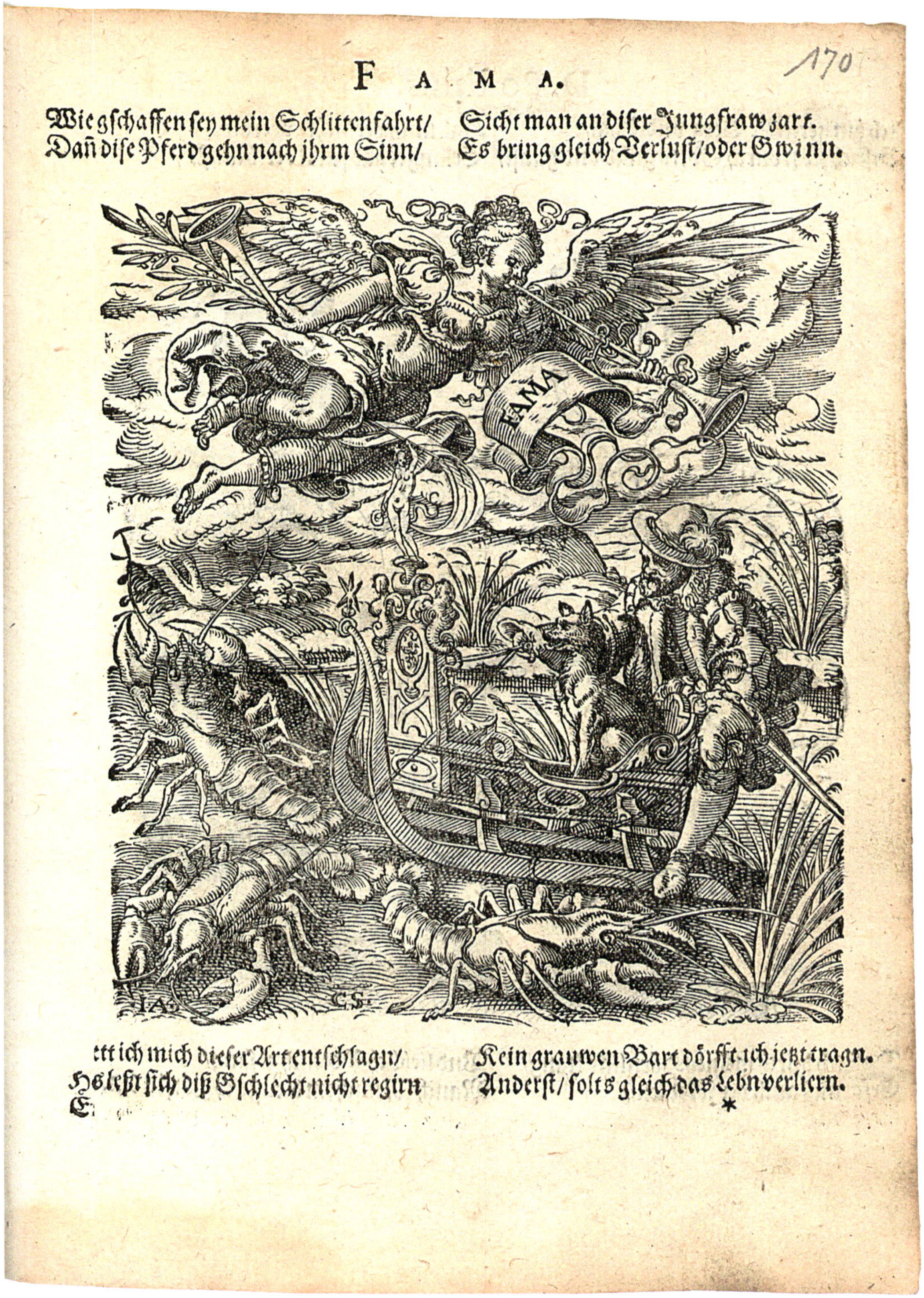

F A M A.

Wie gschaffen sey mein Schlittenfahrt/ Sicht man an diser Jungfraw zart.
Dañ dise Pferd gehn nach jhrm Sinn/ Es bring gleich Verlust/oder Gwinn.

tt ich mich dieser Art entschlagn/ Kein grauwen Bart dörfft ich jetzt tragn.
So leßt sich diß Gschlecht nicht regirn Anderst/ solts gleich das Lebn verliern.

Abb. 7 | Jost Amman, Allegorische Darstellung mit der Fama, in: FEYERABEND 1579, [S. 170]. Bayerische Staatsbibliothek, München, Res/Herald. 208 z

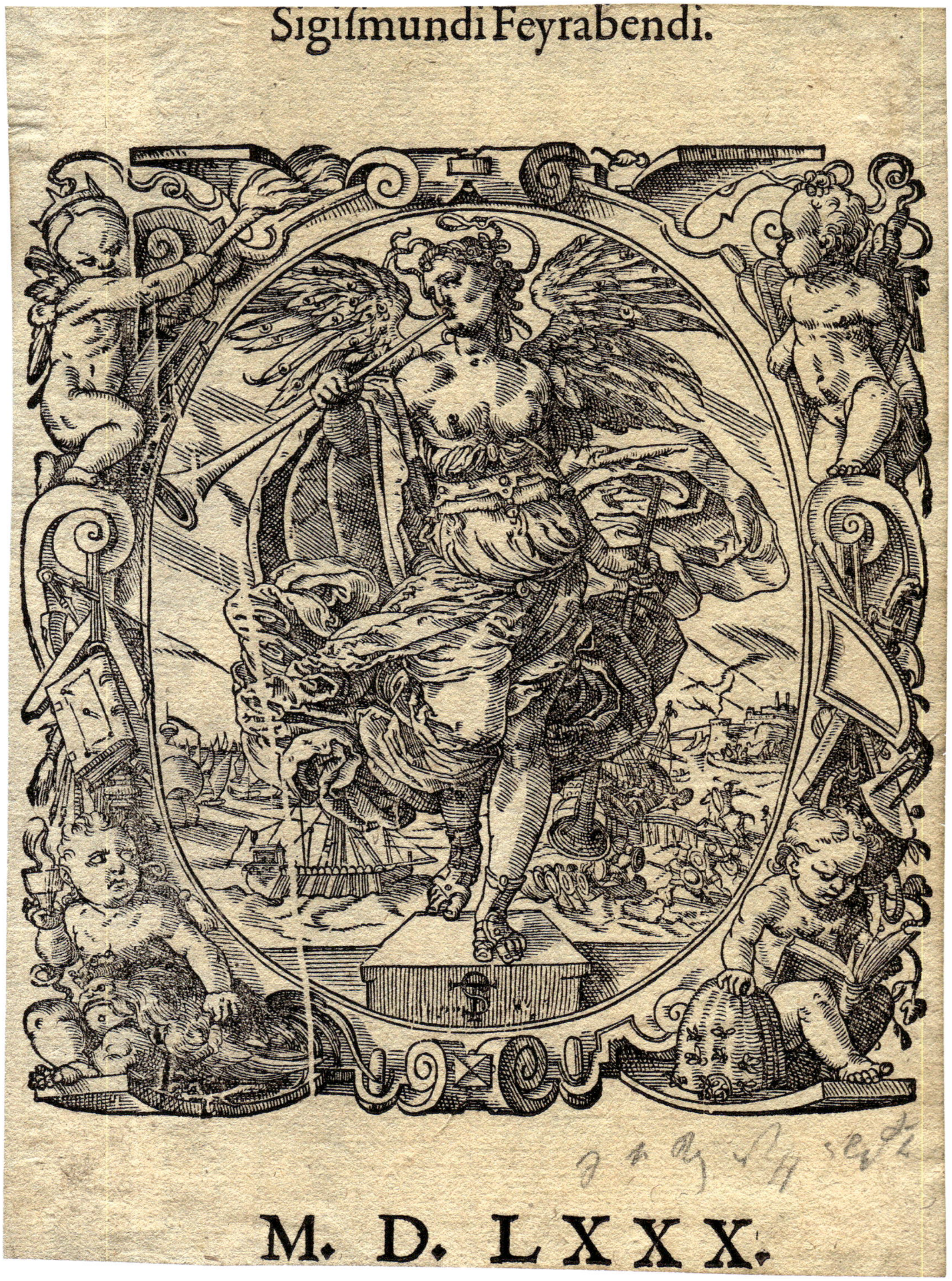

Abb. 8 | Druckerzeichen von Sigmund Feyerabend (Frankfurt am Main), in: MANTICA 1580. Gutenberg-Museum, Mainz, GM Mori Sig 18

FEYERABEND UND STIMMER. STILISTISCHE UND MOTIVISCHE WANDLUNG

Tobias Stimmer trat in den 1570er-Jahren als weiterer Reißer in die Offizin Feyerabends ein. Auch seine Rekrutierung erfolgte vermutlich über ein bereits bestehendes Netzwerk, da sein Vater Christoph Stimmer in Ammans Werkstatt gearbeitet hatte.[30] Es liegt nahe, dass Amman als Vermittler fungierte und Stimmer auf diese Weise in die Zusammenarbeit mit Feyerabend eingebunden wurde. Stimmers Arbeit für Feyerabend überkreuzte sich zudem zeitlich mit der von Amman.

Obwohl die Druckerzeichen der Offizin Feyerabend die Figur der Fama als beständiges Hauptmotiv abbilden, weisen sie über die Künstlergenerationen motivische Ergänzungen und stilistische Variationen auf, was anhand der Werke Stimmers, eines ebenfalls bedeutenden Künstlers, zu beobachten ist (Abb. 8). Zwar verwendete Stimmer keine auffällige Gestaltung der Sonne wie Amman oder der Wolken wie Solis, orientierte sich jedoch an Letzterem, indem er einige Flächen im Hintergrund unbearbeitet ließ und durch diagonal verlaufende Parallelschraffuren im Himmel vorbeiziehende Wolken oder Wind andeutete. Während stilistische Ähnlichkeiten zu Solis vorhanden sind, erinnert die Linienführung mehr an die Technik von Amman. Stimmer nutzte ebenso schmalere, feinere Linien und vereinzelt Kreuzschraffuren zur Schattierung. Im Gegensatz zu den Darstellungen seiner Vorgänger wirkt das Gewand der Fama hier steifer und verliert etwas an Stofflichkeit.

Zudem weisen seine Werke eine verstärkte architektonische Strenge auf. Zwar verwendete Amman ebenfalls architektonische und kompositorische Details in seinen Kartuschen, jedoch wirken diese im Gegensatz zu Stimmers Werken verspielter. Dieser setzte auf übersichtlichere und gerahmte Kompositionen, welche die Druckerzeichen in eine klare Struktur einbetten. Besonders ist dies in Stimmers Druckerzeichen mit Säulen zu erkennen, die eine Abgrenzung zwischen der Fama-Darstellung und der Kartusche schaffen (Abb. 9). Hierbei handelt es sich um ein Herrschaftsmotiv, das in der frühneuzeitlichen Emblematik eine zentrale Rolle spielte. Die Säule galt als Symbol für Beständigkeit und Macht, insbesondere in Wappen und architektonischen Darstellungen, die auf eine stabile Herrschaftsstruktur hinweisen.[31] In diesem Zusammenhang könnte die Integration der Säulen in das Druckerzeichen nicht nur die persönliche Standhaftigkeit Feyerabends betonen, sondern auch eine Analogie zwischen seiner verlegerischen Tätigkeit und einer Form von kultureller Herrschaft beziehungsweise Kontrolle über den Buchmarkt herstellen. Somit wird das ergänzte Motiv der Säulen hier eindeutig als weiteres Mittel zur feinsinnigen Selbstdarstellung Feyerabends genutzt.

30 Andresen/Stimmer 1872, S. 7 f.; Jessewitsch 1987, S. 55.
31 Butzer/Jacob 2020, S. 523 f.

GESTALTERISCHE VARIATION UND FUNKTIONALE KONTINUITÄT

Anhand der verschiedenen Zusammenarbeiten zwischen Feyerabend und den Reißern wird deutlich, dass die Wahl der Künstler auf bestehenden Netzwerken und strategischen Überlegungen Feyerabends beruhte. Die Untersuchung der Druckerzeichen zeigt, dass der Wechsel eines Künstlers gestalterische Auswirkungen hatte. Dabei stellt sich die Frage, in welchem Maße diese Variationen tatsächlich den individuellen künstlerischen Handschriften der Reißer zuzuordnen sind oder ob sie auch pragmatischen Anpassungen an die jeweilige Buchgestaltung geschuldet waren. Zwar sind stilistische und technische Entwicklungen zu beobachten, die grundlegenden Elemente blieben jedoch konstant. Die Druckerzeichen behielten ihr Hauptmotiv mit dem Zweck der Identifikation des Druckers und der Selbstdarstellung bei und wurden stets an denselben Stellen im Buch platziert, entweder im Kolophon oder auf der Titelseite.[32] Variationen sind im Format der Druckerzeichen und ihrer Positionierung auf der Buchseite zu erkennen, etwa durch die Einbettung in den Titelrahmen. Somit unterlagen die Druckerzeichen nicht nur Veränderungen künstlerischen Ursprungs, sondern auch formatbedingten Anpassungen an das jeweilige Buchseitenlayout.

Zusätzlich zu den stilistischen Eigenheiten der Künstler waren auch Vorgaben des Druckers und Verlegers sowie Entscheidungen innerhalb der Offizin maßgebliche Faktoren für die Druckerzeichengestaltung. Die Druckerzeichen sind somit nicht nur künstlerische Produkte, sondern auch ein strategisches Mittel der frühneuzeitlichen Buchproduktion. Hierbei wirkten zahlreiche Einflüsse verschiedener Urheber – vom Drucker über den Berater bis hin zum Künstler – auf ihre Herstellung und Gestaltung ein. Inwiefern weitere verlegerische Überlegungen, etwa die Buchgattung, visuelle wie inhaltliche Gestaltungsfaktoren bestimmten, erfordert eine intensivere Untersuchung des komplexeren Verhältnisses zwischen Buch, Titelseite und Druckerzeichen.

32 Zu Beginn wurden Druckerzeichen meist am Ende des Buches abgebildet, da Titelblätter erst um das Jahr 1477 eingeführt wurden. Daraufhin war es gängig, die Signets auf dem Titelblatt zu zeigen; siehe GRIMM 1965, S. 12–14.

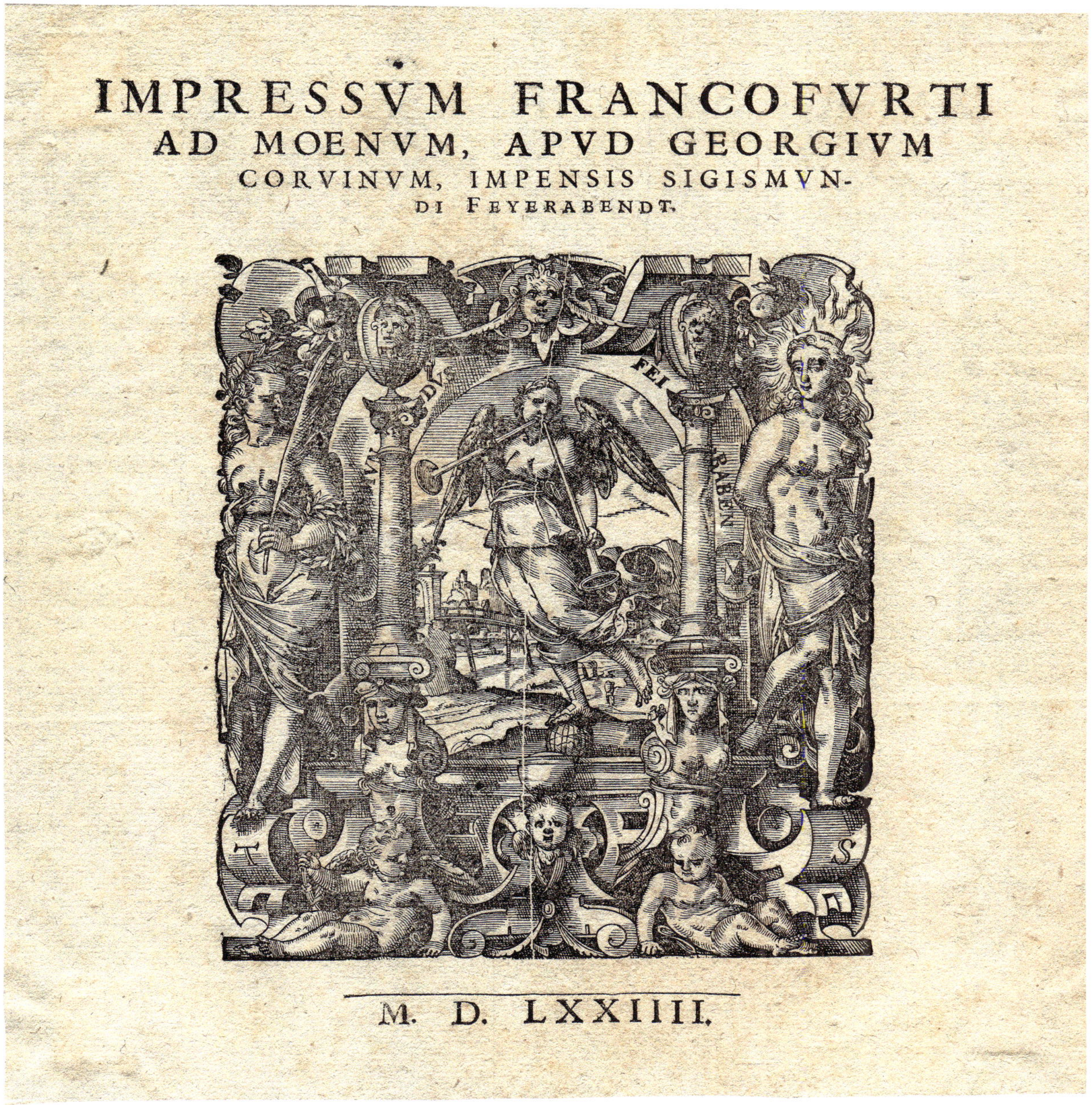
IMPRESSVM FRANCOFVRTI AD MOENVM, APVD GEORGIVM CORVINVM, IMPENSIS SIGISMVN-DI FEYERABENDT.

M. D. LXXIIII.

Abb. 9 | Druckerzeichen von Sigmund Feyerabend (Frankfurt am Main), in: Tiraqueau 1574. Gutenberg-Museum, Mainz, GM Mori Sig 15

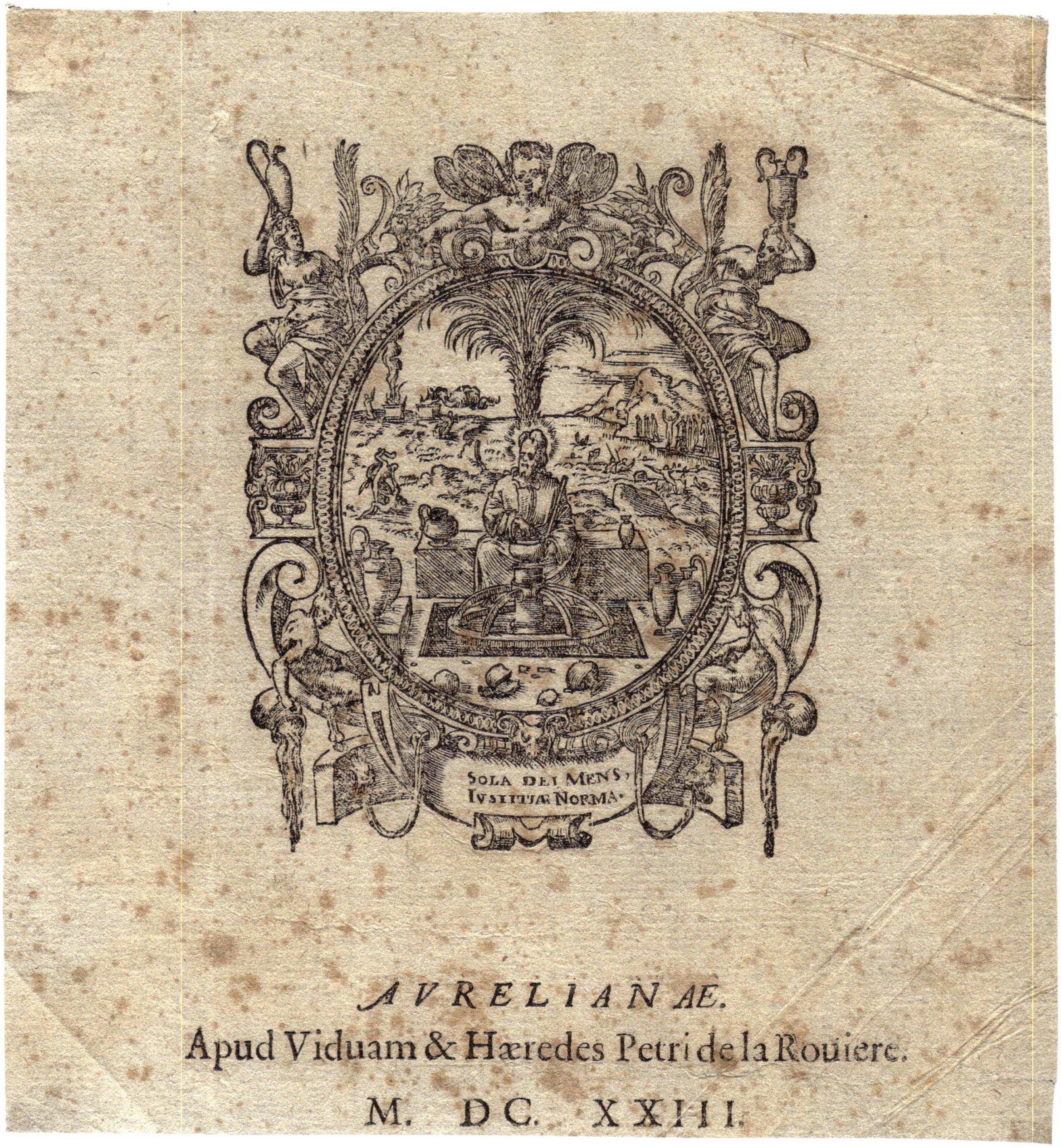

Abb. 1 | Druckerzeichen der Witwe von Pierre de la Rovière und der Erben (Genf). Gutenberg-Museum, Mainz, GM Mori Dz 327 b

Apud Viduam.
BUCHDRUCKERWITWEN, IHRE IMPRESSEN UND IHRE DRUCKERZEICHEN IM 16. JAHRHUNDERT

Saskia Limbach

Die neuere Forschung hat gezeigt, dass Frauen deutlich häufiger als bisher angenommen in die vormoderne Buchproduktion involviert waren.[1] Bereits im Mittelalter schrieben nicht wenige Ordensfrauen Bücher ab, Künstlerinnen illuminierten Manuskripte, und die Dominikanerinnen in San Jacopo di Ripoli in Florenz unterhielten sogar eine eigene Druckerei, in der sie unter anderem als Schriftsetzerinnen tätig waren.[2]

Auch in vielen Druckereien im Alten Reich waren Frauen tätig. Die Ehefrauen von Buchdruckern waren oftmals stark in das Familiengeschäft eingebunden. So veräußerte etwa Caecilia von der Mülen in Köln Publikationen, die in der Offizin ihres Ehemanns erschienen waren (sehr zum Missfallen des Kölner Stadtrates, da die Bücher gegen die Kölner Zensurbestimmungen verstießen). Da das Buchgewerbe zunehmend auf den überregionalen Handel ausgerichtet war, eröffnete es Frauen die Möglichkeit, selbst auf Messen tätig zu sein, wie etwa Barbara Bämler aus Augsburg, oder bei längeren Abwesenheiten des Mannes stellvertretend die Offizin zu leiten, wie im Falle der Kunigunde Hergot beziehungsweise Kunigunde Wachter in Nürnberg.[3] Auch bei finanziellen und rechtlichen Angelegenheiten trat das Ehepaar häufig gemeinsam auf, sei es beim Hauskauf oder bei Vereinbarungen bezüglich der Rückzahlungen von Schulden.

Durch diese starke Einbindung in das Familiengeschäft erlangten viele Frauen tiefgreifende Kenntnisse des Buchgewerbes, selbst wenn ihnen eine formelle Ausbildung zur Buchdruckerin verwehrt war. Nicht selten hatten sie bereits als Töchter im Druckbetrieb der Eltern verschiedene Tätigkeiten übernommen. Die Töchter des Antwerpener Druckers Christophe Plantin halfen beispielsweise beim Korrekturlesen fremdsprachiger Texte, beim Überbringen der Druckfahnen oder bei der Auszahlung des wöchentlichen Lohns an die Lehrlinge und Gesellen (Abb. 2).[4]

Die erworbenen Kenntnisse halfen Frauen nach dem Tod ihres Ehemanns, als Witwe die Offizin eigenständig weiterzuführen. Rechtlich scheint für viele Buchdruckerwitwen das Witwenrecht gegolten zu haben, welches die unein-

Dieser Beitrag wurde durch einen Starting Grant für das Projekt *WidowsPrint. Widows in the Growing Print Industry, c. 1550–1700* (DOI: 10.3030/101116563) im Rahmen des von der Europäischen Union finanzierten Programms Horizon Europe ermöglicht. Die geäußerten Ansichten und Meinungen sind ausschließlich die des Autors/der Autoren und spiegeln nicht unbedingt die der Europäischen Union oder der Exekutivagentur des Europäischen Forschungsrats wider. Weder die Europäische Union noch die Bewilligungsbehörde können für sie verantwortlich gemacht werden.

1 Dieser Abschnitt stützt sich größtenteils auf die Ergebnisse, die in Limbach 2022a publiziert worden sind.
2 Rouse 1988.
3 Siehe den Beitrag von Christine Sauer in diesem Band.
4 Siehe den Beitrag von Joost Depuydt in diesem Band.

geschränkte Fortführung des Meisterbetriebs ermöglichte. Im 16. und 17. Jahrhundert wurden die Buchdruckerinnen dabei kaum durch Buchdruckerordnungen oder Zünfte eingeschränkt. Zusätzlich wurden sie von wichtigen Institutionen, wie Universitäten und Regierungen, gefördert – sei es durch Aufträge, durch Unterstützung in Erbstreitigkeiten, durch die Vergabe von Privilegien zum Schutz ihrer Produktion oder durch die Verleihung von offiziellen Titeln (z. B. Hofbuchdruckerin). So wurden beispielsweise Magdalena Morhart in Tübingen, Susanna Christina Cosmerovius in Wien und Barbara Meyer in Dillingen institutionell unterstützt.

Für das 16. und 17. Jahrhundert konnte inzwischen gezeigt werden, dass nicht weniger als 170 Buchdruckerinnen selbstständig eine Offizin im deutschen Sprachgebiet für mindestens drei Jahre leiteten, wobei knapp 70 Frauen mehr als ein Jahrzehnt selbstständig aktiv waren.[5] Dabei konnten die Tätigkeiten recht vielfältig sein, wie anhand der Leichenpredigt von Katharina Rebart nachvollzogen werden kann. Sie erledigte unter anderem die Buchführung und erstellte Rechnungen. Auch für Nürnberg ist belegt, dass Buchdruckerinnen Rechnungen schrieben, wie etwa Katharina Gerlach und ihre Tochter Katharina Dietrich, die zusammen genommen mindestens 46 Rechnungen an den Stadtrat selbst konzipierten und unterschrieben.[6]

Die Aktivitäten von eigenständigen Buchdruckerinnen sind für die moderne Forschung besonders sichtbar. Im Gegensatz zu den Produkten aus anderen Handwerken, wie etwa dem Textilhandwerk, in dem Frauen ebenfalls äußerst aktiv waren, sind die Produkte der Buchdruckerinnen häufig zahlreich in öffentlichen Einrichtungen überliefert – und dies nicht nur in Bibliotheken, sondern auch in Archiven und Museen. Für eine Untersuchung der Namen und der Druckermarken von Buchdruckerinnen kann sich die Forschung auf die umfangreiche Nationalbibliografie der Frühen Neuzeit stützen, das Verzeichnis der im deutschen Sprachbereich erschienenen Drucke des 16. Jahrhunderts (VD 16).[7] Allerdings ist hier zu beachten, dass das Verzeichnis (noch) nicht vollständig ist, da bisher nur circa 108 000 Titel der geschätzten 120 000 Titel erfasst sind.[8] Zudem werden Einblattdrucke, Karten und *Musica practica* leider ausgespart, und es fehlen häufig Kleindrucke, die sich vielfach nur in Archiven oder Museen erhalten haben (zu nennen wären hier obrigkeitliche Erlasse, universitäres Schrifttum etc.).

Die überwiegende Mehrheit der selbstständigen Buchdruckerinnen im Alten Reich führte die Offizin ihres verstorbenen Mannes als Witwe weiter, meist im Namen der Erbengemeinschaft. Häufig findet sich daher in den Büchern der Hinweis auf „Witwe“ beziehungsweise „Erben“ im Kolophon und/oder auf der Titelseite. In seltenen Fällen traten bereits Ehefrauen von Druckern unabhängig von ihrem Mann als Buchdruckerin im Impressum einiger Publikationen in

5 Limbach 2022a.
6 Jackson 2023.
7 VD 16.
8 Lauer/Limbach/Reske/Scheibe/Weichselbaumer 2024, S. 508–515.

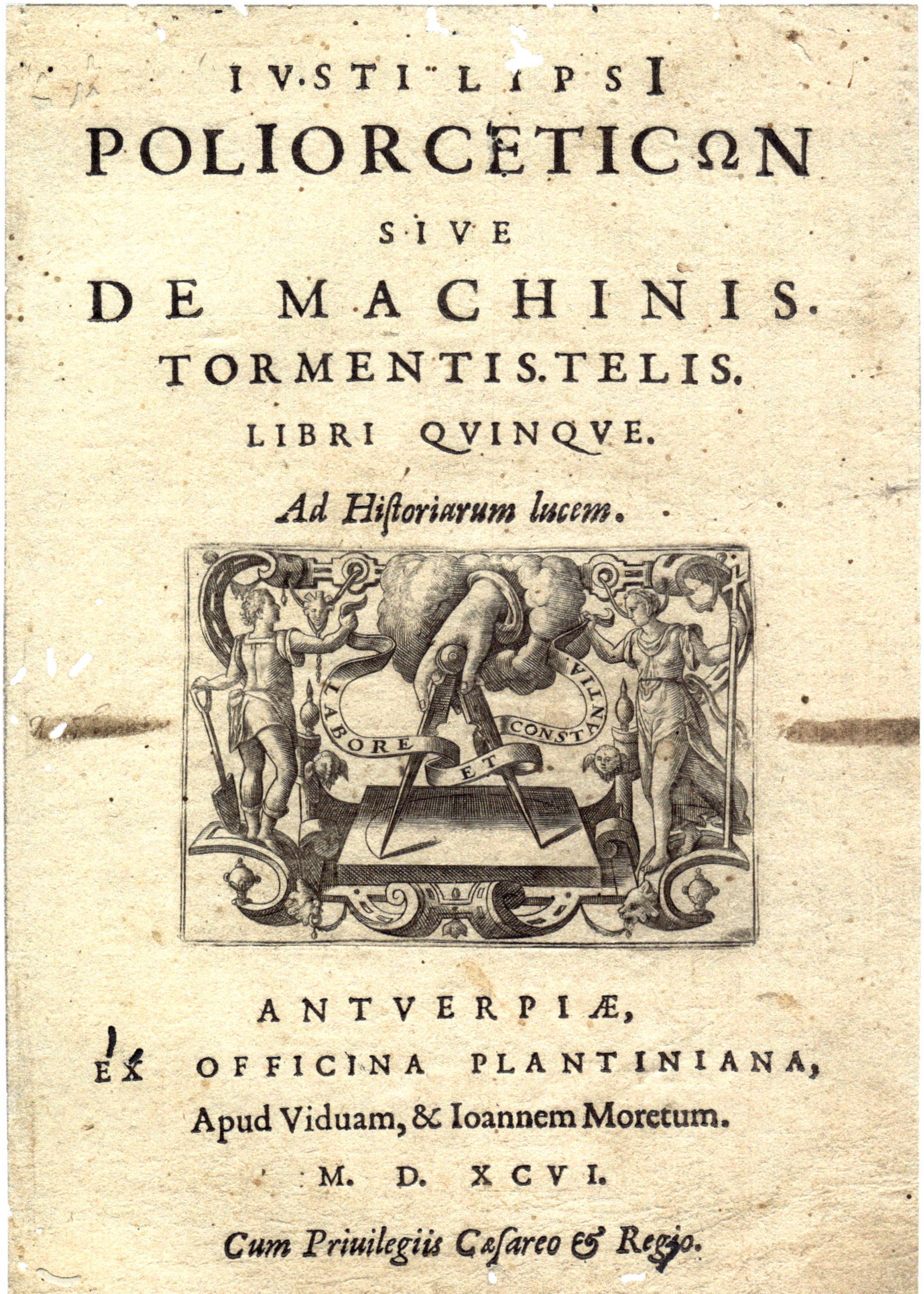

IVSTI LIPSI
POLIORCETICωN
SIVE
DE MACHINIS.
TORMENTIS.TELIS.
LIBRI QVINQVE.
Ad Historiarum lucem.

LABORE ET CONSTANTIA

ANTVERPIÆ,
EX OFFICINA PLANTINIANA,
Apud Viduam, & Ioannem Moretum.
M. D. XCVI.
Cum Priuilegiis Cæsareo & Regio.

Abb. 2 | Titelblatt mit dem Druckerzeichen der Officina Plantiniana (Antwerpen) mit der Nennung der Witwe Jeanne Rivière und dem Schwiegersohn Joannes Moretus, in: Lipsius 1596. Gutenberg-Museum, Mainz, GM Mori Bs 423

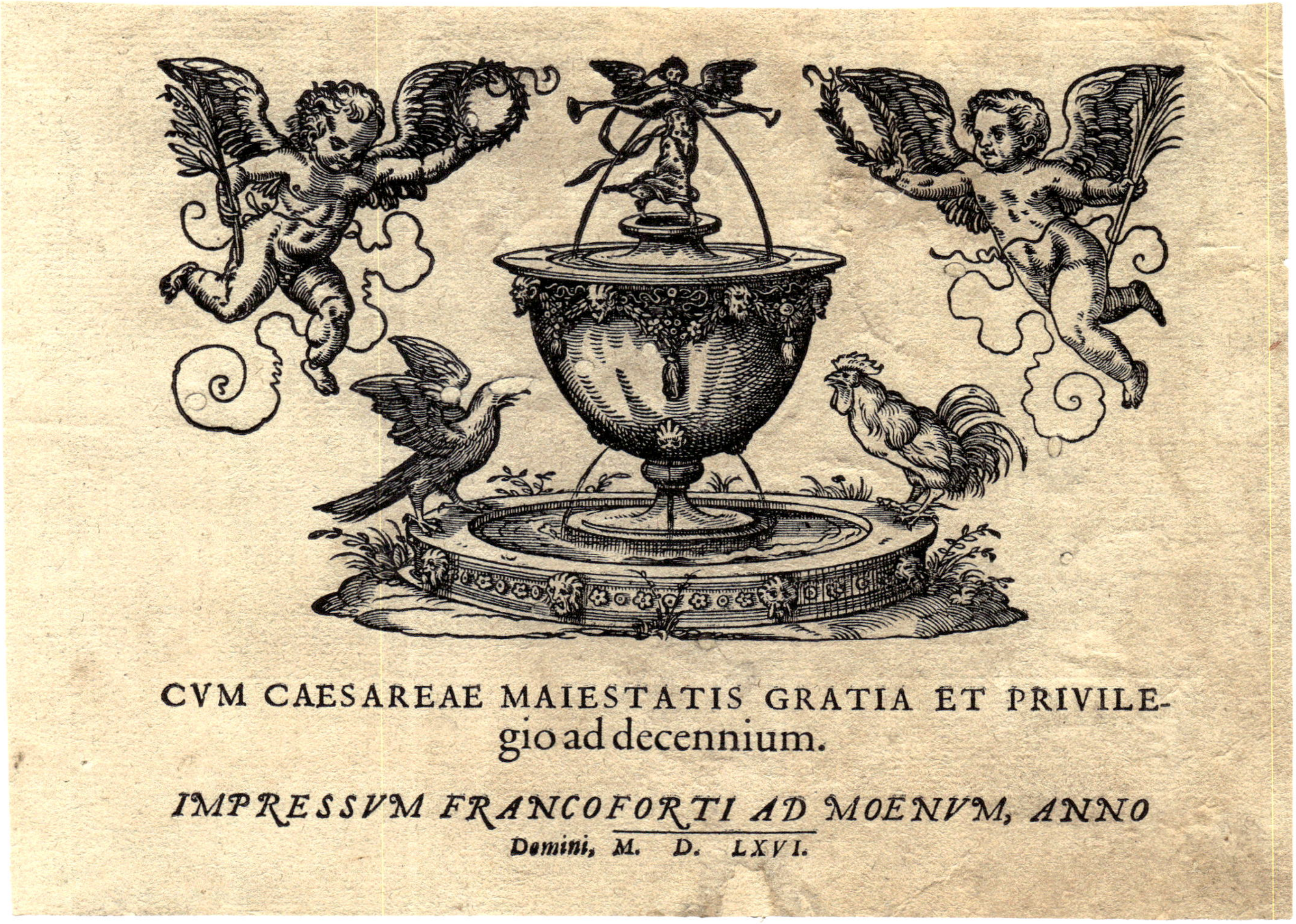

Abb. 3 | Das Zeichen der Verlagsgemeinschaft von Sigmund Feyerabend, Georg Rab und Weigand Han (Frankfurt am Main), in: SCHARD 1566. Gutenberg-Museum, Mainz, GM GS 92 1560

Erscheinung, so beispielsweise Kunigunde Hergot in Nürnberg.[9] Die Vornamen der Frauen sind hingegen im 16. Jahrhundert nur selten in den Büchern zu finden. Um diese herauszufinden, müssen weitere Quellen hinzugezogen werden, von denen sich eine Vielzahl erhalten hat. Da es im Buchgewerbe schon früh möglich war, Bücher vor unerlaubten Nachdrucken zu schützen, haben sich etwa Unterlagen zu kaiserlichen und landesherrlichen Privilegien erhalten – seien es Supplikationen, Bescheide oder die Privilegien selbst. Hinzu kommen Rechnungen, Quittungen und Eintragungen in Rechnungsbücher sowie Steuerlisten, Bürgeraufnahmelisten, Ehebücher und Rechtsdokumente. Auch Ordnungen, Suppliken, Verträge sowie Gerichts- und Ratsprotokolle können wichtige Einblicke geben. Letztendlich gibt es auch eine Vielzahl von Gelegenheitsschriften wie etwa Hochzeitsgedichte, Todesanzeigen und Leichenpredigten, wie zum Beispiel die Leichenpredigt über die Jenaer Buchdruckerin Katharina Rebart, die

9 SAUER 2023, S. 24 f.; siehe auch den Beitrag von Christine Sauer in diesem Band.

ab 1570 die Geschäfte, bestehend aus Druckerei, Buchhandel und einer Papiermühle, leitete.

Neben Katharina Gerlach und Katharina Dietrich in Nürnberg ist Katharina Rebart eine der wenigen Buchdruckerinnen im 16. Jahrhundert, die teilweise ihren vollen Namen in den Impressen ihrer Bücher verwendet hat.[10] Ihrer Leichenpredigt zufolge wurde Katharina Rebart 1524 geboren und heiratete im Alter von 25 Jahren den Frankfurter Buchdrucker, Buchhändler und Verleger Weigand Han.[11] Dieser gründete u. a. zusammen mit seiner Mutter Margarethe Gülfferich (die zunächst alleine und später als gleichberechtigte Partnerin an der Seite ihres Sohnes über 13 Jahre die Geschäfte führte) sowie dem Drucker Georg Rab und seiner Frau eine Verlagsgesellschaft, der später auch der Verleger Sigmund Feyerabend beitrat (Abb. 3).[12] Als Weigand Han 1562 starb, übernahm seine Witwe Katharina seine Stelle in der Verlagsgesellschaft. Drei Jahre später heiratete Katharina den Drucker Thomas Rebart und brachte die Druckerei, den Buchhandel sowie eine Papiermühle in Alt-Thann bei Straßburg mit in die Ehe. Ihren Anteil an der Verlagsgesellschaft ließ sie sich hingegen auszahlen.

Als Thomas Rebart schließlich am 28. September 1570 starb, verfügte Katharina Rebart nicht nur über die Papiermühle, sondern auch über je eine Offizin in Frankfurt und in Jena sowie über eine Buchhandlung in beiden Städten. Zunächst übernahm sie die Leitung aller Geschäfte, reiste des Öfteren persönlich zu den unterschiedlichen Orten ihrer Geschäftstätigkeit und schwor in Frankfurt den Bürgerinneneid. Im darauffolgenden Jahr (1571) erschienen acht Titel in ihrer Frankfurter sowie ein weiterer Titel in ihrer Jenaer Offizin. Bei drei Titeln wird auf die Erben hingewiesen.[13] Bei weiteren drei Titeln wird Katharina Rebart namentlich zusammen mit ihrem Sohn Kilian Han erwähnt.[14] Bei den restlichen drei Ausgaben wurden die beiden Namen ebenfalls verwendet, jedoch mit dem Zusatz, dass Kilian Han als Verleger agierte und somit seine Mutter die Buchdruckerin war.[15] Ab 1572 finden sich in den 35 Titeln, die bisher im VD 16 für Katharina Rebart verzeichnet sind, nur noch der Verweis auf die Erben beziehungsweise auf die *Officina Rebartiniana*.

Es ist anzunehmen, dass diese unterschiedlichen Impressen mit der rechtlichen Situation der Offizin zusammenhingen. Katharina Rebart wird womöglich zunächst noch die endgültige Entscheidung über die Frage abgewartet haben, ob sie ihre beiden Offizinen in Frankfurt und Jena allein oder zusammen mit ihrem Sohn weiterführen durfte. Nachdem die Erbangelegenheiten schließlich geklärt waren, wurde eine einheitliche Bezeichnung in den Drucken verwendet.

10 Siehe den Beitrag von Christine Sauer in diesem Band.

11 LIMBACH 2022a; LIMBACH 2022c.

12 KLÖSS 1959.

13 VD 16 L 6757; VD 16 R 3081 (hier handelt es sich um ein Verlagswerk, das Georg Rab druckte); VD 16 M 2889 (hier handelt es sich um ein Verlagswerk, das Günther Hüttich in Jena druckte).

14 VD 16 L 1213, VD 16 M 4478, VD 16 L 5121.

15 VD 16 K 2522, VD 16 W 2379, VD 16 H 5856. Zur Zusammenarbeit von Druckern und Verlegern siehe unten.

DRUCKE OHNE IMPRESSUM

Anhand der im VD 16 verzeichneten Drucke lässt sich zeigen, dass sich Buchdruckerinnen vielfach auf der Titelseite oder im Kolophon nannten, in manchen Fällen sogar an beiden Stellen. In einigen Fällen ist der Name der Buchdruckerin respektive die Bezeichnung „Witwe" oder „Erben" allerdings nicht zu finden, obwohl die Drucke ihrer Offizin zugeschrieben werden können. Bei diesen Drucken handelt es sich weniger um anonyme Werke, die nicht zensiert werden sollten, sondern vielmehr um Auftragsdrucke, die beispielsweise von der Regierung, der Universität oder der Kirche finanziert worden waren. Gemeinhin wurde die gesamte Auflage anschließend kostenlos an die intendierten Rezipient:innen weitergegeben. So beinhalten Ordnungen wie das württembergische Landrecht von 1555 keine Angaben zur Buchdruckerei, da die gesamten 1 000 Exemplare an den Hof geliefert und von dort aus an die Amtsleute versendet wurden.[16] Somit waren diese Drucke nicht für den öffentlichen Markt bestimmt und mussten nicht beworben werden, was den Namen im Impressum erfordert hätte. Nur in wenigen Fällen, in denen zum Beispiel die Obrigkeit eine Verordnung erließ, die von den Untertanen gekauft werden sollte, finden sich die Namen der Buchdrucker beziehungsweise der Buchdruckerin im Kolophon oder auf der Titelseite.[17]

DIE TÜBINGER BUCHDRUCKERIN MAGDALENA MORHART UND IHRE DRUCKERZEICHEN

Eine Buchdruckerin, für die bereits mehrere ausführliche Quellen ausgewertet worden sind, um ihren Lebensweg und ihre Aktivitäten nachzuzeichnen, ist Magdalena Morhart.[18] Sie leitete die Druckerei in Tübingen, die zunächst die einzige im Herzogtum war, zwischen 1554 und 1572. Während dieser Zeit produzierte Morhart sowohl für die Universität als auch für die württembergische Regierung zahlreiche wichtige Publikationen.[19] Auch steigerte sie ihre Produktion im Vergleich zu ihrem verstorbenen Ehemann und weitete die Tätigkeiten der Offizin aus, indem sie mit Buchbindern konkurrierte.

Für den Aktivitätszeitraum von Magdalena Morhart verzeichnet das VD 16 475 Tübinger Drucke, von denen die überwiegende Mehrheit bei Magdalena Morhart hergestellt worden ist. Hinzu kommen vier Einblattdrucke, die zwischen 1554 und 1572 im Auftrag der württembergischen Regierung erschienen sind und die – aufgrund ihres Formats – nicht im VD 16 erfasst sind.[20]

Da von den genannten Drucken rund ein Fünftel bisher nicht digitalisiert vorliegt, kann im Folgenden nur von Mindestzahlen gesprochen werden.[21]

16 LIMBACH 2019, S. 162.
17 LIMBACH 2021, S. 145 f.
18 LIMBACH 2019.
19 Für viele der Regierungsdrucke ließen sich Eintragungen in einem Rechnungsbuch finden, die in LIMBACH 2019 ausgewertet wurden.
20 LIMBACH 2021, S. 267.
21 Eine vollständige Drucker:innenidentifizierung kann für diesen Beitrag nicht abschließend geklärt werden.

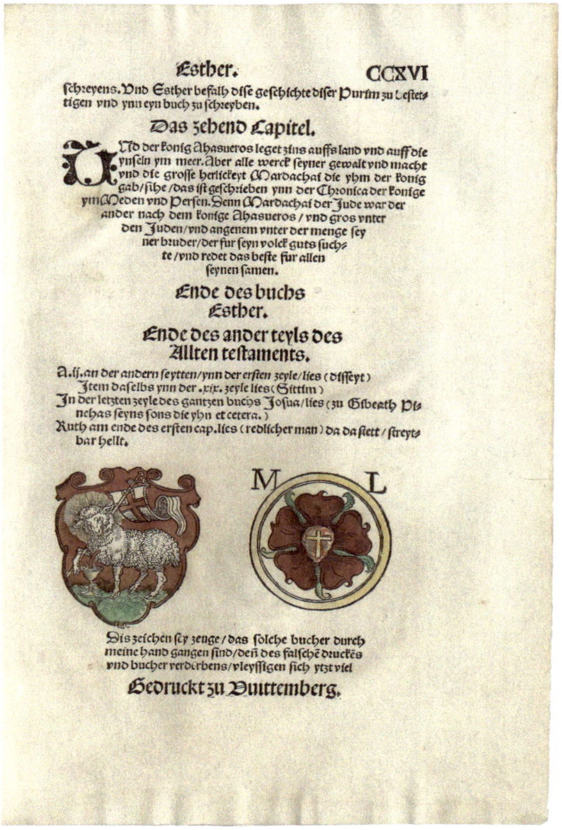

Esther. CCXVI

Das zehend Capitel.

Ende des buchs Esther.

Ende des ander teyls des Allten testaments.

M L

Gedruckt zu Wittemberg.

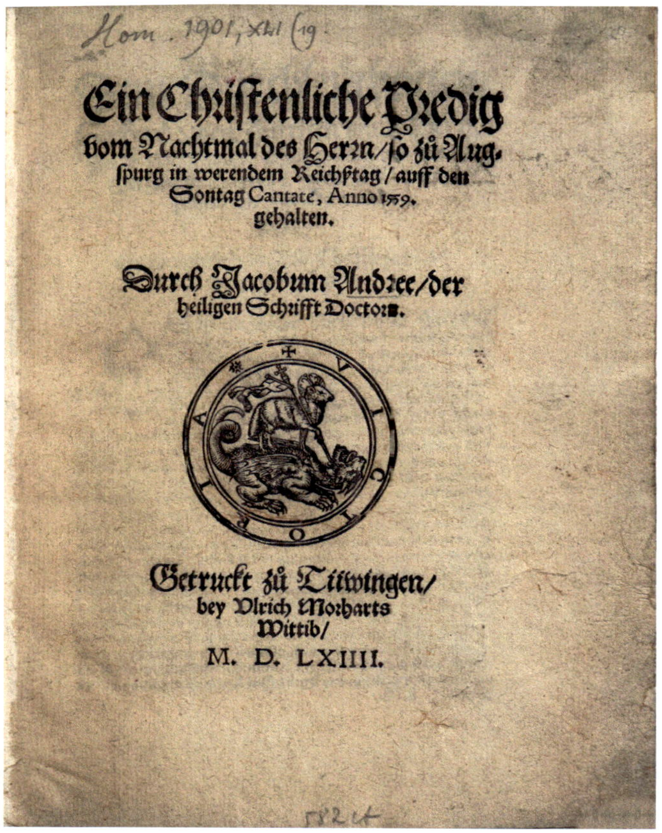

Ein Christenliche Predig vom Nachtmal des Herrn/ so zu Augspurg in werendem Reichstag/ auff den Sontag Cantate, Anno 1559. gehalten.

Durch Jacobum Andree/ der heiligen Schrifft Doctorn.

Getruckt zu Tüwingen/ bey Vlrich Morharts Wittib/ M. D. LXIIII.

Abb. 4 | Schlussseite mit dem Druckerzeichen von Lucas Cranach d. Ä. und Christian Döring (Wittenberg), in: LUTHER 1524. Staatsbibliothek zu Berlin, Preußischer Kulturbesitz, 4" Bu 9220

Abb. 5 | Titelblatt mit dem Druckerzeichen von Magdalena Morhart (Tübingen), in: ANDREÄ 1564. Bayerische Staatsbibliothek München, Res/4 Hom. 1901,41,19

Magdalena Morhart identifizierte sich in mindestens 98 ihrer Drucke auf der Titelseite als „Witwe Morhart" oder „Viduam Morhart". In weiteren 23 Drucken identifizierte sie sich im Kolophon des Buches und bei 15 Publikationen sowohl auf der Titelseite als auch im Kolophon. Nur selten wird die Bezeichnung „Erben Morhart" oder „Haeredes Morhart" verwendet, oder die Witwe wird zusammen mit einem oder zweier ihrer Söhne genannt.

Wie bereits oben erwähnt, unterließ es Magdalena Morhart in vielen Fällen, ihren Namen bei Auftragsdrucken für die Regierung, die Universität oder die Kirche im Impressum zu nennen. So weist das Landrecht, für das Magdalena Morhart 1555 von der württembergischen Regierung für die bereits angesprochene Herstellung von 1000 Exemplaren entlohnt wurde, keinen Hinweis auf ihre Produktion auf.[22] Dabei ist zu beachten, dass sich die Aufträge von Regierungsseite nicht nur auf Rechtspublikationen wie das Landrecht, sondern auch auf Gebete, Katechismen und einige Werke der Reformatoren Johannes Brenz und Jakob Andreä erstreckten.

Seit der Einführung der Reformation in Württemberg im Jahre 1534 war die Morhart'sche Offizin eine wichtige Stütze der protestantischen Regierung.

22 LIMBACH 2021, S. 93; VD 16 W 4513.

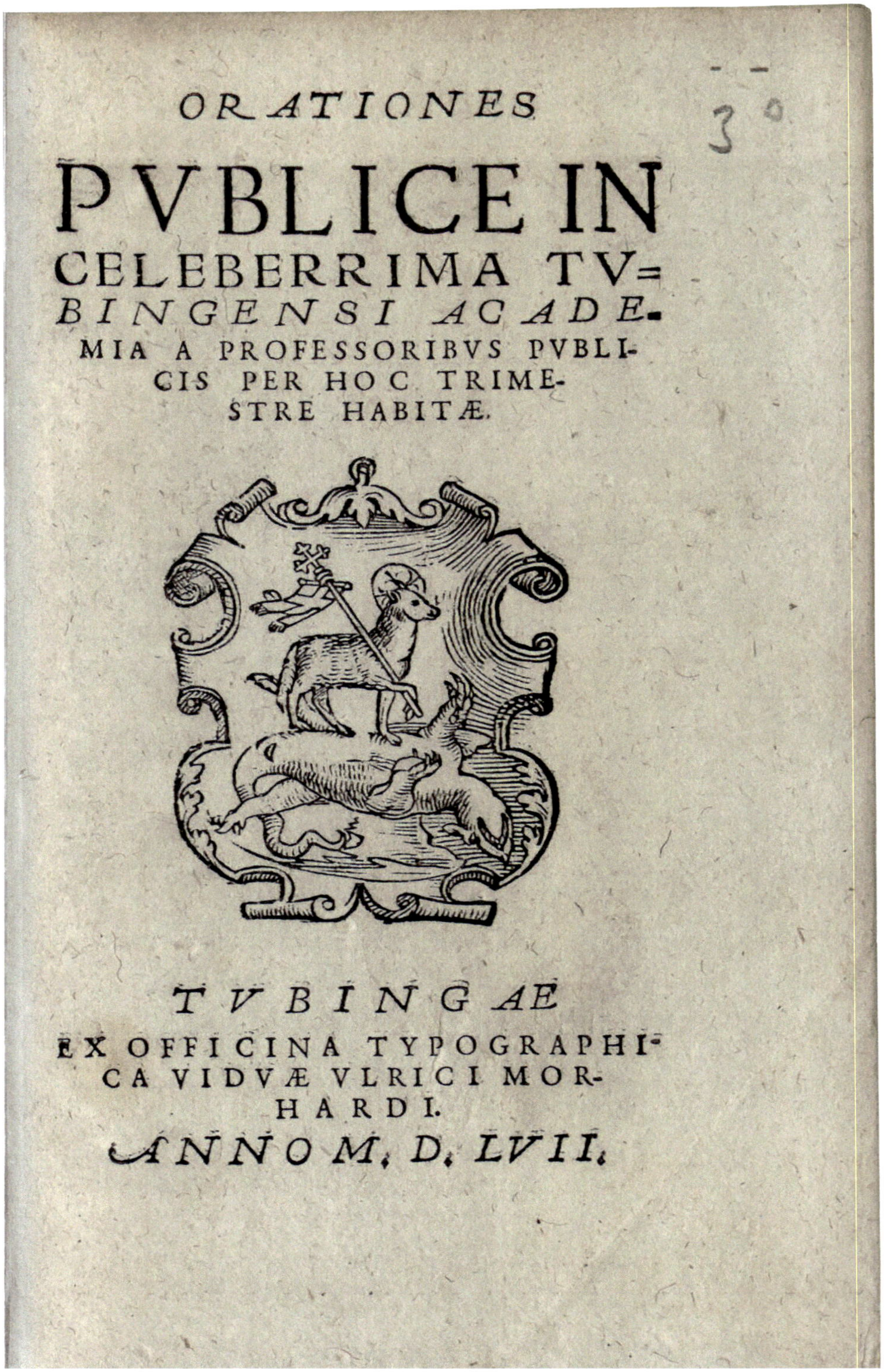

ORATIONES
PVBLICE IN
CELEBERRIMA TV=
BINGENSI ACADE-
MIA A PROFESSORIBVS PVBLI-
CIS PER HOC TRIME-
STRE HABITÆ.

TVBINGAE
EX OFFICINA TYPOGRAPHI-
CA VIDVÆ VLRICI MOR-
HARDI.
ANNO M. D. LVII.

Abb. 6 | Titelblatt mit dem Druckerzeichen von Magdalena Morhart (Tübingen), in: Toxites 1557. Bayerische Staatsbibliothek München, A – 18, K4

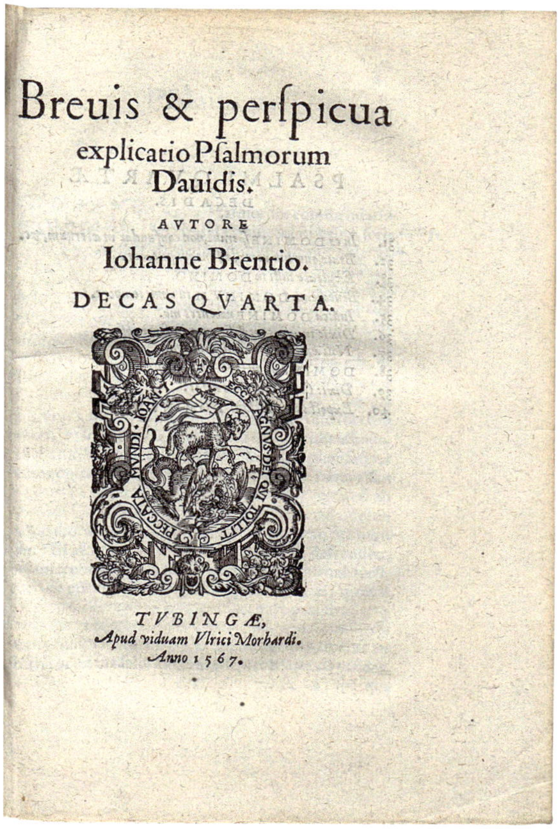

Breuis & perſpicua
explicatio Pſalmorum
Dauidis.
AVTORE
Iohanne Brentio.
DECAS QVARTA.

TVBINGÆ,
Apud viduam Vlrici Morhardi.
Anno 1567.

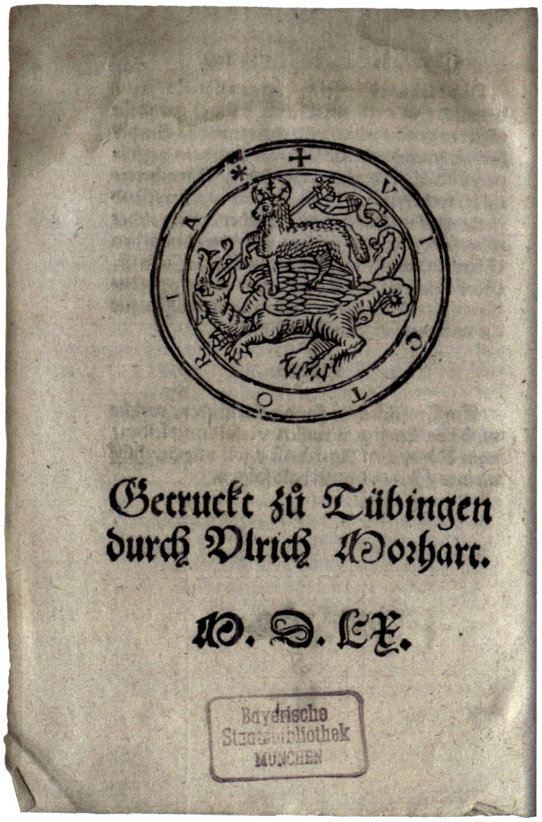

Getruckt zů Tübingen
durch Vlrich Morhart.
M. D. LX.

Dies spiegelt sich auch in den drei Druckerzeichen, die Morhart verwendete. Zu sehen ist eines der bekanntesten christlichen Symbole, das Lamm Gottes, das ein beliebtes Signetmotiv frühneuzeitlicher Buchdrucker:innen war.[23] Dieses Motiv wurde nicht nur bereits bei Luther verwendet (1524), sondern war auch bei mindestens zwei Wittenberger Buchdruckern sowie bei Druckereien in Debrecen (Ungarn) zu finden (Abb. 4).[24]

In Morharts Druckerzeichen hält das Lamm mit dem Vorderbein eine Stange, an der die Kreuzesfahne befestigt ist. Das Tier bezwingt einen am Boden liegenden Drachen – eine Anspielung auf den heiligen Georg. Das Motiv des Heiligen, der den Drachen bezwingt, fand sich zu Lebzeiten Magdalena Morharts mehrfach in Tübingen, zum Beispiel als Statue auf dem 1523 errichteten Georgsbrunnen oder auch auf dem nordöstlichen Chorstrebepfeiler der Stiftskirche; diese Statue wurde um 1480 vollendet.[25] Den Entwurf für Morharts erstes Signet soll der Maler Hans Weiditz angefertigt haben.[26]

Das Motiv ist in allen drei Druckerzeichen von Morhart gleich, jedoch ist es wesentlich anders gestaltet (Abb. 5, 6, 7). Zunächst verwendet sie ein Rundsignet mit zwei Doppelkreisen, zwischen denen das Wort *Victoria* steht. Am

Abb. 7 | Titelblatt mit dem Druckerzeichen von Magdalena Morhart (Tübingen), in: Brenz 1567. Staatsbibliothek zu Berlin, Preußischer Kulturbesitz, Bn 3280-1/4

Abb. 8 | Titelblatt mit dem Druckerzeichen von Ulrich Morhart d. J. (Tübingen), in: Sylvanus 1560. Bayerische Staatsbibliothek München, Polem.2667

23 Grimm 1965, S. 308

24 Kühne 1983, die Wittenberger Buchdrucker und Verleger, die dieses Motiv verwenden, sind Christian Tham (bspw. im Jahre 1585) und Johannes Gormann (bspw. im Jahre 1616), S. 201–202 und S. 228–231; Zur Nutzung des Motivs in Debrecen, siehe Vizkelety-Ecsedy 2018, S. 334.

25 Lange 1912.

26 Grimm 1965, S. 308.

27 Kühne 1983, S. 263–279, das Signet des Buchhändlers Konrad Rühel (1556–1579) zeigt ab 1571 ebenfalls mehrere Stadien der Elaboration auf.

oberen Ende befindet sich ein Kreuz. Im inneren Kreis befindet sich das Lamm, das nach links gewandt ist. Morhart verwendete das Signet ab 1554 (VD 16 M 2145) bis mindestens 1568 (VD 16 H 900) in 28 Drucken. In drei dieser Drucke wird eine leicht veränderte Variante des Zeichens verwendet: Das Lamm ist nach rechts gewandt, und ein zusätzliches Zeichen befindet sich neben dem Kreuz im Schriftzug.

Bereits ein Jahr nach ihrer Geschäftsübernahme (1554) verwendete Morhart ein weiteres Zeichen, welches sich bis mindestens 1570 in ihren Drucken finden lässt (bisher sind 20 Drucke mit diesem Zeichen bekannt). Es zeigt Lamm und Drachen diesmal auf einem Wappenschild, welches Rollmuster an den Seiten und Blattwerk im oberen und unteren Teil aufweist (Abb. 6).

Das dritte Signet zeigt das Lamm als Bezwinger des Drachens in einem ovalen Mittelfeld, das von einem elaborierteren Rollmuster umgeben ist (Abb. 7). Im oberen Bereich des Rollwerks befindet sich mittig ein Männerkopf, während sich in der Mitte unten eine Maske erkennen lässt. Im Hauptbildfeld ist das Lamm Gottes nach rechts gewandt dargestellt, die Fahne enthält das Wort *Victoria*. Der Drache ist mit aufgerissenem Maul dargestellt. Im Hintergrund sind einige Häuser auf kleineren Hügeln zu erkennen. Um das Mittelfeld herum ist der Text *Ecce Agnus Dei Qui Tollit Peccata Mundi Ioan I* zu lesen, ein Verweis auf das Johannes-Evangelium (Joh 1,29). Morhart verwendete dieses Signet spätestens ab 1565 in über 25 Drucken, und es findet sich später auch in den Ausgaben, die zunächst von ihren Söhnen Georg und Oswald und schließlich allein von Georg herausgebracht wurden.

Die Gründe für die Veränderungen des Druckerzeichens sind verschieden. Zum einen ist auch in Wittenberg zu beobachten, dass Signets im Verlauf des 16. Jahrhunderts elaborierter wurden.[27] Dabei wurden auch vermehrt Wappenmotive verwendet, möglicherweise weil Wappen als typisches Rechtssymbol des Adels hier als Garant für die Authentizität des Druckes stehen sollten.

Die Weiterentwicklung des Morhart'schen Signets könnte auch als Spiegel des Machtanspruchs der Offizin gesehen werden. Ab 1557 betrieb Magdalena Morharts Stiefsohn Ulrich Morhart d. J. ebenfalls eine Druckerei – nicht nur im selben Ort, sondern in direkter Nähe seiner Stiefmutter, in der Burgsteige. Er wandte sich zunächst mit einem Gesuch an den Universitätssenat in Tübingen, um die väterliche Druckerei zu übernehmen. Doch als der Universitätssenat, der das Buchgewerbe in Tübingen beaufsichtigte, die Druckerei Magdalena Morhart zusprach, entbrannte ein Konkurrenzkampf zwischen den beiden Druckereien. Im Jahr 1560 stellte Ulrich Morhart einen Druck her, der ein Zeichen ähnlich dem Magdalenas zeigt (Abb. 8). Als Reaktion darauf und um zu verdeutlichen, dass die Drucke aus ihrer Offizin qualitativ anspruchsvoller waren, wäre es denkbar, dass Magdalena Morhart ihr Signet weiterentwickelt hat (Abb. 6).

DIE ZUSAMMENARBEIT DER MORHARTS MIT DEM FRANKFURTER VERLEGER BRAUBACH

Für zwei Publikationen arbeitete die Druckerei Morhart mit dem Druckerverleger Peter Braubach in Frankfurt am Main zusammen. Es handelt sich dabei um den Kommentar zum Matthäusevangelium von Johannes Brenz, der zunächst im Jahr 1566 erschien (VD 16 B 7773) und schließlich auch im darauffolgenden Jahr (VD 16 B 7774). In beiden Publikationen wird das elaborierte dritte Signet Morharts auf der Titelseite verwendet sowie der Zusatz *apud viduam Ulrici Morhardi*, während im Kolophon des Buches spezifiziert wird: *apud viduam Ulrici Morhardi & Georg Gruppenbach [...] Petri Brubachii sumptibus*. Hier ist denkbar, dass sich der Autor Johannes Brenz bezüglich seiner Publikation an Peter Braubach gewandt hatte, um durch ihn die Finanzierung des Werkes sicherzustellen. Braubach war ein wichtiger Akteur im Buchgewerbe, der nicht selten zu druckende Werke an die passende Offizin vermittelte.[28] Obwohl Braubach ebenfalls spätestens ab 1543 ein Verlagssignet besaß, das einen Januskopf zeigt (Abb. 9),[29] ist dieses interessanterweise in keinem der beiden Drucke zu finden.

Bezüglich der Beteiligung von Verlegern an Druckwerken des 16. Jahrhunderts sind viele Aspekte bisher noch unerforscht. Grundsätzlich waren in der Frühen Neuzeit zunehmend Buchhändler:innen, Kaufleute oder auch Institutionen als Verleger:innen tätig. Dabei stellten Verleger:innen den Buchdrucker:innen Geld und/oder Materialien wie Papier oder Holzstöcke zur Verfügung, mit denen die Publikationen in der geforderten Stückzahl produziert werden konnten. Nach Fertigstellung wurden alle Exemplare von den Verleger:innen abgenommen und veräußert. Während einige Verleger ihre Namen in ihren Publikationen explizit erwähnten und sogar eine eigene Verlegermarke besaßen, wie Peter Braubach oder Sigmund Feyerabend, waren andere Verleger:innen nur im Hintergrund aktiv.[30] Sie wurden im 16. Jahrhundert vielfach nicht in den Impressen der Bücher erwähnt, wie es zum Beispiel für Moritz Goltz in Wittenberg gezeigt werden konnte.[31] Erst im 17. Jahrhundert wurden Verleger:innen sichtbarer und verwendeten zunehmend ein eigenes Signet. Dabei ist zu beobachten, dass in Wittenberg, und vermutlich auch an anderen Druckorten, zunehmend das Druckerzeichen in den Hintergrund trat, während das Verlegerzeichen immer häufiger als einziges Zeichen im Buch abgebildet wurde.[32]

28 Von Schade 1981, S. 60–65.
29 Heitz 1970, Taf. XXXI, Nr. 17.
30 Limbach 2023; Pallmann 1881.
31 Limbach 2022b.
32 Kühne 1983, S. 72.

Abb. 9 | Titelblatt mit dem Drucker- bzw. Verlegerzeichen von Peter Braubach (Schwäbisch Hall), in: Schenck von Tautenberg 1537. Gutenberg-Museum, Mainz, GM Mori Sig 67

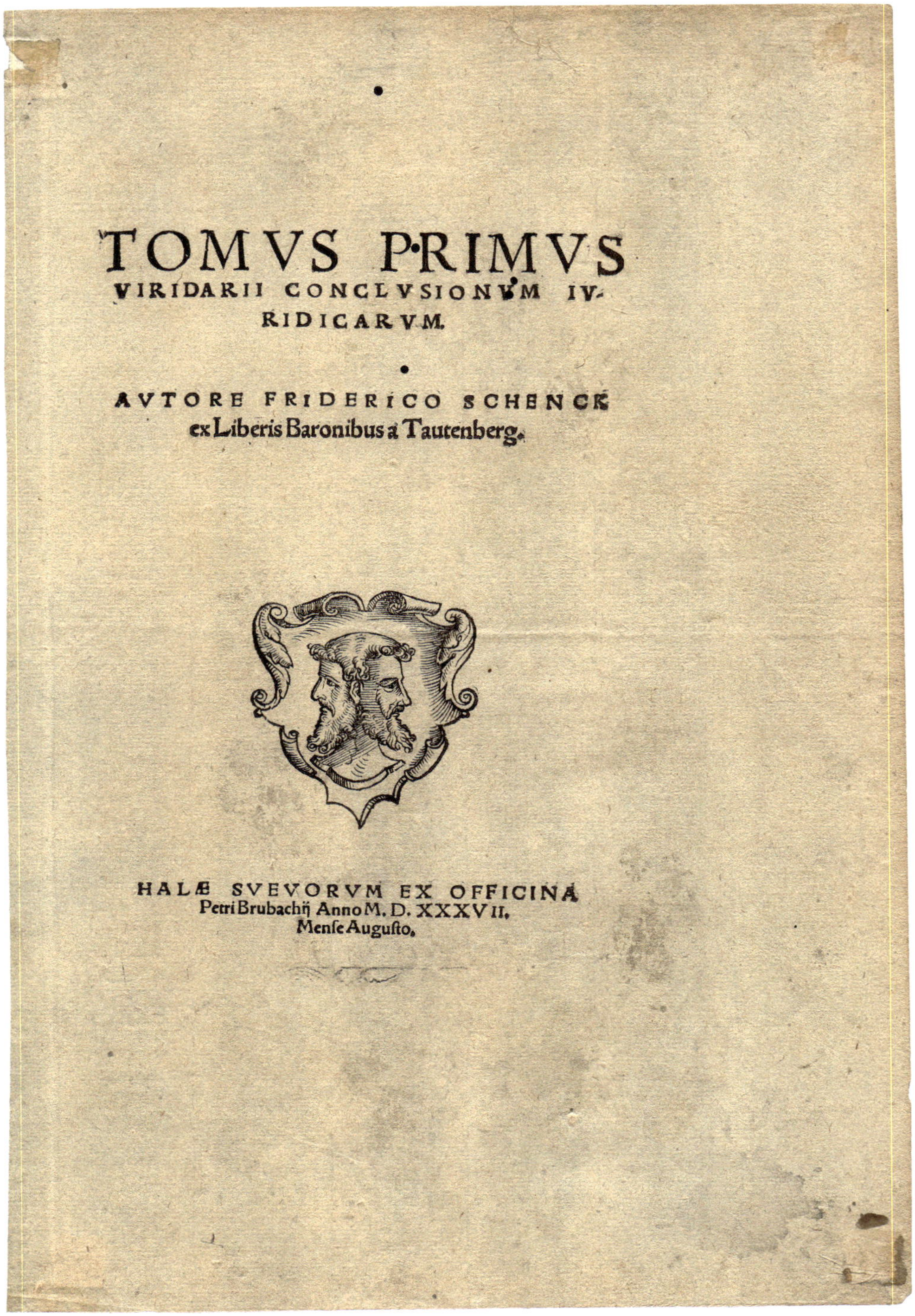

TOMVS PRIMVS
VIRIDARII CONCLVSIONVM IV-
RIDICARVM.

AVTORE FRIDERICO SCHENCK
ex Liberis Baronibus a Tautenberg.

HALÆ SVEVORVM EX OFFICINA
Petri Brubachij Anno M. D. XXXVII.
Menſe Auguſto.

Zusammenfassend kann gesagt werden, dass die Impressen und Druckerzeichen Frauen im Buchgewerbe – im Vergleich zu anderen Gewerben, wie zum Beispiel dem Textilgewerbe – besonders sichtbar machen. Anhand der zahlreichen Impressen und Druckerzeichen lassen sich die zum Teil äußerst umfangreichen Aktivitäten der Buchdruckerwitwen gut nachzeichnen, wobei selbstverständlich nicht vergessen werden darf, dass Buchdrucker und Buchdruckerinnen aus verschiedenen Gründen nicht immer namentlich in den Drucken erwähnt wurden (wie etwa in Auftragsdrucken). Für das 16. Jahrhundert lässt sich beobachten, dass viele Buchdruckerinnen meist den Hinweis „Witwe" beziehungsweise „Erben" verwendeten. Falls Druckerzeichen benutzt wurden, konnten diese verändert werden, wie dies beispielsweise für Magdalena Morhart in Tübingen nachzuweisen ist. Zwar blieb das Motiv – das Lamm Gottes, das den Drachen bezwingt –, doch wurde das Signet zunehmend elaborierter und auffälliger. Ob die verstärkte Aktivität von Verlegern auch bei Buchdruckerinnen zu einem Rückgang des Druckerzeichens führte, wie es bei Buchdruckern im 17. Jahrhundert zu beobachten ist, wird noch zu untersuchen sein.

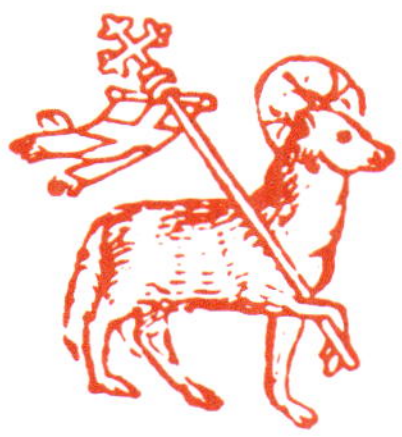

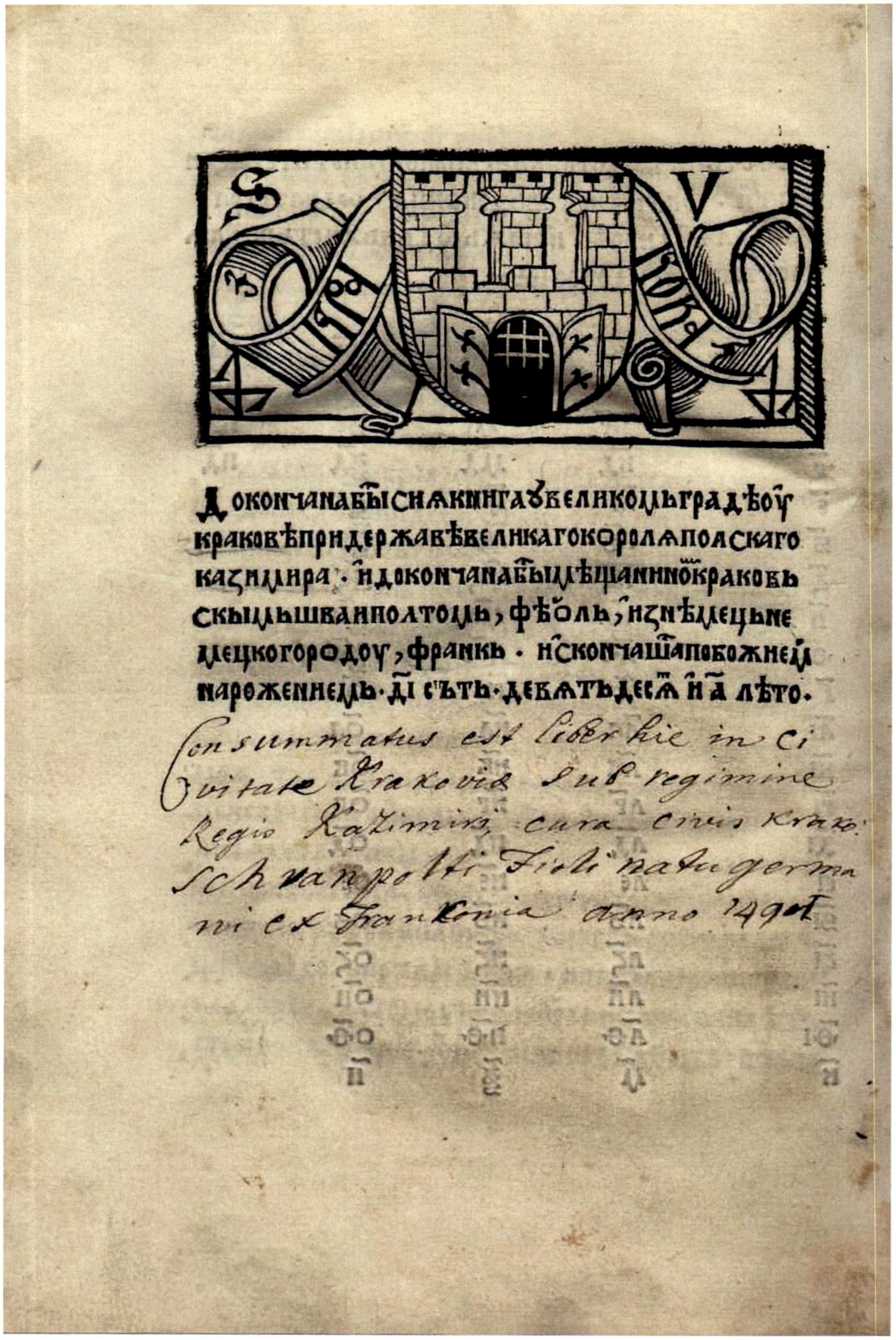

Abb. 1 | Schlussblatt mit dem Druckerzeichen von Schweipolt Fiol (Krakau), in: *Oktoikh* 1491, Krakau

DRUCKERZEICHEN IN UKRAINISCHEN FRÜHDRUCKEN. EIN BEITRAG ZUR DRUCK-GESCHICHTE DER UKRAINE

Valentyna Bochkovska

Die Geschichte der ukrainischen Druckerzeichen geht mit den ersten Druckereien einher, die ab dem letzten Drittel des 16. Jahrhunderts auf ukrainischem Boden gegründet wurden. Nach der Eingliederung der ukrainischen Gebiete (1569) in die Polnisch-Litauische Republik (Rzeczpospolita) folgten die Entwicklungen und Abläufe im Buchdruck auf ukrainischem Gebiet den gleichen Tendenzen wie in der Gesamtstruktur des Staatenbundes.

Die heutige Ukraine geht auf eine Vielzahl vormoderner und moderner Fürstentümer, Königreiche und Kaiserreiche zurück. Im Laufe der Zeit nahmen die jeweiligen Bewohner:innen dieser politischen Gebilde verschiedene Gruppenbezeichnungen und Identitäten an. Die beiden Schlüsselbegriffe, mit denen sie ihr Land bezeichneten, waren „Rus“ und „Ukraine“.[1] Geschichtsforschende sehen die Ursprünge der modernen ostslawischen Nationen in den identitätsstiftenden Fürstentümern begründet. Das Fürstentum Wladimir-Susdal diente als Vorläufer des frühneuzeitlichen Moskaus und schließlich des modernen Russlands. Belarussische Historiker:innen sehen im Fürstentum Polazk die Wurzeln des Landes. Ukrainische Historiker:innen untersuchen das Fürstentum Galizien-Wolhynien, um die Grundlagen der ukrainischen Nationenbildung aufzudecken. Dreh- und Angelpunkt aller Fürstentümer bildet Kyjiw, was der modernen ukrainischen Geschichtsforschung einen Standortvorteil verschaffte: Wesentliche Quellen, die der Suche nach den Ursprüngen des Landes dienlich sind, befanden sich in der eigenen Hauptstadt.[2] Als am Ende des 14. Jahrhunderts die ukrainischen Gebiete in das Königreich Polen und das Großfürstentum Litauen eingegliedert wurden, begannen die Politik dieser beiden Staaten sowie die Beziehungen zwischen ihnen, das politische, wirtschaftliche und kulturelle Leben der ukrainischen Gebiete zu bestimmen. Die beiden Staaten verfolgten eine unterschiedliche Politik in Bezug auf die Aufnahme und Assimilation der Gemeinschaften und Eliten der Rus. In beiden Fällen sind jedoch ähnliche Maßnahmen und Tendenzen zu beobachten, die einen Rückgang der Autonomierechte der Fürstentümer der Rus zur Folge hatten.[3]

1 Plokhy 2015, S. xxiii.
2 Ebd., S. 48.
3 Ebd., S. 60.

Die genauen Anfänge des Buchdrucks in der Polnisch-Litauischen Republik im Allgemeinen und in den ukrainischen Gebieten im Besonderen sind aufgrund der Quellenlage schwer zu bestimmen. Wir können nur mit Gewissheit sagen, dass die älteste erhaltene Inkunabel der *Almanach* ist, der 1474 in Krakau veröffentlicht wurde, während das älteste erhaltene ukrainische gedruckte Buch der *Apostol* ist, den der reisende Drucker Iwan Fedorowytsch[4] in Lwiw druckte.

Zwischenzeitlich wurden 1491 die ersten kyrillischen Drucke in Krakau von Schweipolt Fiol (einem Drucker deutscher Herkunft) veröffentlicht – darunter Titel wie *Oktoikh, Tschasoslow, Triod' pisna, Triod' tswitna*. Die Tatsache, dass sie hier gedruckt wurden, ist nicht besonders überraschend, da diese Bücher für die ruthenische Bevölkerung (Ukrainer:innen) bestimmt waren. Zu dieser Zeit war Galizien (Königreich Ruthenien) seit einem Jahrhundert unter der polnischen Krone. Es besteht kein Zweifel, dass in der Druckerei von Schweipolt Fiol Ruthenen arbeiteten, die dem Drucken, Korrekturlesen und Editieren nachgingen. Der Vertrieb dieser Bücher wird in dem Werk *Palinody* erwähnt, das 1621 in der Druckerei des Kyjiwer Höhlenklosters gedruckt wurde.[5]

Die nächsten Offizinen, die auf Kyrillisch druckten, entstanden 1492 in Venedig, 1494 in Montenegro, 1508 in Tergowisch (Rumänien) und 1517 in Prag. Die Publikationen des ersten belarussischen Druckers Francysk Skaryna und später die Publikationen der Zabludow-Druckerei des Vertreters des Großfürstentums Litauen Hryhorii Khodkevych (ein Nachkomme der Kyjiwer Bojaren) waren nicht nur für Belaruss:innen, sondern auch für Ukrainer:innen bestimmt. Diese Faktoren bestätigen, dass die Ukrainer:innen bereits im 15. Jahrhundert mit gedruckten Publikationen in Berührung kamen und diese nutzten.

Außerdem erblühte in der Mitte des 16. Jahrhunderts in Lwiw der Buchhandel. Zunächst waren es reisende Buchhändler wie Piotr aus Lübeck oder Jan Pfeffer aus Krakau. Ab Mitte des 16. Jahrhunderts gab es in Lwiw feste Buchhandlungen. Aus dem posthumen Inventar der Buchhandlung von Piotr Poznanets aus dem Jahr 1559 geht beispielsweise hervor, dass er drei Truhen mit Büchern (525 Bände) besaß: Darunter befanden sich Werke der antiken Literatur, philosophische Werke (Äsop, Cicero, Cato, Erasmus von Rotterdam), Lehrbücher über Recht und Geschichte, Wörterbücher, Gebetsbücher, Bücher über Kindererziehung und wirtschaftliche Ratgeber. Nicht weniger interessant ist das posthume Inventar des Buchhändlers Hanusz Brikner in Lwiw aus dem Jahr 1573, in dem 250 Buchtitel (1 000 Bände) verzeichnet sind. Nach den Recherchen von Irina Kotlobulatova bestand die Sammlung aus naturwissenschaftlichen, medizinischen, historischen und philosophischen Publikationen, Werken von Cicero, Virgil und Nikolai Reus, Lehrbüchern über Kosmografie, Arithmetik, Didaktik und Musik sowie aus Büchern für Jugendliche.[6]

4 Bei der Transliteration des Namens Iwan Fedorowytsch wird die ukrainische und nicht die gängige russische Schreibweise Iwan Fjodorow gewählt [Anm. der Herausgeberinnen].
5 Siropolko 1943, S. 10.
6 Kotlobulatova 2005, S. 13–14.

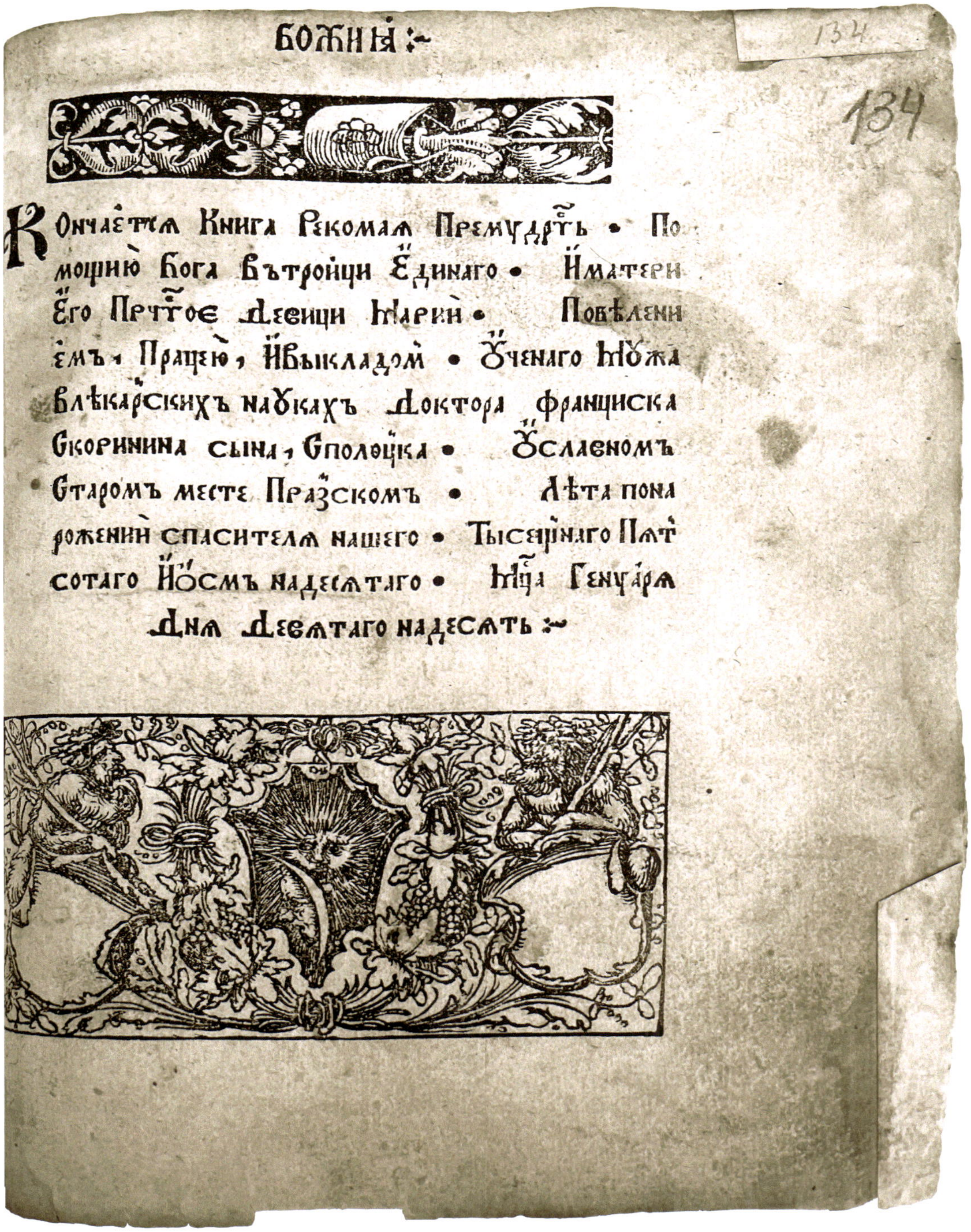
Божия :-

Кончаетсѧ Книга Рекомаѧ Премудрсть • По
мощию Бога в Троици Єдинаго • И Матери
Єго Пречтое Девици Марии • Повелени
ем • Працею, и выкладом • Ученаго мужа
в лекарских науках Доктора Францишка
Скоринина сына, с Полоцка • В славном
Старом месте Празском • Лета пона
рожения Спасителя нашего • Тысещного пят
сотаго и осмьнадесятаго • Меца Генваря
дня девятаго надесять :-

Abb. 2 | Druckerzeichen von Francysk Skaryna (Prag), in: *Biblia* 1518, S. 120. Wernadskyj-Nationalbibliothek der Ukraine, Fond 285, 6791

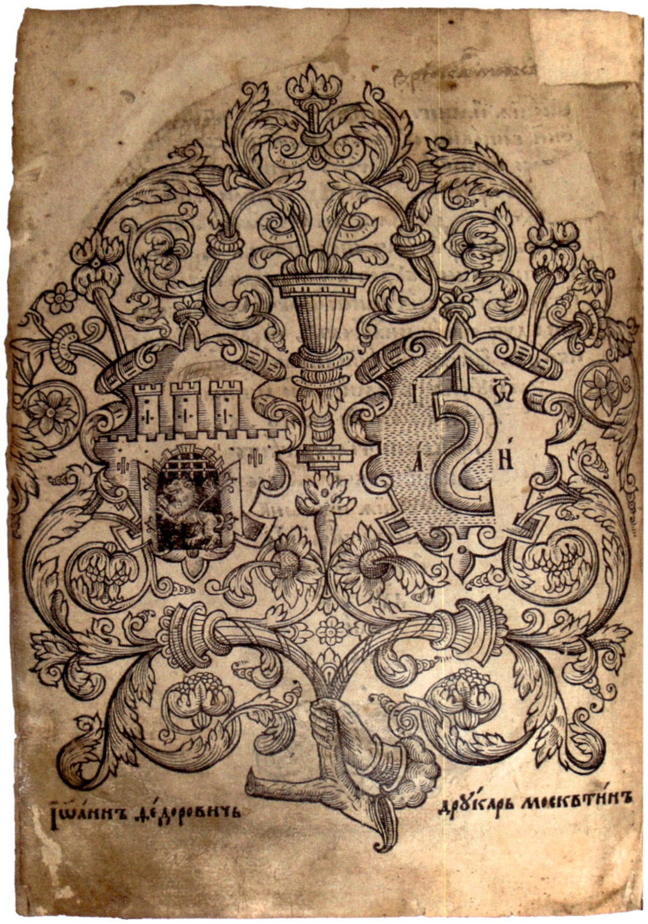

Abb. 3 | Schlussblatt mit dem Druckerzeichen von Iwan Fedorowytsch (Lwiw), in: *Apostol* 1574. Wernadskyj-Nationalbibliothek der Ukraine, Кир 839

Dementsprechend hatten die Ukrainer:innen schon vor dem Erscheinen von Iwan Fedorowytsch in Lwiw Erfahrung im Umgang mit dem gedruckten Buch. Es waren nicht nur wohlhabende Bürger:innen und Geistliche, sondern auch Student:innen, die seit dem 14. Jahrhundert an unterschiedlichen europäischen Universitäten eingeschrieben waren.

Bereits im 19. Jahrhundert wurde der Frage nach der Möglichkeit der Entstehung eines „vorfedorowischen Buchdrucks“ auf ukrainischem Boden nachgegangen. Das Thema der Anfänge des ukrainischen Buchdrucks wurde jedoch seit jeher hochgradig politisiert und von der russischen Buchwissenschaft zugunsten ihrer eigenen Buchgeschichte vereinnahmt. Daher wurden Belege für einen Buchdruck vor Fedorowytsch für nichtig erklärt. So veröffentlichte etwa Orest Matsyuk 1968 in der Zeitschrift *Archivy Ukrajiny* einen Artikel mit dem Titel „Gab es den Buchdruck in der Ukraine vor Iwan Fedorowytsch?“.[7] Darin druckte er zwei im Zentralen Historischen Staatsarchiv der Ukraine in Lwiw gefundene Dokumente, die auf die Existenz einer dortigen Druckerei bereits im Jahre 1460 hinweisen. Der Artikel wurde als so gefährlich eingestuft, dass die gesamte Ausgabe der Zeitschrift *Archivy Ukrajiny* aus den Bibliotheken zurückgezogen wurde. Die Auflage dieser Zeitschrift betrug über 2 000 Exemplare.[8]

Die Geschichte des Buchdrucks in den ukrainischen Gebieten ist nicht nur mit der Stadt Lwiw verbunden. Der Bedarf an Büchern, insbesondere an liturgischen Publikationen, veranlasste die Gründung von Druckereien zunächst in Lwiw und Ostroh und dann, zu Beginn des 17. Jahrhunderts, in verschiedenen Städten und Gemeinden der Ukraine – Paniwzi, Dobromyl, Jaworow, Kyjiw, Krylos, Stryatyn, Rochmaniw, Lutsk, Potschajiw, Uhortsi, Nowy Wereschchyn (Fastiw), Derman und Kremenez. Bis zum Ende des 16. Jahrhunderts wurden in den ukrainischen Gebieten acht Druckereien gegründet – sieben in Lwiw und eine in Ostroh: die Privatdruckerei von Iwan Fedorowytsch in Lwiw (1573), die Druckerei des Fürsten Konstanty Wasyl Ostrogski in Ostroh (1578), die mobile Druckerei der königlichen Kanzlei in Lwiw (Mykola Scharfenberger) (1578), die Privatdruckerei von Pawlo Schcherbych in Lwiw (1581), die Druckerei von Satsko Senkowytsch und Senko Korunka in Lwiw (1586), die Druckerei der Stauropegion-Bruderschaft in Lwiw (1591), die Druckerei von Matwiy Harwolchyk in Lwiw (1592) und die Druckerei von Matwiy Bernat in Lwiw

7 Matsyuk 1968, Übersetzung des Titels durch die Herausgeberinnen.
8 Ebd., S. 3–14; Timoshik 2019, S. 24–62.

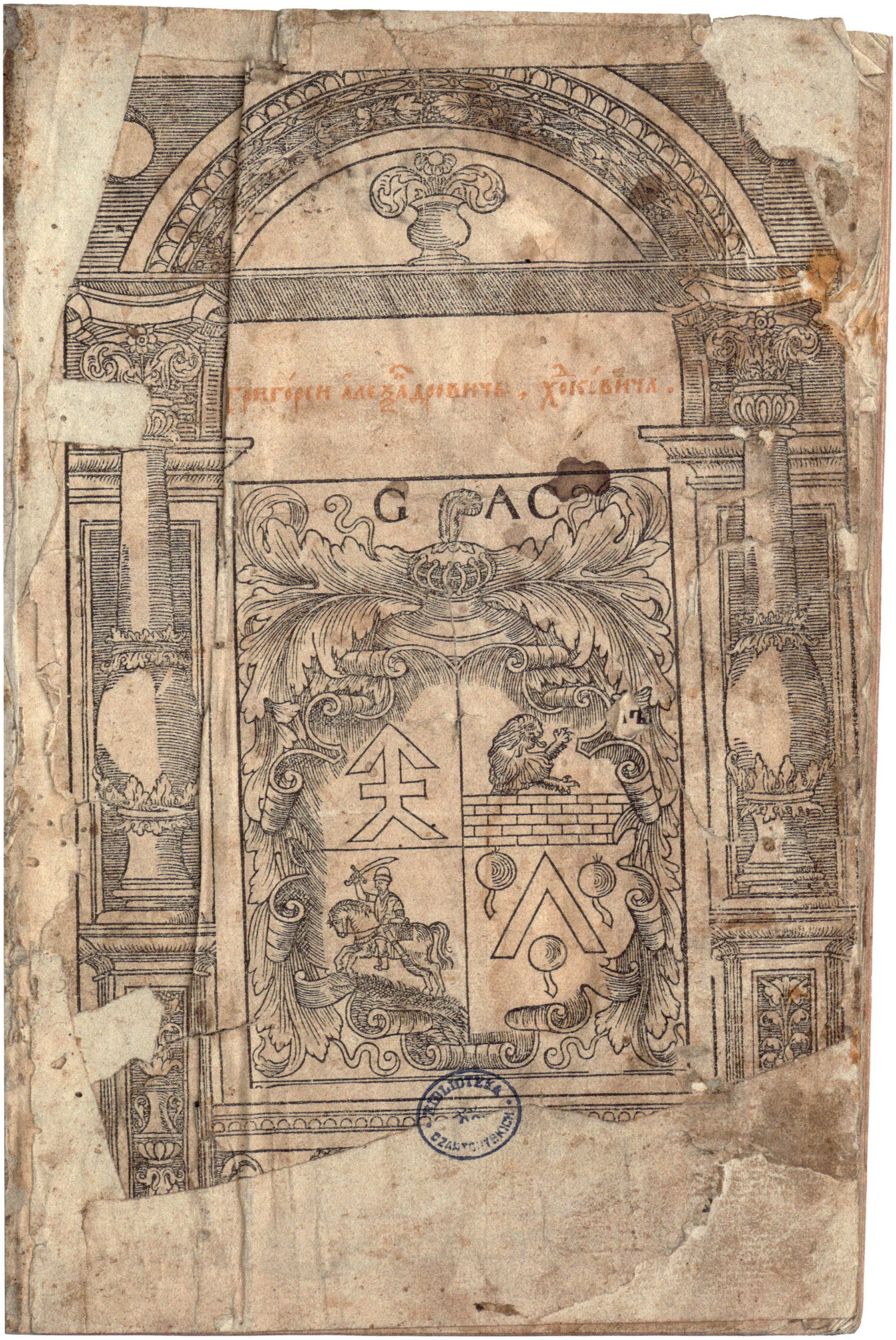

Abb. 4 | Titelblatt mit dem Wappen von Hryhorii Khodkevych, in: *Apostol* 1574. Wernadskyj-Nationalbibliothek der Ukraine, Кир 839

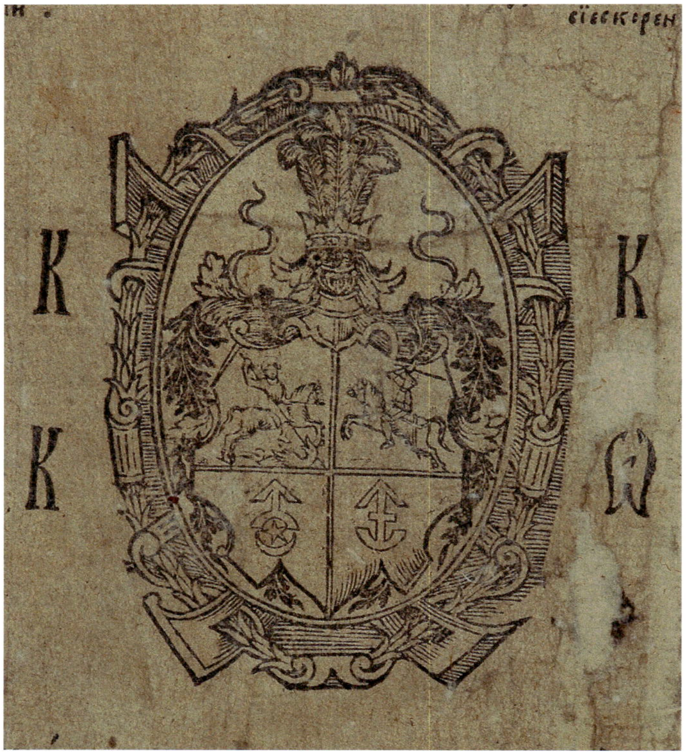

Abb. 5 | Verso des Titelblattes mit dem Druckerzeichen des Fürsten Konstanty Wasyl Ostrogski (Ostroh), in: *Biblia* 1581. Museum für Buch und Druck der Ukraine, Kyjiw, SD 10

(1593–1599). Zur gleichen Zeit druckten vier von ihnen auf Kyrillisch und Griechisch, die anderen vier auf Latein. Eine Zeit lang gab es in Lwiw eine armenische Druckerei von Ter-Howhanes Karmatenyants (Iwan Muratowytsch), der den armenischen *Psalter* (1616) und das *Gebetbuch* (1618) herausgab, das einzige in Türkisch-Armenisch gedruckte Buch.[9]

Der Katalog der in der Ukraine erschienenen alten Drucke *(Pam'yatky knyzhkovoho mystetstva: kataloh starodrukiv, vydanykh na Ukrayini)* verzeichnet 51 Ausgaben, die zwischen 1574 und 1599 erschienen sind, von denen 29 in kyrillischer Schrift (einige davon teilweise in Griechisch) und 22 in Latein gedruckt wurden.[10] Darunter sind 25 weltliche Publikationen, inklusive neun Ausgaben der Fibel, des Alphabets, der Grammatik in Kirchenslawisch, Griechisch, Polnisch und Latein: *Fibel* (Lwiw 1574); *Alphabet* (Ostroh 1578, Griechisch und Altslawisch); *Fibel* (Ostroh 1578); *Der Anfang der Kindererziehung* [*Fibel,* Ostroh 1580er Jahre]; *Adelphotis-Grammatika* (Lwiw 1591); Ursinus Iohannes, *Methodicae grammaticae libri IV* (Lwiw: Maciej Garwolczyk 1592); *Fibel* (Ostroh 1598); *Fibel* (Ostroh, nicht vor 1598), *Nauka ku czytaniu pisma polskiego* (Lwiw 1599).

Die erste Fibel in Moskau wurde 1634 gedruckt. Auch für weitere Bereiche boten die Moskauer Druckereien ein eingeschränkteres Repertoire an, das hauptsächlich liturgische Literatur umfasste. Der Moskauer Buchdruck dieser Periode zeichnet sich außerdem durch das Fehlen jeglicher Autor:innenpublikationen aus, einschließlich der polemischen Literatur. Bücher, die der Bildung der Menschen dienten oder im weltlichen Leben verwendet wurden – etwa zu Recht, Alltagsleben, kulturellen Bräuchen, ferner historische Chroniken, antike Literatur, Übersetzungen von Kunstwerken und Werke von Schriftsteller:innen –, wurden nicht gedruckt. Es war zu jener Zeit in Moskau nur eine einzige staatliche Druckerei zeitweise tätig, die vom Zaren streng kontrolliert und finanziert wurde und sich daher in der Hauptstadt des Landes – in Moskau – befand. In den ukrainischen Gebieten gründeten von Anfang an Privatpersonen die Druckereien – Stadtbewohner, Adelige, Priester, Bischöfe, Fürsten, ebenso wie Bruderschaften, Kirchen und Klöster verschiedener Konfessionen und Bildungseinrichtungen. Geografisch gesehen waren die Druckereien in den 1570er-Jahren bis zum Beginn des 17. Jahrhunderts in rund 15 Städten und Gemeinden der Ukraine aktiv.

9 Issajewytsch/Zapasko 1981.
10 Ebd.

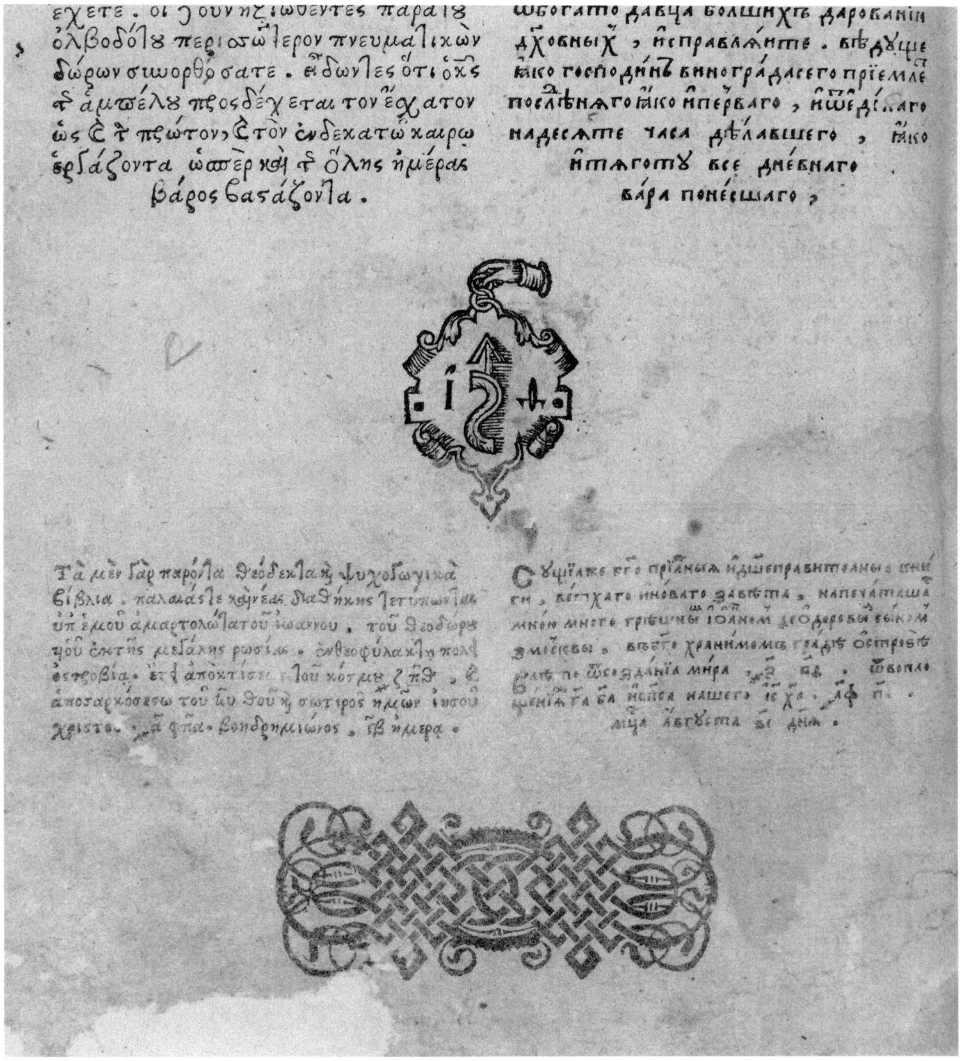

Abb. 6 | Schlussblatt mit dem Druckerzeichen von Iwan Fedorowytsch (Ostrog), in: *Biblia* 1581. Museum für Buch und Druck der Ukraine, Kyjiw, SD 10

Ein vergleichendes Bild der Anfänge des ukrainischen und des moskowitischen Druckes ermöglicht es, die Ursprünge der auch heute noch wirksamen Paradigmen der russischen Geschichtsschreibung in ihrer Auffassung einer „slawischen Welt" begreifbar zu machen und ihnen zu begegnen. So fußt das Selbstbild einer ukrainischen Identität auf einer polykonfessionellen und polymorphen Gesellschaft, die sich auch im frühen Buchdruck widerspiegelt.[11] Ein solcher Kontext der Entwicklung des Buchdrucks auf ukrainischem Boden ermöglicht ein tieferes Verständnis für die Buchgestaltung – und erklärt wiederum das Auftreten von Druckermarken in ukrainischen Publikationen.

So finden wir in den kyrillischen Ausgaben des Schweipolt Fiol aus dem Jahr 1491, die den Ukrainer:innen zur Verfügung standen, eine Druckermarke

11 Issajewytsch 2002; Ogienko 1925; Zapasko/Matsiuk/Stasenko 2000; Issajewytsch 1982; Grimsted 1988, S. 31–48; Masslow 1926, S. 65–67; Mathiesen 1992; Plokhy 2015; Nemirovski 1989; Akademie der Wissenschaften der UdSSR 1959; Nemirovski 2010; Zernova 1958; Pozdeeva 2011; Dugin 2015

mit dem Bild des Wappens der Stadt Krakau mit der Inschrift „S. V. KRAKOW" (Abb. 1).[12] Sie wurde auf der Schlussseite in Form eines ornamentalen Kopfstücks angebracht; darunter befanden sich detaillierte Informationen zur Druckerei, zum Erscheinungsort des Buches und zum Datum. Der ukrainische Gelehrte Volodymyr Sichinsky gibt Auskunft über die Herkunft der grafischen Gestaltung dieser Marke sowie der Holzschnitte in Fiols Ausgaben: Sie stammten nämlich aus Nürnberg. Bekanntlich war Schweipolt Fiol, der ursprünglich aus Neustadt bei Nürnberg stammte, der erste Drucker kyrillischer Ausgaben weltweit.[13]

Andere Ausgaben, die auch in der Ukraine verbreitet waren, sind die kyrillischen Drucke von Francysk Skaryna, die 1517–1519 in Prag erschienen. Sein Druckerzeichen wurde erstmals im zweiten Band der Bibel veröffentlicht (Abb. 2).[14] Es ist mittig in eine reich verzierte Vignette eingebettet: In einem Schild erscheinen Sonne und Mond mit menschlichen Gesichtern, flankiert von vegetabilen Ornamenten, auf die sich zwei faunartige Gestalten stützen.

Als erstes ukrainisches Druckerzeichen gilt das Wappen des Druckers Iwan Fedorowytsch in dem 1574 in Lwiw gedruckten Buch *Apostol* (Abb. 3).[15] Der in Holzschnitttechnik ausgeführte Druck nimmt eine ganze Seite ein und befindet sich auf dem Verso des Schlussblattes. Er ist von einem unbekannten Künstler oder einer unbekannten Künstlerin mit den Initialen „W. S" zwischen den Ranken signiert. Die aufwendige Darstellung zeigt eine ausladende Akanthusranke, die von einer Hand gehalten wird und zwei Kartuschen umrahmt. In der linken ist das Wappen der Stadt Lwiw zu sehen, auf der rechten Seite befindet sich das Druckerzeichen. Es besteht aus einem geschwungenen Band, entlang dessen die Buchstaben „I-W-A-N" angeordnet sind. Im letzten Jahrhundert wurden mehrere Hypothesen über den Ursprung dieses Druckerzeichens formuliert. Manche sahen eine Ähnlichkeit mit dem Zeichen des venezianischen Druckers Aldus Manutius (Delphin und Anker), andere deuteten es als mäandernden Fluss mit einem darüber liegenden Dreieck.[16] Auch ein typisches Familienwappen aus dem 16. Jahrhundert aus dem westlichen Siedlungsraum der belarussischen Familie Rohoza wurde in Betracht gezogen. Iwan Fedorowytsch verwendete im *Apostol* von 1574 erstmals einen Holzschnitt mit dem Wappen des Feldmarschalls H. Khodkevych (Abb. 4), der sein Mäzen und Besitzer der Druckerei in Zabludow war. Dem ukrainischen Wissenschaftler Volodymyr Sichynskyi gelang der Nachweis, dass die Holzschnitte des Lwiwer *Apostols* unter dem Einfluss des Nürnberger Künstlers Erhard Schön im Jahr 1524 entstanden sind. In den Moskauer Ausgaben von Iwan Fedorowytsch und den nachfolgenden Moskauer Drucken hingegen wurden weder Druckmarken noch Wappen der Auftraggeber verwendet.[17]

Zu den bedeutendsten ukrainischen Büchern dieser Zeit zählt die Bibelausgabe in Kirchenslawisch, Griechisch und Ukrainisch, die 1581 in der Druckerei

12 *Oktoikh* 1491.
13 SICHINSKI 1936, S. 7.
14 *Biblia* 1518, S. 120.
15 *Apostol* 1574.
16 SICHYNSKYI 1936, S. 8.
17 Ebd., S. 8–9.

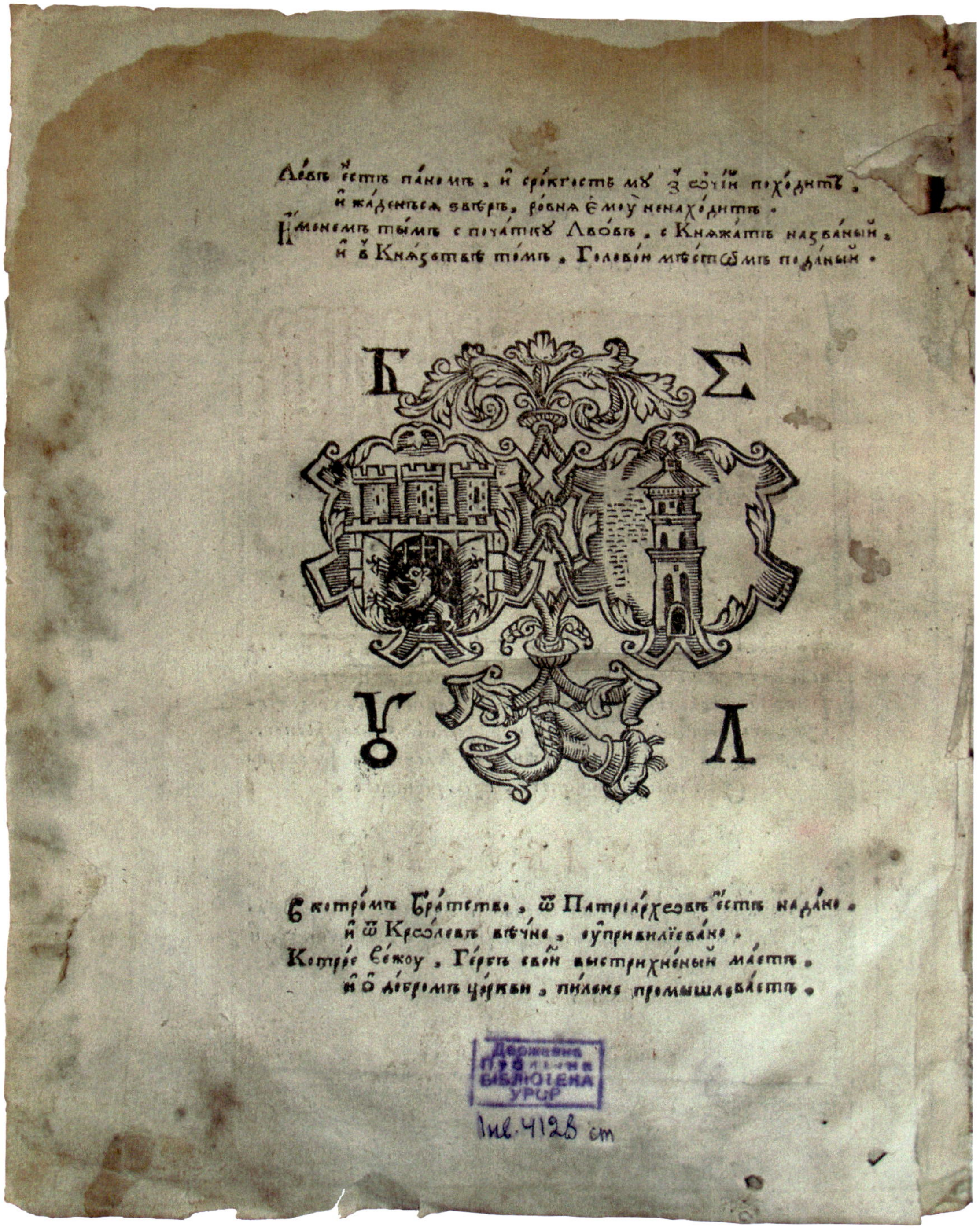
Левъ єсть паномъ, и срокгость мꙋ з очій походитъ.
и жаденъ ся звѣръ, ровна ємꙋ не находитъ.
Именемъ тымъ с початкꙋ Львовъ, с Княжатъ названый,
и в Князствѣ томъ, Головнымъ мѣстомъ поданый.

В которомъ Братство, ѿ Патріярхѡвъ єсть надано,
и ѿ Королевъ вѣчне, оупривилїєвано.
Которое Вежꙋ, Гербъ свой выстрихненый маєтъ,
и о добромъ церкви, пилне промышляваєтъ.

Abb. 7 | Verso des Titelblattes mit dem Druckerzeichen der Stauropegion-Bruderschaft (Lwiw), in: *O wospytanii tschad* 1609. Nationalmuseum Lwiw

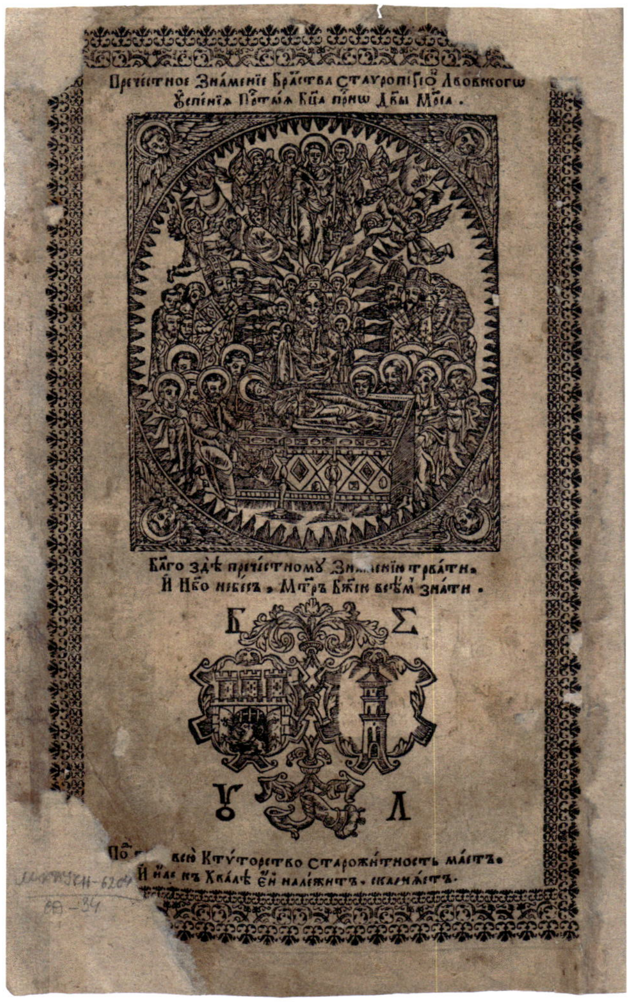

Abb. 8 | Verso des Titelblattes mit dem Druckerzeichen der Stauropegion-Bruderschaft (Lwiw), in: *Anfologion* 1651. Museum für Buch und Druck der Ukraine, Kyjiw, SD 34

des Fürsten Konstanty Wasyl Ostrogski gedruckt wurde. Zwei Druckerzeichen sind darin enthalten: Auf dem Verso der Titelseite steht das Wappen Ostrogskis (Abb. 5), und auf der Schlussseite findet sich am Ende des Textes ein kleines Zeichen des Druckers Iwan Fedorowytsch in Form seiner Initialen „I. F." (Abb. 6). Es ist bezeichnend, dass im – nach Lwiw – zweitwichtigsten Zentrum des ukrainischen Druckwesens, Ostroh, sowie in Derman das Wappen des Fürsten von Ostroh, dem Gründer der dortigen Druckereien, in Ausgaben der Jahre von 1580 bis 1604 (1580, 1581, 1594–1596, 1604) abgebildet wurde.[18]

Auch in Lwiw wurde die Tradition der Verwendung von Druckerzeichen fortgeführt. Seit Beginn der Tätigkeit der Lwiwer Stauropegion-Bruderschaft im Jahr 1591 verwendete die Druckerei ihr eigenes Druckerzeichen, nämlich das kleine Wappen der Stadt Lwiw – etwa auf der Rückseite des Titelblattes der *Adelphotis-Grammatika* (Lwiw 1591).[19] Später wurde das Druckerzeichen modifiziert, verkleinert und an jenes von Iwan Fedorowytsch angelehnt. Ebenfalls in den Ranken des Akanthuslaubs erscheinen erneut Kartuschen, die jedoch anstelle der Initialen „I. F." ein Bild des Wappens der Bruderschaft zeigen, nämlich den Kornyakt-Turm, den Glockenturm ihrer Kirche. Dieses Druckerzeichen wurde meist auf dem Verso des Titelblatts gedruckt, wie zum Beispiel im Buch *O wospytanii tschad* (Über die Erziehung der Kinder) von 1609 (Abb. 7) oder im *Anfologion* 1651 (Abb. 8).[20] Gleichzeitig benutzte die Bruderschaft aber auch einige Varianten, wie im 1630 gedruckten *Oktoikh,* wo die Druckermarke unten auf der Titelseite erscheint (Abb. 9).[21] Die nächste Änderung der Druckermarke fand in den 1630er-Jahren statt. So zeigt das *Anfologion* von 1638 (mit einer zweiten Auflage von 1694)[22] ein großes Druckerzeichen mit einem heraldischen Baum, flankiert von zwei Kartuschen des Wappens der Stadt Lwiw und dem der Bruderschaft (Abb. 10). Dieses Wappen wurde später vom Lwiwer Drucker Iwan Kunotowytsch (Seite 352b) in den *Oktoikh* von 1639 aufgenommen – er ersetzte lediglich die Initiale „F" durch ein „K". Die meisten Veröffentlichungen der Lwiwer Brüder trugen das Wappen der Bruderschaft als Druckermarke.

Bemerkenswert ist, dass die Druckerei der Lwiwer Stauropegion-Bruderschaft gelegentlich auch die Stempel und Wappen berühmter Mäzene und Drucker auf dem Titelblatt verwendete. So ist in der von der Bruderschaft herausgegebenen

18 *Biblia* 1581.
19 *Adelphotis* 1591.
20 *Anfologion* 1651. *O vospytanii chad* 1609.
21 *Oktoikh* 1630.
22 *Anfologion* 1694.

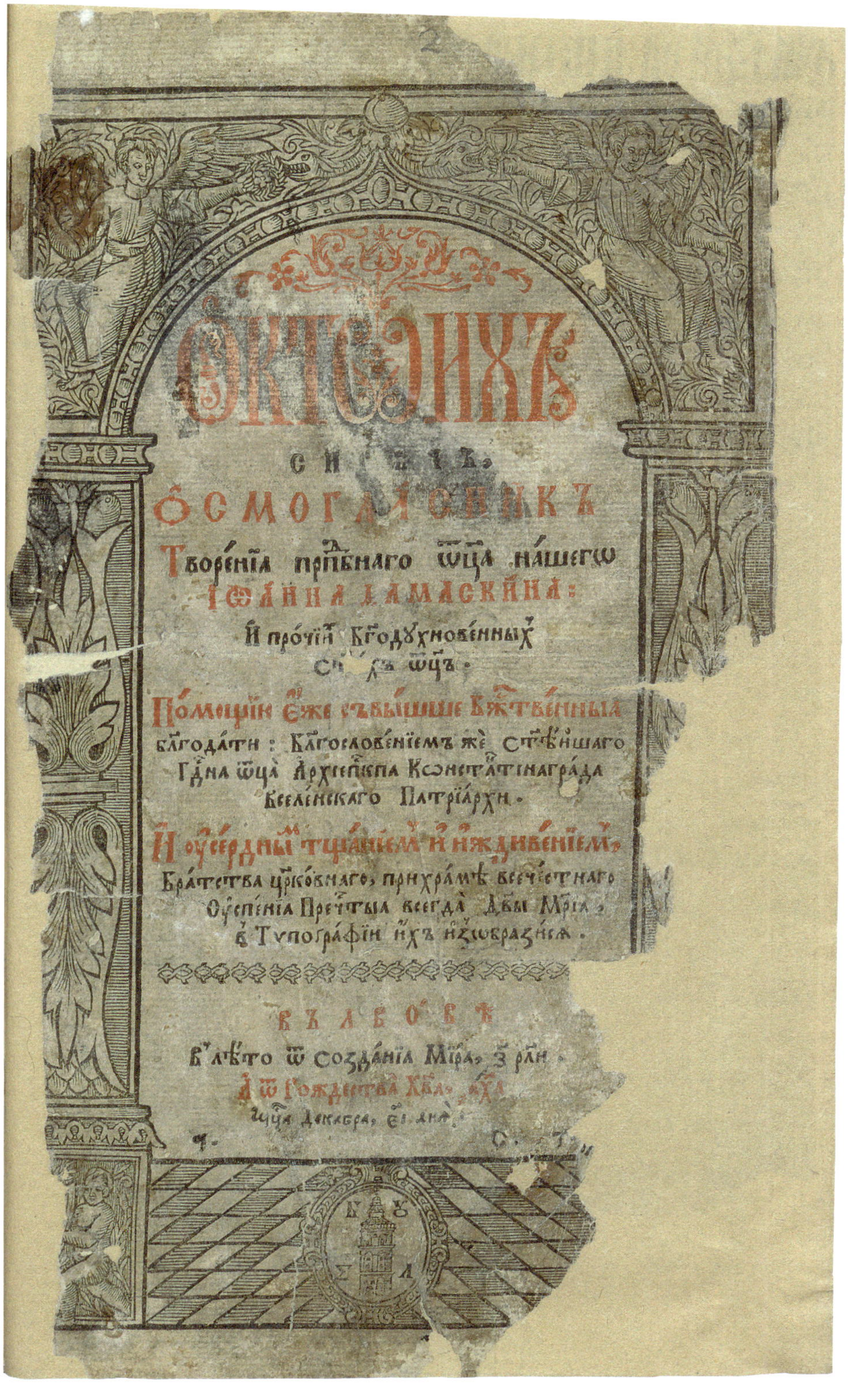

Abb. 9 | Titelblatt mit dem Druckerzeichen der Stauropegion-Bruderschaft (Lwiw), in: *Oktoikh* 1630. Museum für Buch und Druck der Ukraine, Kyjiw, SD 97

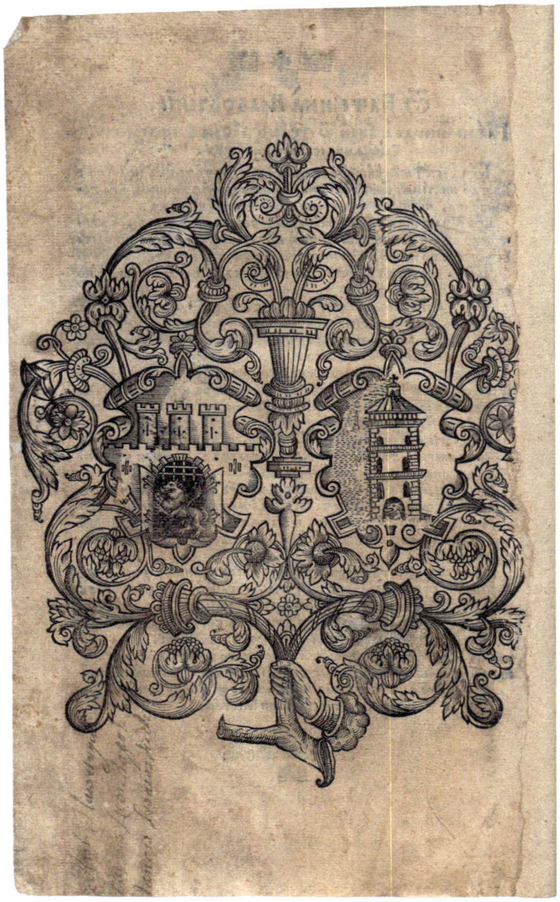

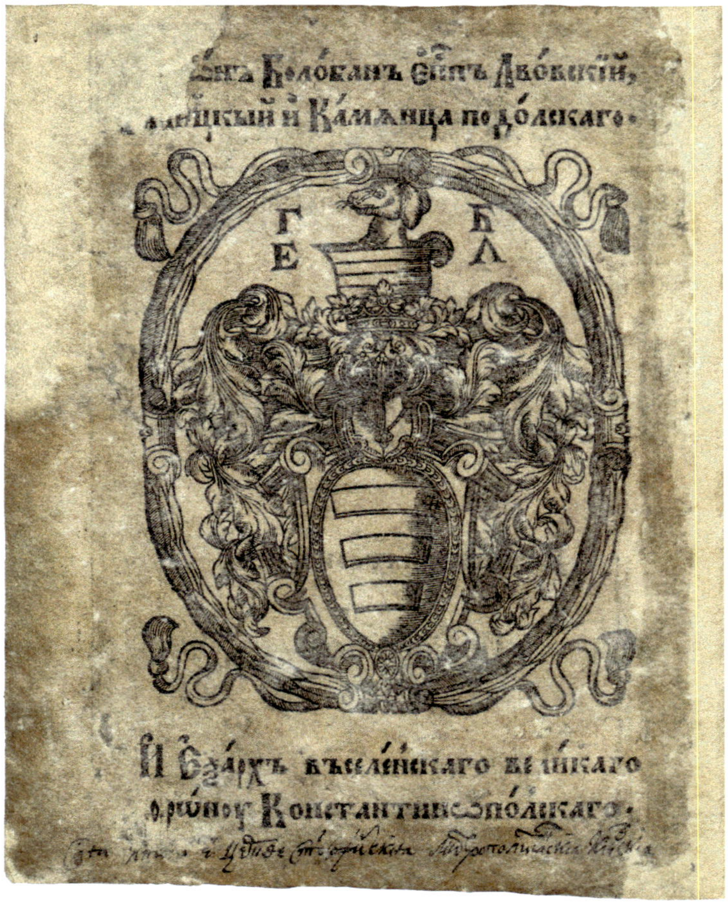

Abb. 10 | Schlussblatt mit dem Druckerzeichen der Stauropegion-Bruderschaft (Lwiw), in: *Anfologion* 1694. Museum für Buch und Druck der Ukraine, Kyjiw, SD 255/2

Abb. 11 | Verso des Titelblattes mit dem Druckerzeichen von Gedeon Balaban (Striatyn), in: *Sluzhebnyk* 1604. Museum für Buch und Druck der Ukraine, Kyjiw, SD 90

Ausgabe des *Knyha o swaschchenstwi* (Buch über das Priestertum) von 1614[23] das Wappen des Bischofs von Lwiw, Oleksandr Balaban, eingefasst im unteren Rand der Titelseite, unterhalb des Erscheinungsdatums, zwischen zwei Zierzweigen. Auf der Titelseite sind zudem die Initialen des Schneiders und Druckers Pamwo Berynda („PBM") sowie sein Zeichen – eine Mondsichel und eine Sonne – angebracht. Das Druckerzeichen der Bruderschaft erscheint in diesem Buch auf dem Verso des Titelblatts. Dieses Prinzip findet sich auch bei anderen ukrainischen Druckereien, wie etwa in den erwähnten Offizinen des Fürsten Konstanty Wasyl Ostrogski in Ostroh und Derman, wo sein Wappen als Druckerzeichen ebenfalls auf der Rückseite der Titelseite platziert wurde, so etwa in der Bibel von 1581, im *Tschasoslow* von 1612 und im *Oktoikh,* publiziert in Derman 1604.

In den Jahren 1604 bis 1606 war in Striatyn die Druckerei des Bischofs Gedeon Balaban aktiv. Sie kennzeichnete ihre Veröffentlichungen mit dem bischöflichen Wappen als Druckerzeichen. Im *Sluzhebnyk* (Messbuch) von 1604 erschien dieses sowohl am unteren Rand der Titelseite als auch auf deren Rückseite (Abb. 11).[24]

23 *Knyha o swyaschchenstwi* 1614.
24 *Sluzhebnyk* 1604.

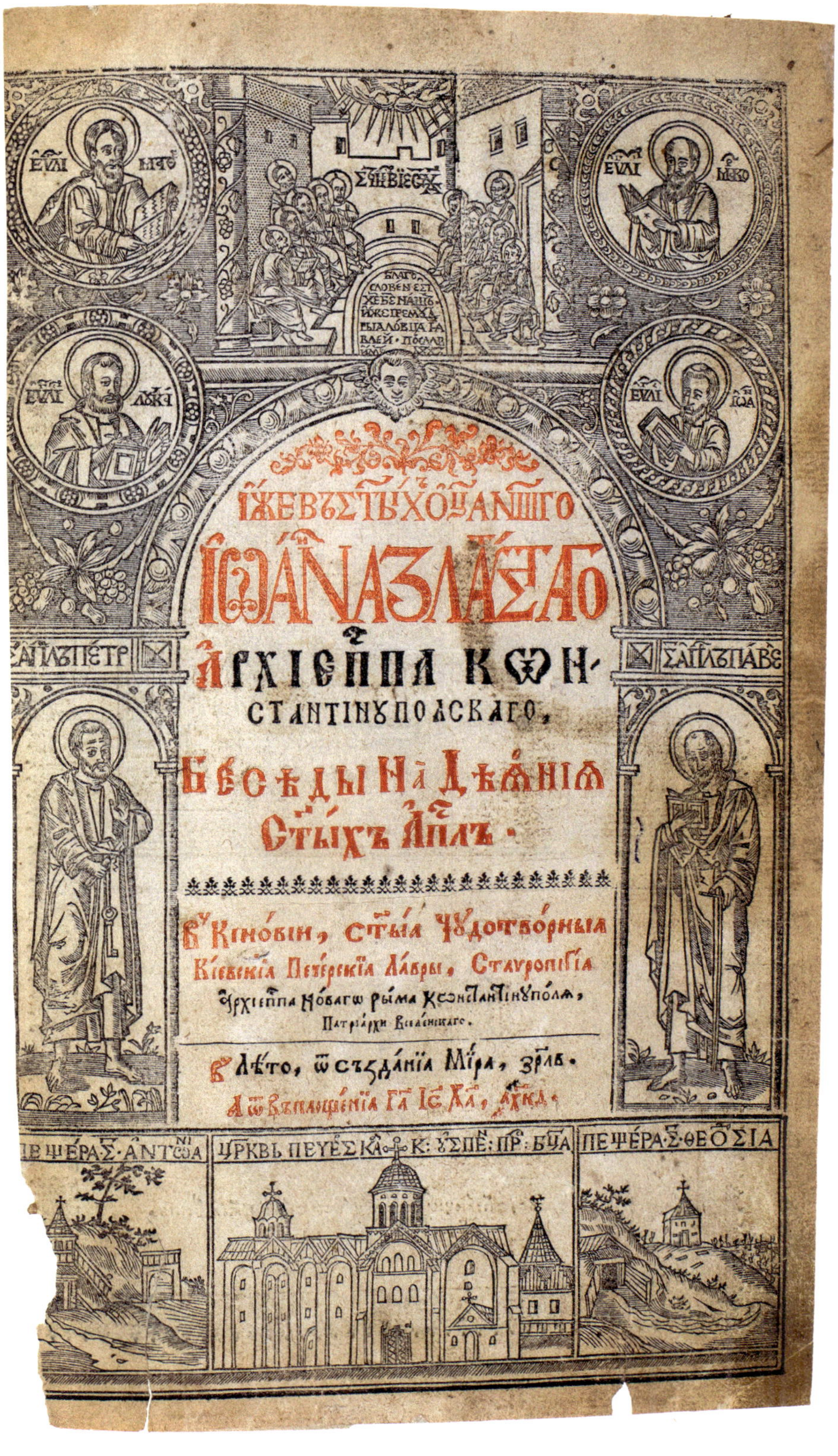

Abb. 12 | Titelblatt mit dem Druckerzeichen der Druckerei des Kyjiwer Höhlenklosters, in: *Zlatoust* 1624. Museum für Buch und Druck der Ukraine, Kyjiw, SD 12

Abb. 13 | Titelblatt mit dem Druckerzeichen der Druckerei des Dreifaltigkeitsklosters Tschernihiw, in: *Triod' tsvitna* 1685. Museum für Buch und Druck der Ukraine, Kyjiw, SD 292

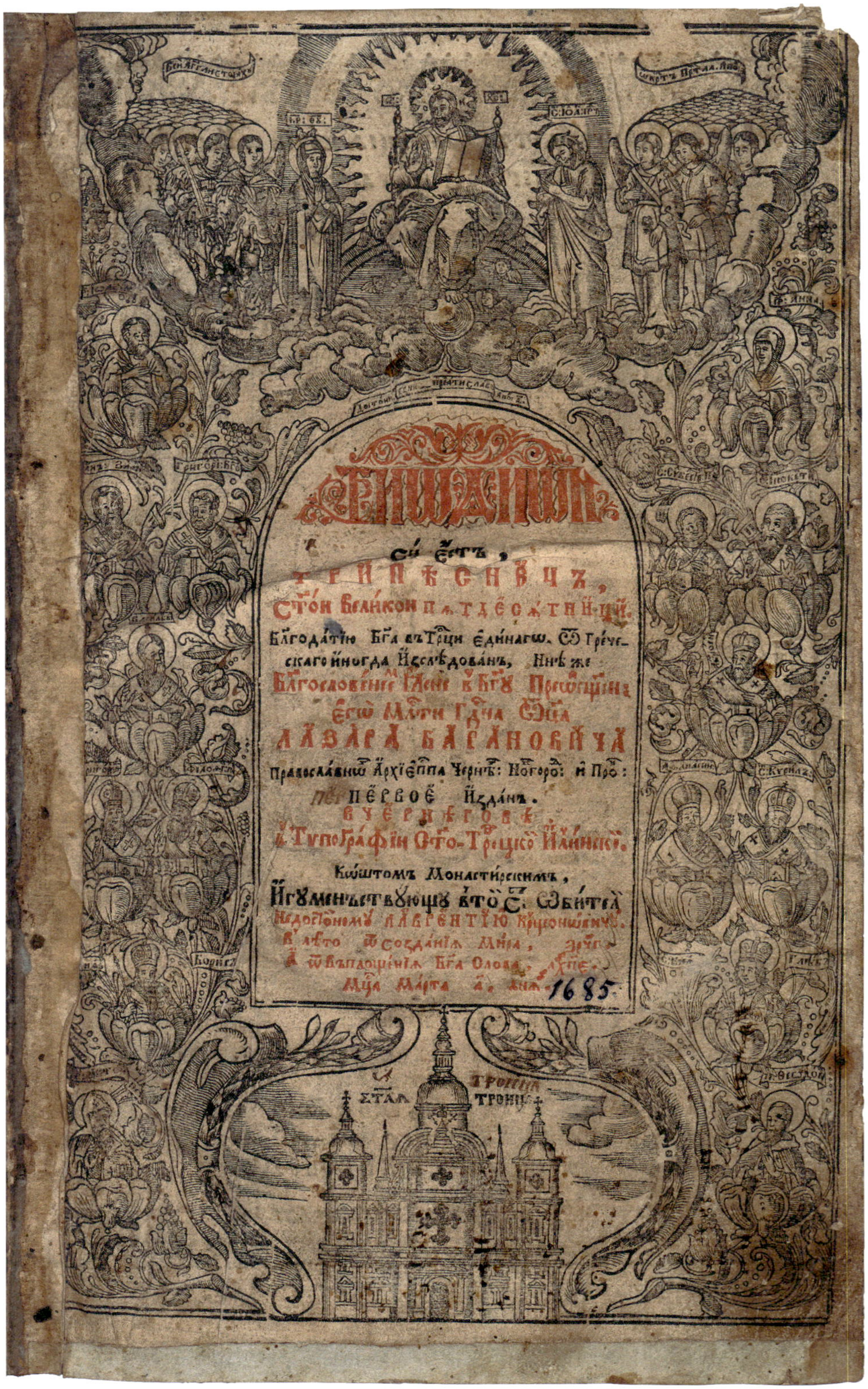

Zu den bedeutendsten Druckereien des 17. Jahrhunderts in den ukrainischen Gebieten zählt die Druckerei des Kyjiwer Höhlenklosters, die seit ihrer Gründung im Jahr 1615 über 400 Jahre lang ohne Unterbrechung tätig war. In ihren Publikationen verwendete die Druckerei ein Bild der Hauptkirche des Klosters, der Mariä-Himmelfahrts-Kirche,[25] am unteren Teil der Titelseite (Abb. 12); auf deren Rückseite waren die Wappen der jeweiligen Auftraggeber abgedruckt. Auch die Druckerei des Dreifaltigkeitsklosters in Tschernihiw verwendete das Bild der Hauptkirche des Klosters auf den Titelseiten ihrer Publikationen als Druckermarke (Abb. 13).[26]

Bekannt ist zudem, dass Druckermarken auch in den Publikationen der Wanderdruckereien verwendet wurden, die ab dem letzten Drittel des 16. Jahrhunderts in der Ukraine entstanden. Die erste dieser Druckereien auf ukrainischem Boden wurde 1578 in Lwiw erwähnt: eine Wanderdruckerei der königlichen Kanzlei, die als Filiale der Warschauer Druckerei von Mykola Scharfenberger fungierte. Geleitet wurde sie von Walentyn Lapka. Es ist bekannt, dass Lapka während der mehrmonatigen Aufenthalte der Druckerei in verschiedenen Städten auch mit Büchern anderer Verleger:innen handelte. Der Katalog von Jaroslaw Issajewytsch und Yakim Zapasko verzeichnet fünf Veröffentlichungen dieser Druckerei in lateinischer und polnischer Sprache: Jan Kochanowski, *Dryas Zamchana Polonice et Latine. Pan Zamchanus Latine* (1578), *Sokołowski Stanislaus, Concio de vestitus et fructu haereseon* (1578), *Conciones duae* (1578). Auf dem Titelblatt der ersten Ausgabe des Buches *Dryas Zamchana Polonice et Latine. Pan Zamchanus Latine* ist das Druckerzeichen der Wanderdruckerei zu sehen: ein symbolisches Bild eines jagenden Adlers in einer Naturkulisse und einer Stadt in der Ferne. Im oberen Teil der Marke befindet sich eine Banderole mit einer lateinischen Inschrift.

Im Jahr 1611 wurde im Dorf Bonewiczy bei Dobromyl eine Druckerei gegründet und der Drucker Jan Szeliga aus Krakau wurde dorthin eingeladen. Diese Druckerei war etwa sechs Jahre lang in Betrieb. In dieser Zeit wurden 13 Bücher veröffentlicht – die Chronik von Jan Długosz (Abb. 14) und die Geschichte Polens von Wincenty Kadłubek, Werke von Stanisław Orzechowski, die Thesen von Bohdan Krupka über die Philosophie von Duns Scotus. Die Druckermarke dieser Druckerei befindet sich u. a. auf der Titelseite des Buches *O przyjaźniach i przyjaciołach* (Freundschaft und Freunde), das in den Jahren 1611–1616 in Dobromyl gedruckt wurde. Das Buch wurde unter dem Pseudonym Andrzej Maczuski veröffentlicht und ist eine Zusammenstellung von Werken Platons, Plutarchs und Ciceros. Das Druckerzeichen wurde wahrscheinlich von Jan Szaszny Gerburt und seiner Frau, der Fürstin von Ostroh, Elizaweta Zasławska, entworfen. Das Bild basiert auf drei Säulen, von denen die mittlere das Wappen von Gerburt trägt, die heraldisch linke das Wappen der Familie

25 *Zlatoust* 1624.
26 *Triod' tswitna* 1685.

Ostroh; eine Säule ist wappenlos. Eine Banderole mit der Aufschrift „Prawdą a Pracą“ (Wahrheit und Arbeit) verbindet die Säulen.[27] Das Buch ist nur in einem Exemplar überliefert, das in der Sammlung der Jagiellonen-Universität in Krakau aufbewahrt wird.

Zusammenfassend lässt sich festhalten, dass sich bereits in der Frühphase des ukrainischen Buchdrucks eine multikonfessionelle und mehrsprachige Realität abzeichnete, die die Vielfalt der Gesellschaft widerspiegelte. Dies schlug sich auch in der Buchgestaltung nieder – etwa in der Verwendung von Druckerzeichen, deren Motive wanderten und sich wandelten.

Die Überlagerungen, die sich mit dem Wandel gestalterischer und auszeichnender Elementen in den Druckerzeichen zeigen, spiegeln im übertragenen Sinn auch die Mehrfachidentität der Ruthen:innen wider: Neben Ukrainisch verwendeten sie Polnisch und Latein, in einigen Fällen auch Griechisch, Hebräisch oder Deutsch. Mit dem Aufkommen der ersten Druckereien auf ukrainischem Gebiet in der Polnisch-Litauischen Republik wurde Ukrainisch nicht nur in kyrillischer, sondern auch in lateinischer Schrift gedruckt. Das Konzept einer Mehrfachidentität, bei der sich die Menschen zugleich als Ruthen:innen und polnisch-litauisch verstanden, war im damaligen Alltag verankert und schuf zugleich den Raum, ihre Sprache und Kultur zu bewahren und weiterzuentwickeln.

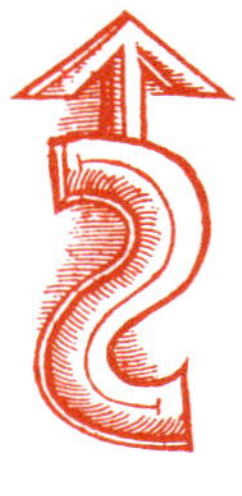

27 Długosz 1615.

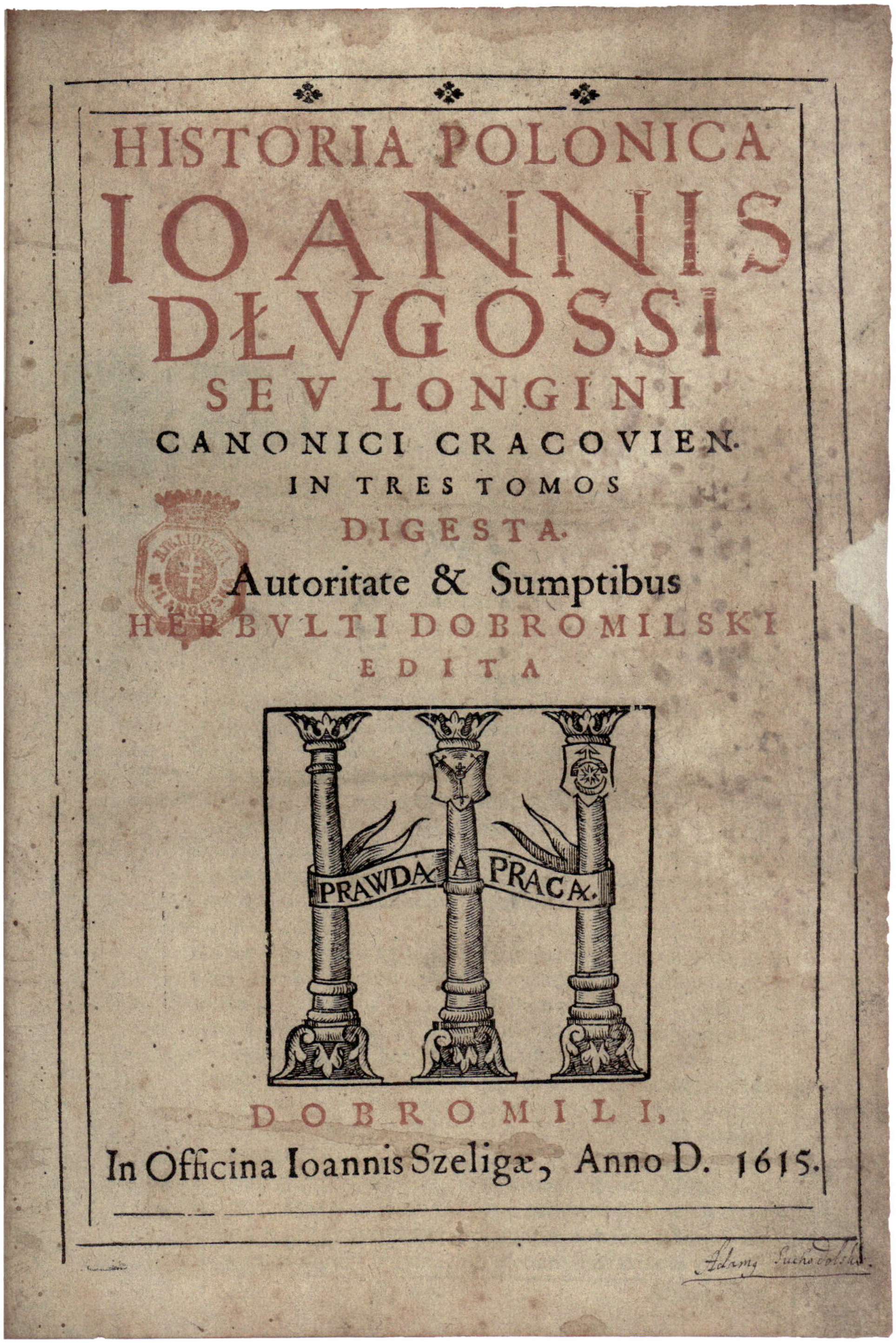
HISTORIA POLONICA
IOANNIS
DŁVGOSSI
SEV LONGINI
CANONICI CRACOVIEN.
IN TRES TOMOS
DIGESTA.
Autoritate & Sumptibus
HERBVLTI DOBROMILSKI
EDITA

PRAWDA A PRACA

DOBROMILI,
In Officina Ioannis Szeligæ, Anno D. 1615.

Abb. 14 | Titelblatt mit dem Druckerzeichen der Officina Ioannis Szeligae (Jan Szaszny Gerburt, Dobromyl), in: *Długosz* 1615. Nationalbibliothek Warschau, SD W.3.717

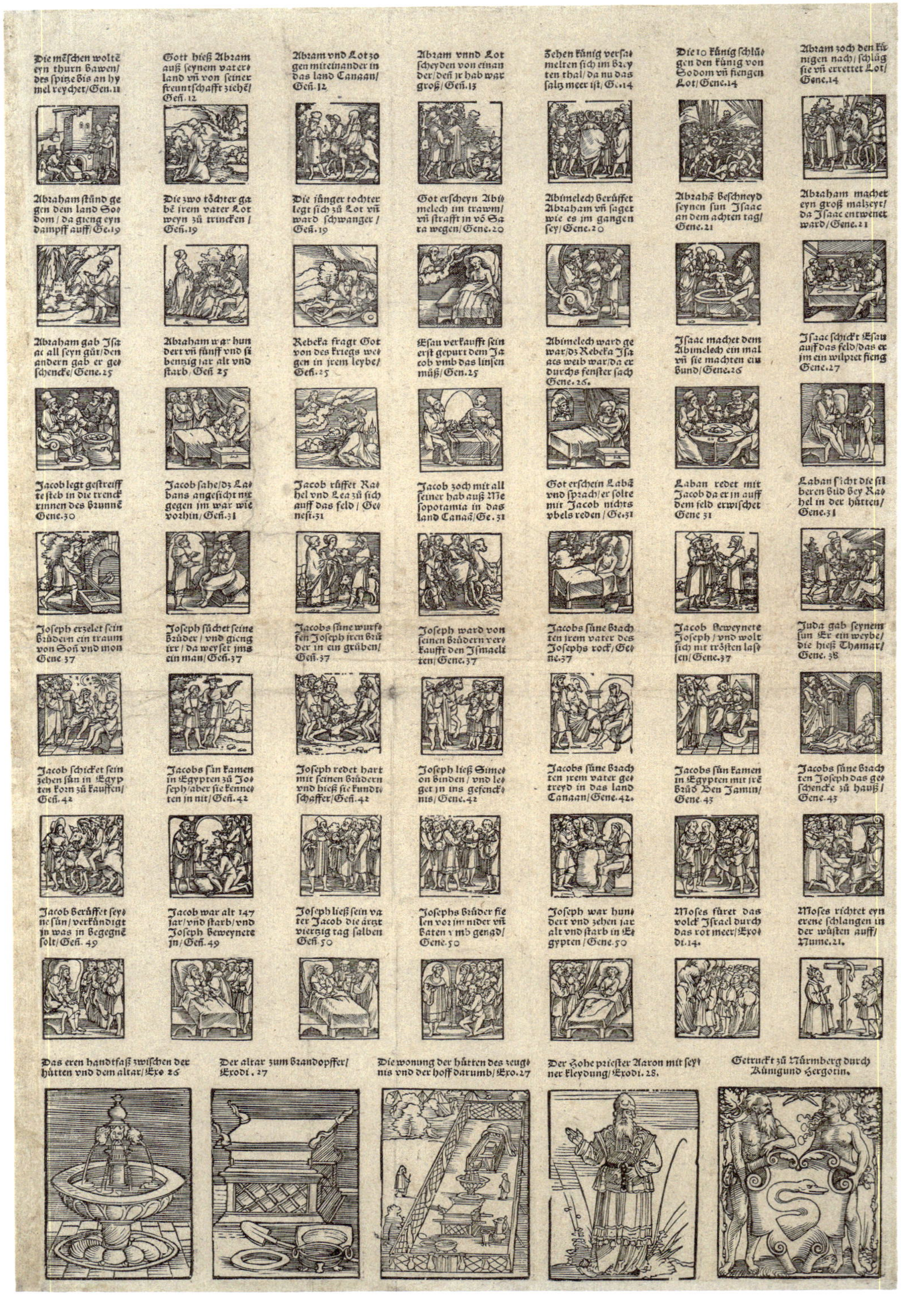

Abb. 1 | Druckerzeichen von Kunigunde Hergot (unten rechts), in: *Die fürnemesten Hystorien oder geschicht des Ersten buchs Mose*, Holzschnittfolge des Sebald Beham, 3. Blatt. Dresden, Kupferstich-kabinett – Staatliche Kunstsammlungen Dresden, A 1886-55

DRUCKERINNEN
AUS NÜRNBERG. ZWEI VON FRAUEN GELEITETE OFFIZINEN, IHRE IMPRESSEN UND SIGNETS

CHRISTINE SAUER

Die Quellenlage zum Nürnberger Druckgewerbe im 16. und 17. Jahrhundert ist hervorragend: Zum einen sind für diesen Zeitraum Namenslisten der Drucker nahezu lückenlos erhalten und seit 2003 in einer Edition verfügbar.[1] Zum anderen ist die hergestellte Ware mit großer Vollständigkeit in zwei Verzeichnissen erfasst.[2] Seit 1513 mussten die Drucker zu Beginn eines jeden Amtsjahres nach Ostern im Rathaus vorstellig werden und ihren Schwur auf die Pflicht erneuern, beim Rat jeden Druck vor dem Erscheinen zur Prüfung einzureichen. Die Ablegung des Eides wurde im Ämterbüchlein namentlich protokolliert.[3] Durch diese in Verbindung mit der Zensur stehende Maßnahme sind nicht nur die Tätigkeitszeiträume der Drucker genau belegt. Festgehalten wurde so auch, wer im Todesfall eine Offizin weiterführte: Es erschien dann zumeist die Witwe eines verstorbenen Druckers zum Schwur. Gemäß einer für alle Handwerke geltenden Regel konnte der Ehefrau die Aufrechterhaltung der Werkstatt erlaubt werden im Fall von Abwesenheit oder Tod des Meisters – bis zur Wiederverheiratung mit einem Nachfolger oder bis ein Nachkomme seine Lehre abgeschlossen hatte.[4] Obwohl von einer formalen Ausbildung ausgeschlossen, mussten sich in dieser besonderen Situation Frauen in leitender Funktion in einer Männerdomäne behaupten und konnten Spielräume einer aktiven Produktionsgestaltung ausloten. Unter den mindestens 14 Frauen, die im Zeitraum zwischen 1500 und 1800 für mehr als ein Jahr als Druckerinnen in Nürnberg tätig waren, ist nur für zwei die Verwendung einer Druckermarke nachweisbar.

KUNIGUNDE HERGOT

Als Hans Hergot wegen einer bei ihm vorgefundenen, als aufrührerisch eingestuften Schrift verurteilt und am 20. Mai 1527 in Leipzig enthauptet wurde, ging der Stadt Nürnberg der produktivste Drucker der Reformationszeit verloren.[5] Seine Witwe Kunigunde Hergot (†1547) sorgte für das Fortbestehen der Druckerei, indem sie sich bereits im Dezember 1527 mit Georg Wachter (†1547)

1 GRIEB 2003.

2 Zu VD 16 und VD 17 siehe den Beitrag von Saskia Limbach in diesem Band.

3 Siehe dazu FLEISCHMANN 2003 sowie die Edition von GRIEB 2003; zum 1513 eingeführten und 1518 verschärften Eid siehe ARND MÜLLER 1959, S. 71–74.

4 Zu Frauen im Druckgewerbe zuletzt mit weiterführender Literatur LIMBACH 2019, 2021, 2022a, 2022c und SAUER 2023.

5 SCHELLE-WOLFF 1996; RESKE/BENZING 2015, S. 726 f., 730 f., mit der älteren Literatur.

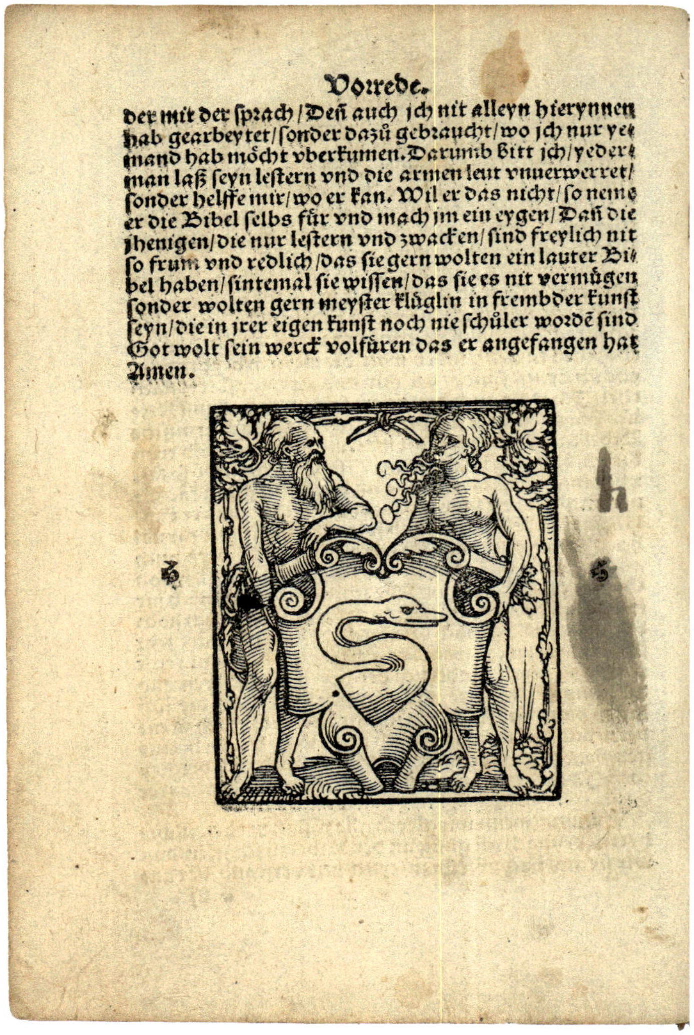
Vorrede.
der mit der ſprach/ Deñ auch jch nit alleyn hierynnen hab gearbeytet/ ſonder dazů gebraucht/ wo jch nur yemand hab möcht vberkumen. Darumb bitt jch/ yederman laß ſeyn leſtern vnd die armen leut vnuerwerret/ ſonder helffe mir/ wo er kan. Wil er das nicht/ ſo neme er die Bibel ſelbs für vnd mach jm ein eygen/ Dañ die jhenigen/ die nur leſtern vnd zwacken/ ſind freylich nit ſo frum vnd redlich/ das ſie gern wolten ein lauter Bibel haben/ ſintemal ſie wiſſen/ das ſie es nit vermůgen ſonder wolten gern meyſter klüglin in frembder kunſt ſeyn/ die in jrer eigen kunſt noch nie ſchůler wordē ſind. Got wolt ſein werck volfüren das er angefangen hat Amen.

Abb. 2 | Schlussblatt der Vorrede mit dem Druckerzeichen von Kunigunde Hergot, in: *Das alt Testament* 1530/31. Dresden, Sächsische Landesbibliothek – Staats- und Universitätsbibliothek Dresden (SLUB), Biblia.1928, Bl. Biii verso

wiederverheiratete. Gleichberechtigt lastete das Ehepaar die Druckerpressen aus: Für Georg Wachter sind Drucke aus den Jahren 1529/30 und von 1539 bis zu seinem Tod belegt; die Stellvertretung in seiner Abwesenheit aus unbekannten Gründen zwischen 1530 und 1539/40 übernahm die Ehefrau. Bemerkenswerterweise firmiert sie in den über 50 datierten Drucken aus diesem knappen Jahrzehnt nur in drei Fällen als Kunigunde Wachterin; stattdessen nutzte sie im Impressum den eingeführten Namen ihres ersten Ehemannes weiter und bezeichnete sich selbst als Kunigunde Hergot. Wie schon Hans Hergot druckte sie neben Luther-Bibeln vor allem Kleinschrifttum wie Reformationsschriften, Kalender und Prognostiken in der Volkssprache. Als neuen Schwerpunkt etablierte sie die Verbreitung der damals populären Liedschriften.

Bereits Hans Hergot hatte den Holzschnitt gezielt eingesetzt, um die Attraktivität von Druckwerken zu steigern, und zu diesem Zweck mit Nürnberger Kleinmeistern wie Sebald Beham (1500–1550) zusammengearbeitet. Kunigunde Hergot und Georg Wachter nutzten nicht nur den Vorrat an eingelagerten Holzstöcken aktiv weiter. Sie erweiterten darüber hinaus den Bestand oder ließen vorhandene Stöcke für thematisch auf einen Lieddruck abgestimmte Bilder überarbeiten.[6]

Als Druckerzeichen Kunigunde Hergots wird ein von Sebald Beham angefertigter Wappenholzschnitt betrachtet (Abb. 2). Er zeigt einen Wilden Mann und eine Wilde Frau als Halter eines Schilds mit Schwanenkopf.[7] Abgeschnittene oder abgerissene Tierköpfe mit geraden beziehungsweise flatternden Schnittkanten – so auch der des Schwans – sind in der Heraldik häufig vorkommende Gemeine Figuren. Mit dem Wissen um die Hinrichtung Hans Hergots ist die Druckermarke mit dem abgeschnittenen Schwanenkopf als Hinweis auf die Biografie des Druckers beziehungsweise als Solidaritätsbekundung zu den revolutionären Thesen der sozialutopischen Flugschrift interpretiert worden, die zu seinem Todesurteil führten.[8] Übersehen wurde bisher, dass die Druckerin das Wappen weder exklusiv noch extensiv eingesetzt hat: Sie nutzte vielmehr einen bereits von ihrem verstorbenen Ehemann Hans Hergot eingeführten Holzschnitt weiter, beschränkte aber wie dieser den Einsatz auf illustrierte Ausgaben des Alten und Neuen Testaments. Dabei erweist sich der Gebrauch des

6 Zur Kunigunde Hergot als Druckerin siehe SAUER 2023, S. 12–15 mit Kat. 1–8.

7 PAULI 1901, S. 303 Nr. 527 mit Taf. XXXI; zur Druckermarke GRIMM 1965, S. 178; SCHELLE-WOLFF 1996, S. 32 mit Anm. 8; KERSTING 2005.

8 GRIMM 1965, S. 178; KERSTING 2005; zum Inhalt der Flugschrift SCHELLE-WOLFF 1994, KAUFMANN 2022, S. 250–252.

Signets als gebunden an zwei zusammengehörende Serien kleiner, 25 × 26 mm messender Holzschnitte Sebald Behams: Die eine Folge umfasst 147 Bilder zum Leben Christi und der Apostel, die andere 169 Szenen aus der Genesis (1. Buch Mose).[9] Diese Zusammenhänge blieben bisher aufgrund der extremen Seltenheit der auf uns gekommenen Exemplare der Bibelausgaben unerkannt.

Als Lohndrucker produzierte Hans Hergot im Auftrag und auf Kosten eines Michael Kuder aus Wiesensteig bei Ulm zwischen dem 16. Juli und dem 18. Dezember 1526 1400 Exemplare eines *Neuen Testaments*. Die wesentliche Neuerung waren die in den Text eingeschobenen Illustrationen zum Leben Christi und der Apostel.[10] Der Wappenholzschnitt wurde auf dem letzten Blatt direkt unter dem Impressum platziert: „Getruckt zu Nůrmberg durch Hans Hergot. Im jar. M.D.XXVI."[11] Einen nur in einem Exemplar nachweisbaren Nachdruck – lediglich in der Anpassung des Namens im über dem Wappen abgedruckten Erscheinungsvermerk verändert – veranstaltete Kunigunde Hergot zwischen 1533 und 1539: „¶Gedruckt zů Nůrnberg durch Kunegund Hergotin".[12] Heute in keinem erhaltenen Exemplar mehr greifbar ist eine offensichtlich parallel zum *Neuen Testament* von Hans Hergot 1526 vollendete Teilausgabe des *Alten Testaments* mit der Holzschnittserie zum 1. Buch Mose, für die die Verwendung des Wappenholzschnitts unter der Vorrede verbürgt ist.[13] Im 1530/31 datierten Nachdruck wiederholt Kunigunde Hergot zum einen den Hinweis auf die Illustrationen im Titel: *Das alt Testament teutsch. Mit vil schönen Figuren/ (wie vor augen erscheinet)…*[14] Zum anderen kopiert sie die Vorlage und setzt auf der letzten Seite der Vorrede zur Druckermarke die Initialen ihres verstorbenen Ehemannes *H*[ans] *H*[ergot] (Abb. 2), obwohl sie sich selbst namentlich im Impressum am Schluss des Druckes nennt: „Gedruckt zu Nüremberg durch Künigund Hergottin. M.D.XXXI." Auch für ein Derivat der Buchausgabe des Alten Testaments, das Kunigunde Hergot wahrscheinlich nach einer bereits auf Hans Hergot zurückgehenden Vorlage neu auflegte, kam die Druckermarke zum Einsatz: ein aus drei Folioblättern bestehender Einblattdruck mit der von kurzen Bilderläuterungen begleiteten Holzschnittfolge zur Genesis.[15] Das mittlere der wohl zur Wandmontage nach dem Vorbild eines Triptychons gedachten Blätter trägt als Überschrift den Titel: *Die fürnemesten Hystorien oder geschicht des Ersten buchs Mose*, das dritte Blatt ist rechts unten mit dem Erscheinungsvermerk und dem Schwanenkopfwappen versehen: „Getruckt zů Nůremberg durch Kůnigund Hergotin" (Abb. 1).

Die hier genannten Beispiele lassen folgende Rückschlüsse zu: Die Verwendung des um 1526 entstandenen Wappenholzschnitts eines Schwanenkopfs ist bereits für Hans Hergot belegt und durch daneben gesetzte Initialen in der Bedeutung einer Druckermarke bestätigt. Der Einsatz scheint gekoppelt zu sein an und begrenzt auf zwei gleichzeitig angefertigte Holzschnittfolgen Sebald

9 PAULI 1901, S. 304–319 Nr. 528–674, S. 276–304 Nr. 359–527; GLASER 1916. – PAULI 1901, S. 304, verweist auf den engen Zusammenhang der beiden Serien.

10 Zum Vertrag LOOSE 1879, Sp. 294 f.; zum Verleger BENZING 1977, Sp. 1196; zur Ausstattung PAULI 1901, S. 303–319 Nr. 527–674 mit Taf. XXXI; zum Druck SCHELLE-WOLFF 1996, S. 48 f., 58 f., 72 f.

11 PANZER 1788–1805, Nr. 2986 zitiert das Impressum und beschreibt das „Druckers Zeichen", missversteht aber die Darstellung: „Adam und Eva stehend halten einen Schild, in welchem der Schlangenkopf abgebildet ist." – Das einzige erhaltene Exemplar dieser Ausgabe (VD 16 B 4369; Erlangen-Nürnberg, Universitätsbibliothek, H62/CIM.O 5) ist am Ende defekt.

12 VD 16 ZV 1838; zum Exemplar Stuttgart, Württembergische Landesbibliothek, Sign. B deutsch 1533-05, siehe STROHM 1987, S. 149 Nr. E264.

13 GLASER 1916 nach einem verschollenen Exemplar im Kupferstichkabinett Dresden, zum Wappen Sp. 260.

14 VD 16 ZV 1557 (auf dem Titelblatt datiert 1530, im Kolophon datiert 1531); einziges Exemplar Dresden, Sächsische Landesbibliothek – Staats- und Universitätsbibliothek Dresden (SLUB), Sign.: Biblia. 1928. Ich danke Janica Kuhr und Paul Träger, Dresden, Sächsische Landesbibliothek – Staats- und Universitätsbibliothek, für Informationen und Arbeitsfotos des jetzt auch als Volldigitalisat verfügbaren Drucks.

15 Dresden, Kupferstichkabinett, Inv.-Nr. A 1886-55-57; GLASER 1916, Sp. 260 f.

Behams zum Alten und Neuen Testament, bei deren Einsatz zumindest in einem Fall ein Michael Kuder als Verleger bezeugt ist. Kunigunde Hergot druckte nicht nur die illustrierten Oktavausgaben der Bibel, sondern auch die auf der Grundlage der Bildfolgen entstandenen Einblattdrucke nach. Nur in diesen Fällen griff sie auf den Wappenholzschnitt zurück. Diese eingeschränkte Verwendung des Schwanenkopfwappens in der Offizin Hergot ist ungewöhnlich. Möglicherweise bietet der hier aufgedeckte Kontext neue Ansatzpunkte für eine Deutung.[16]

KATHARINA GERLACH

In zweiter Ehe heiratete Katharina († 1591), geborene Bischoff und verwitwete Schmid, 1541 den ohne Studienabschluss als Glaubensflüchtling nach Nürnberg gekommenen Johann vom Berg († 1563) aus Gent. Die von ihm gegründete Druckerei führte sie als Witwe interimsmäßig bis zur Heirat 1565 mit ihrem dritten Mann Dietrich Gerlach († 1575) und nach dessen Tod dauerhaft bis zu ihrem Lebensende zusammen mit einer Erbengemeinschaft fort, damit schließlich ihr Enkel Paul Kauffmann (1568–1632) die Leitung übernehmen konnte.[17] Mit theologischen Schriften in Latein, Andachtsliteratur in Deutsch sowie einer Spezialisierung auf den Musikdruck war das Angebot der Druckerei deutlich anspruchsvoller als bei der Offizin Hans Hergots.[18] Die Leistungen Johann vom Bergs wurden nicht nur in einer bemerkenswert frühen Funeralschrift gewürdigt, sondern fanden weit über Nürnberg hinaus Anerkennung.[19] Dietrich Gerlach und insbesondere Katharina Gerlach knüpften bewusst an die von Johann vom Berg gesetzten verlegerischen Schwerpunkte an, pflegten Kontakte zu Autoren oder Komponisten beziehungsweise bauten diese aus.[20] Erst für Katharina Gerlach sicher belegt sind zusätzliche Funktionen wie Amtsdruckerin und Universitätsdruckerin in Altdorf sowie die Ausweitung des Repertoires auf Gelegenheitsschriften.[21]

Das Ansehen, das Johann vom Berg und seine Druckerzeugnisse genossen, suchten sich seine Nachfolger zunutze zu machen, indem sie seinen Namen als Garanten hochstehender Qualität wie ein Gütesiegel im Impressum weiterführten. Im Erscheinungsvermerk nannte sich die Witwe namentlich, ergänzte diese Angabe jedoch häufig um einen summarischen Verweis auf die das Erbe Johann vom Bergs verwaltende Gemeinschaft: „Gedruckt zu Nůrnberg/ durch Katharinam Gerlachin/ vnd Johanns vom Berg Erben.“ (Abb. 3) beziehungsweise „Impressae Noribergae, in Officina typographica Katharinae, Theodorici Gerlachij relictae Viduae, & Haeredum Ioannis Montani.“

Noch eindrücklicher als in der verbalen Form verleiht das meist zusätzlich genutzte Druckerzeichen mitsamt einem typografischen Motto der Kontinuität visuell Ausdruck: Beide waren bereits von Johann vom Berg gewählt worden und

16 Eine Deutung als Zeichen der Dichter und Gelehrten diskutieren Grimm 1965, S. 178; Kersting 2005; vgl. Henkel/Schöne 1967, Sp. 814.

17 Zu Druckern und Druckerin Reske/Benzing 2015, 738–740, 755–757, 761 f., 766 f.; zu Johann vom Berg Jackson 1998, zu Katharina Gerlach Jackson 1999, Hanisch/Willasch 2018, Jackson 2023, S. 32–39.

18 Dazu die in der vorangehenden Anm. genannte Literatur sowie das für Katharina Gerlach überlieferte Schriftenverzeichnis; dazu Sauer 2023, Kat. 20.

19 Zu den Würdigungen Johann vom Bergs Jackson 1998, Appendix I, zur Funeralschrift Anm. 24.

20 Sauer 2023, Kat. 11–12, 23–26.

21 Ebd., Kat. 13–15, 18, 21–22.

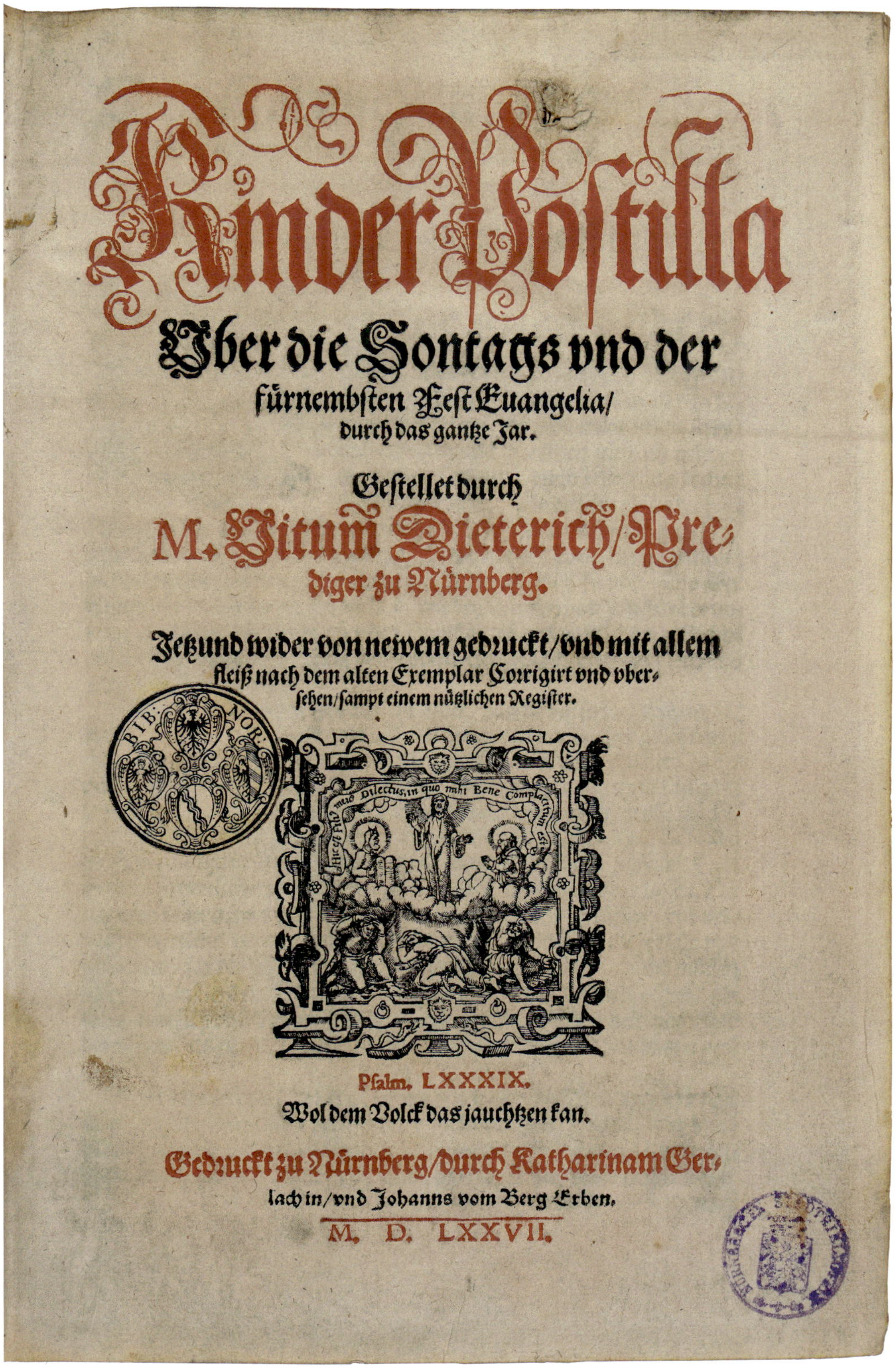

Kinder Postilla
Vber die Sontags vnd der
fürnembsten Fest Euangelia/
durch das gantze Jar.
Gestellet durch
M. Vitum Dieterich/Pre-
diger zu Nürnberg.
Jetzund wider von newem gedruckt/vnd mit allem
fleiß nach dem alten Exemplar Corrigirt vnd vber-
sehen/sampt einem nützlichen Register.
Psalm. LXXXIX.
Wol dem Volck das jauchtzen kan.
Gedruckt zu Nürnberg/durch Katharinam Ger-
lachin/vnd Johanns vom Berg Erben.
M. D. LXXVII.

Abb. 3 | Titelblatt mit dem Drucker-
zeichen von Katharina Gerlach,
in: DIETRICH 1577. Stadtbibliothek
im Bildungscampus Nürnberg,
Theol. 748. 2°

Abb. 4 | Schlussblatt mit dem Druckerzeichen von Johann vom Berg, in: Mathesius 1562. Stadtbibliothek im Bildungscampus Nürnberg, Theol. 783. 2°

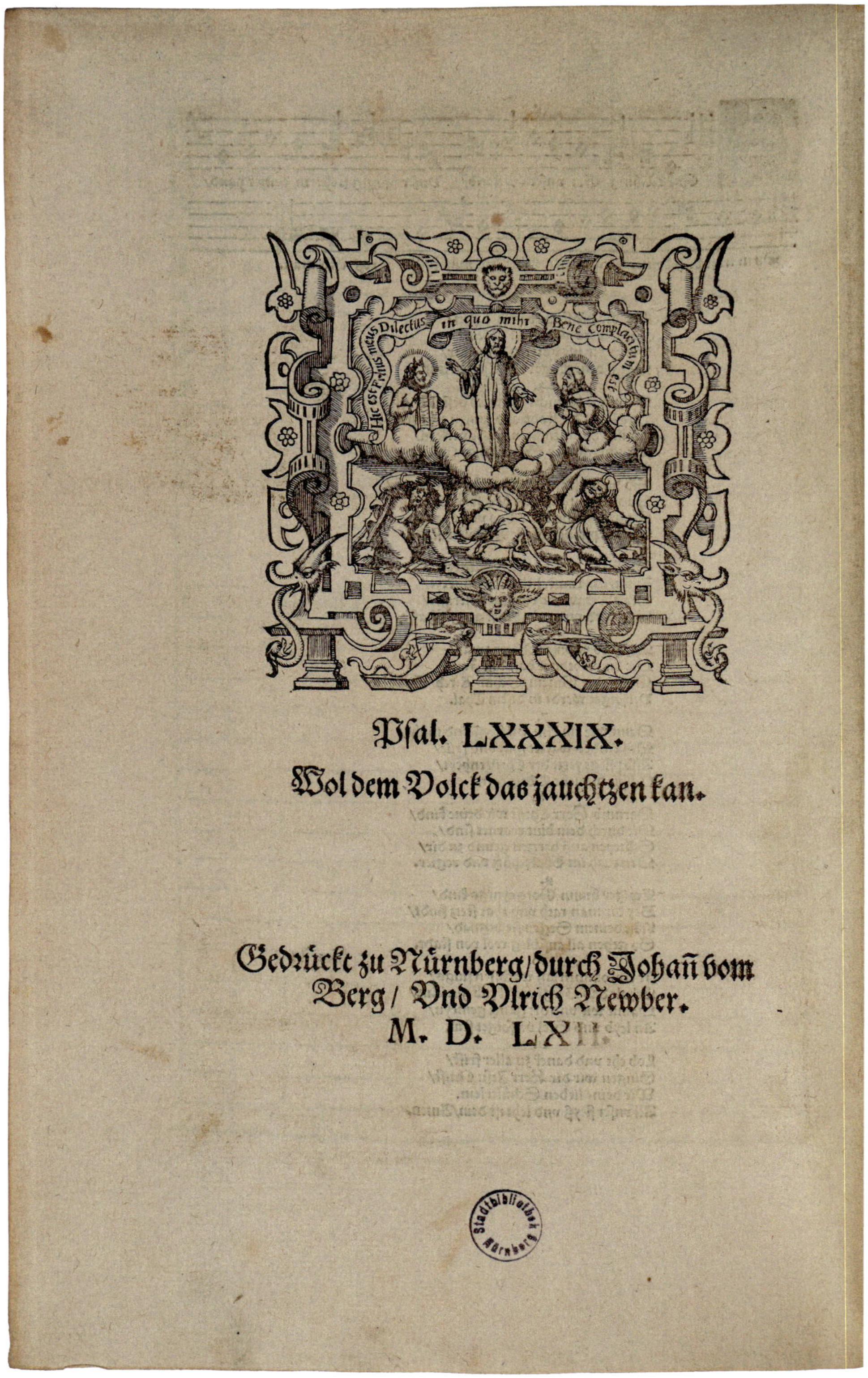

Psal. LXXXIX.
Wol dem Volck das jauchtzen kan.

Gedrückt zu Nürnberg/durch Johañ vom Berg/ Vnd Vlrich Newber.
M. D. LXII.

blieben über Jahrzehnte in Gebrauch (Abb. 3–4).[22] Das Signet zeigt eine Szene aus dem Leben Christi in einer in der Bibel explizit benannten Landschaft: Jesus nimmt drei seiner Jünger mit auf einen hohen Berg und erscheint ihnen dort verklärt zwischen Moses und Elias (Mt 17,1–13). Hat das Motiv der Verklärung mit deutlich wiedergegebenem Berg somit auf der einen Seite einen auf den Namen verweisenden Rebus-Charakter, so ist es auf der anderen Seite als religiöses Bekenntnis des Druckers Johann vom Berg zu verstehen, der während des Studiums unter dem Eindruck der Schriften Martin Luthers konvertierte, daraufhin von seinem Vater verstoßen wurde und als Glaubensflüchtling in Nürnberg Aufnahme fand. In den mindestens sechs Holzstöcken unterschiedlichen Formats mit eckiger oder ovaler Rahmung, die über die Jahre für das Signet genutzt wurden, ist in drei Fällen das Bekenntnis Gottvaters zu seinem Sohn zitiert und somit der Charakter der Episode als Theophanie betont: „Hic est Filius meus dilectus in quo mihi bene conplacitum est“ (Mt 17,5; nach der Lutherbibel von 1545: „Dis ist mein lieber Son / an welchem ich wolgefallen habe.“). Das tiefe Vertrauen in das vom Gottessohn vollbrachte Erlösungswerk spricht auch aus dem in seiner Todesstunde von Johann vom Berg abgelegten Glaubensbekenntnis:

ORATIONES IN GYMNASIO ALTORFIANO PARTIM A RECTORE IOAN. THOMA Freigio I. V. D. recitatæ, partim Adolescentibus recitandæ traditæ.

CVM ALIIS QVIBVSDAM DOctorum virorum scriptis.

NORIBERGÆ.

cIↄ. Iↄ. LXXVIII.

Abb. 5 | Titelblatt mit der Verlegermarke der Reichsstadt Nürnberg, in: Freig 1578. Stadtbibliothek im Bildungscampus Nürnberg, Theol. 647. 8°

„Ich hoff auff Christum Gottes Son // Mein mitler/ Priester vnd Patron // Durch sein blut hat er mich erkaufft // Auff sein namen bin ich getaufft. // Umb sonst/ zu Gottes kind erwelt // Von sůnd bin ich auch loß gezelt. …“[23]

Das bereits von Johann vom Berg gewählte, unter dem Signet abgedruckte Motto vervollständigt die mit dem Bekenntnis einhergehende Heilsgewissheit: „Wol dem Volck das jauchzen kann [Herr sie werden im Liecht deines Andliz wandeln]“ (Ps 89,16). Die christliche Ikonografie der Druckermarke mag persönlich motiviert gewesen sein, entsprach jedoch auch dem Anspruch des Druckers und seiner Nachfolger, mit Werken protestantischer Theologen der Verstetigung der neuen Konfession zu dienen respektive mit Notendrucken einen Grundstock an Motetten für eine protestantische Liturgie zu liefern.[24]

Den bewussten Umgang mit der Druckermarke verdeutlicht der Vergleich mit den von Katharina Gerlach in ihrer Funktion als Amts- und Universitäts-

22 Grimm 1965, S. 310 f.; Wendland 1984, S. 231 f.; Jackson 1998, S. 66–75; Hanisch/Willasch 2018; Jackson 2023, S. 35 mit Abb. 3.4 und 3.5.

23 Epitaphia …, [Nürnberg: Johann vom Berg Erben, 1563], Bl. aiib–aiiia (vd 16 zv 3781; Volldigitalisat des Exemplars in der Stadtbibliothek im Bildungscampus Nürnberg, Sign. Will. iii. 888. 4°; zu dieser Schrift Sauer 2023, Kat. 10.

24 Zum Ziel der Musikdrucke Jackson 1998, bes. S. 162 f.

druckerin produzierten Mandaten, Ordnungen und Festschriften. Während Mandate und Verordnungen in der Regel ohne Impressum oder Druckermarke blieben, wurden auf Geheiß und Kosten des Rates gedruckte Werke, die wie die Festschrift zur Feier des Gründungstags der Universität Altdorf auch in den Verkauf gingen, mit dem Wappen der Auftraggeberin, also der Reichsstadt Nürnberg, versehen (Abb. 5).[25] Nicht mit Druckermarken zu verwechseln sind dagegen die auf Lehrbüchern von Katharina Gerlach eingesetzten Titelholzschnitte mit Personifikationen der sieben freien Künste, wie zum Beispiel der Grammatik (Abb. 6).[26]

Obwohl es in Nürnberg Frauen als Leiterinnen einer Offizin vom 16. bis in das 17. Jahrhundert hinein erlaubt war, sich namentlich in Erscheinungsvermerken zu nennen, ging keine der Druckerinnen so weit, für ihre Offizin ein Druckerzeichen zu prägen. Kunigunde Hergot und Katharina Gerlach führten eine auf ihre verstorbenen Ehemänner zurückgehende Druckermarke wie ein Gütesiegel fort. Als gegen Ende des 17. Jahrhunderts für Witwen eine Formel für das Impressum üblich wurde, die sich aus dem Namen ihres verstorbenen Ehemanns mit dem Zusatz „Witwe“ zusammensetzte, ging mit der Anonymisierung auch der Antrieb zur Entwicklung einer Druckermarke verloren.[27]

25 Sauer 2023, Kat. 13, 14, 22; Limbach 2021, S. 145 f.; sowie der Beitrag von Saskia Limbach in diesem Band.
26 Sauer 2023, Kat. 21.
27 Ebd., S. 24–27, bes. S. 27.

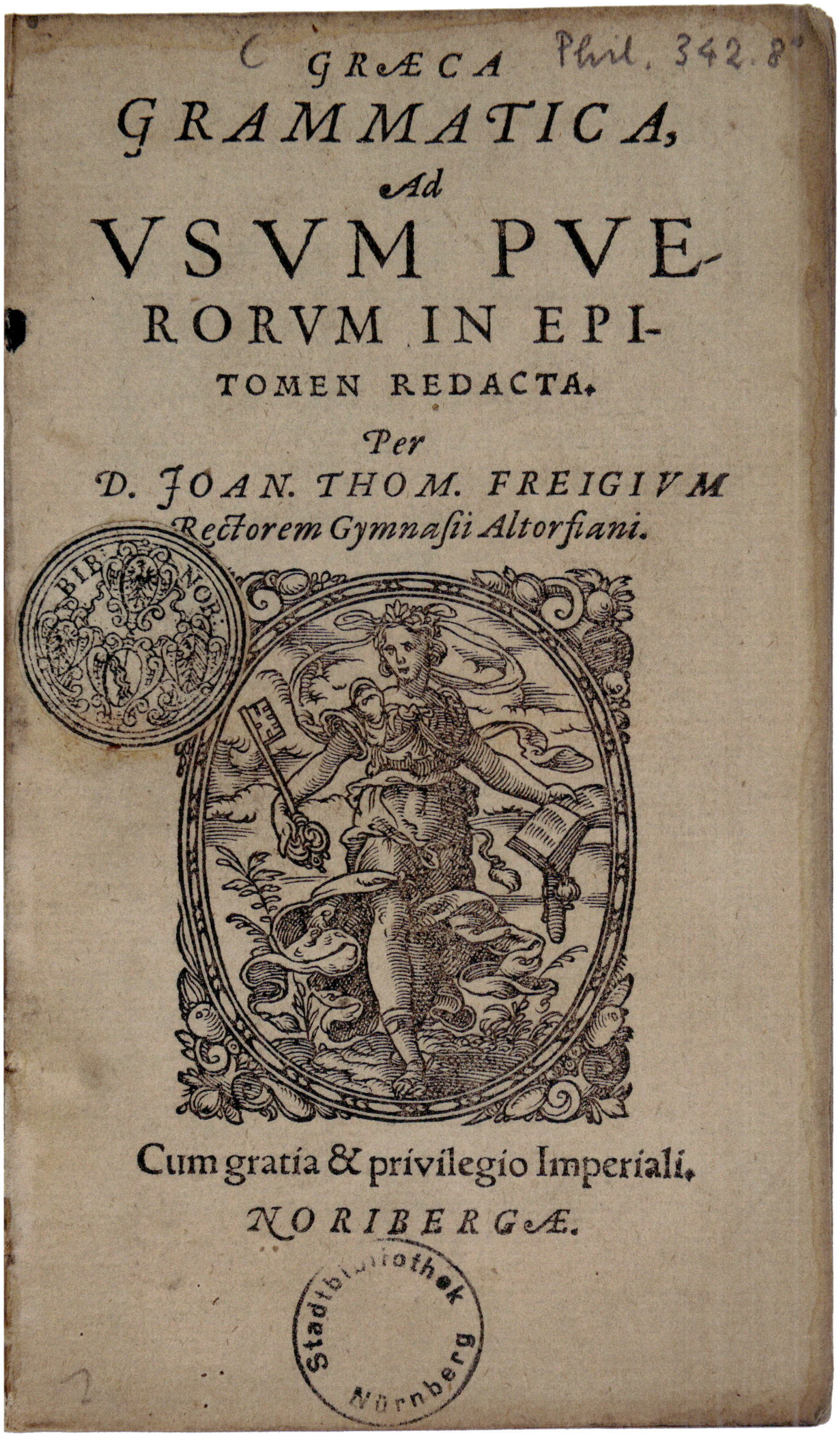

Abb. 6 | Titelblatt mit der Personifikation der Grammatik, in: Freig 1580. Stadtbibliothek im Bildungscampus Nürnberg, Phil. 342. 8°

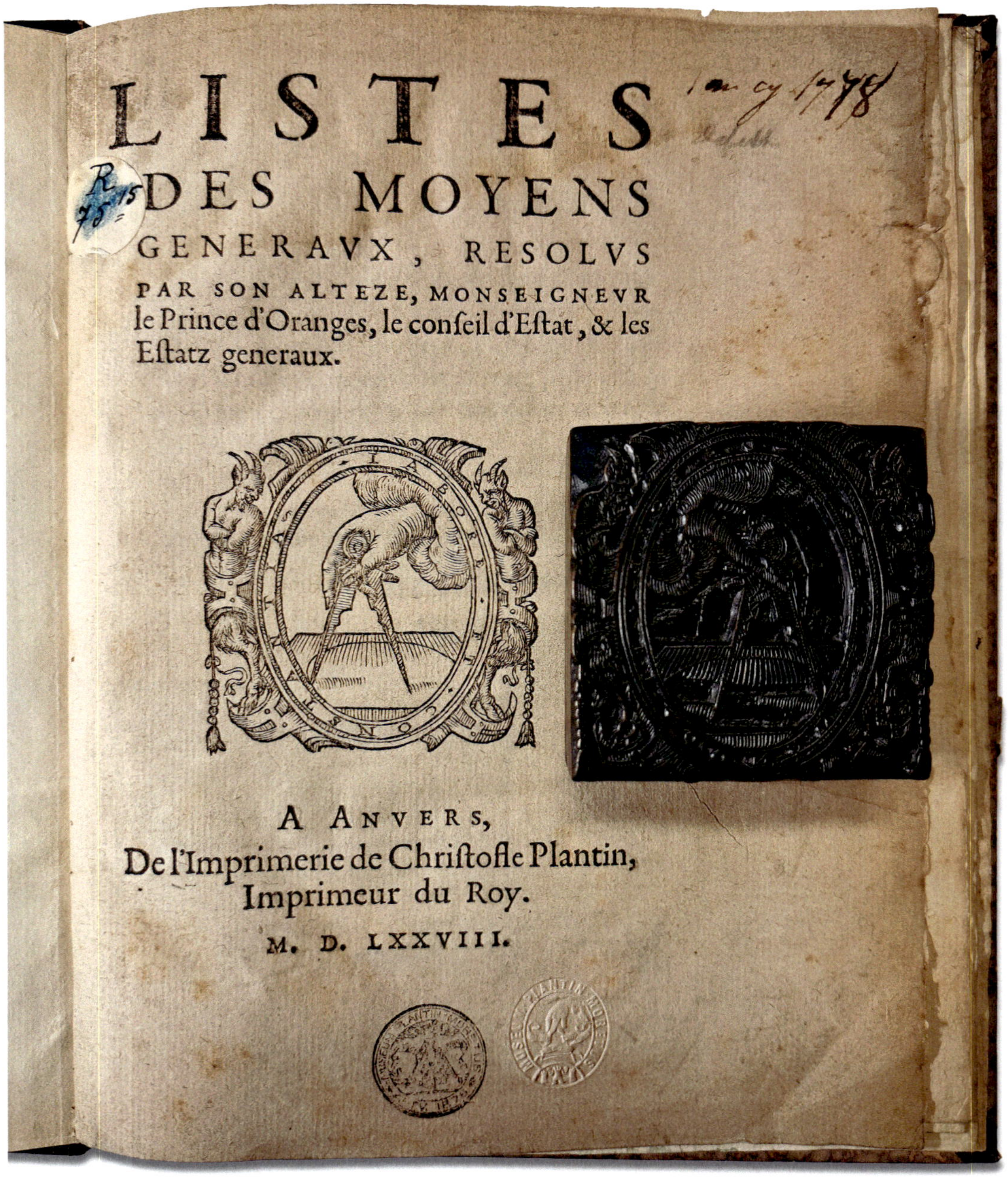

Abb. 1 | Druckstock und Titelblatt mit dem Druckerzeichen der Officina Plantiniana (Antwerpen), in: LISTES 1578. Museum Plantin-Moretus, Antwerpen, MPM.HB.08159

DURCH FLEISS UND AUSDAUER. DIE DRUCKSTÖCKE UND -PLATTEN DER OFFICINA PLANTINIANA (ANTWERPEN)

Joost Depuydt

Im Jahr 1549 ließ sich der Franzose Christophe Plantin in der Handelsmetropole Antwerpen nieder, wo er zunächst als Buchbinder sein Geld verdiente. Sechs Jahre später gründete er sein eigenes Verlagshaus mit Druckwerkstatt, die Officina Plantiniana, die sich zum größten Buchdruckunternehmen in Europa entwickeln sollte. Plantin galt als kluger Geschäftsmann, was sich besonders in seinem pragmatischen Umgang mit den politischen Wirren und religiösen Unruhen seiner Zeit zeigte: Er publizierte Werke sowohl von Protestanten als auch von Katholiken. Neben seinen zahlreichen Bibelausgaben und liturgischen Werken profilierte sich Plantin auch als einer der bedeutendsten Drucker humanistischer und wissenschaftlicher Literatur in der zweiten Hälfte des 16. Jahrhunderts. Zu seinen humanistischen Veröffentlichungen gehören Wörterbücher, Werke zur Grammatik, Geschichte und Politikwissenschaft, aber auch Fabeln und Emblembücher. Im wissenschaftlichen Bereich publizierte er in der Kartografie, Mathematik, Astronomie, Astrologie, Physik, Botanik und Medizin. Neben seiner Druck- und Verlagstätigkeit betrieb Plantin eine florierende Buchhandlung, in der er auch Bücher und Drucke anderer Verleger in hohen Zahlen vertrieb. In ihrer Blütezeit im Jahr 1574 verfügte die Officina Plantiniana über sechzehn Druckpressen und beschäftigte etwa sechzig Personen – für die damalige Zeit eine beeindruckende Dimension.[1] Eine vergleichbare Größenordnung wurde erst während der industriellen Revolution gegen Ende des 18. Jahrhunderts wieder erreicht.

Im Jahr 1557, zwei Jahre nach der offiziellen Gründung, richtete Plantin seine Druckerei im *Gulden Eenhoorn* (Goldenes Einhorn) in der Kammenstraat, dem Zentrum des Antwerpener Druckgewerbes, ein und benannte das Haus bald in *Gulden Passer* (Goldener Zirkel) um.[2] In den folgenden Jahren vergrößerte er sein Geschäft und zog mehrfach in größere Räumlichkeiten um. Als er schließlich 1576 an den *Vrijdagmarkt* übersiedelte, benannte er sein neues Haus erneut in *Gulden Passer* (Goldener Zirkel) um. Nach seinem Tod im Jahr 1589 führten seine Witwe Jeanne Rivière († 1596) und sein Schwiegersohn Joannes

1 Voet 1969–1972, Bd. 1, S. 81; Armstrong 1954, S. 46 f. bestätigt, dass Plantins Druckerei im Jahr 1574 viel größer war als die aller seiner Zeitgenossen. Die meisten Drucker in Paris, Genf oder London besaßen nur eine oder zwei Pressen. Druckereien, die mit sechs oder sieben Pressen arbeiteten, waren die Ausnahme. Armstrong kommt zu dem Schluss, dass die Officina Plantiniana für die Verhältnisse des 16. Jahrhunderts eine außergewöhnlich große Druckerei war.

2 Das Standardwerk über die Geschichte der Officina Plantiniana ist noch immer Voet 1969–1972.

Moretus (1543–1610), der Martina Plantin, eine der Töchter, geheiratet hatte, das Unternehmen weiter. Insgesamt lebten und druckten bis 1876 sieben weitere Generationen der Familie Moretus in diesem Haus und setzten die Drucktradition fort. Im Lauf der Zeit erweiterten die Familienmitglieder das Haus zu einem repräsentativen Patrizieranwesen und führten ihre traditionsreiche Druckerei weiter, die längst zu einem historischen Wahrzeichen geworden war. 1876 verkaufte Edward Moretus die Immobilie samt Ausstattung an die Stadt Antwerpen und den belgischen Staat mit dem Ziel, die Räume in ein öffentliches Museum umzuwandeln.

Der vorliegende Beitrag bietet einen Überblick über den außergewöhnlichen Bestand an Druckermarken der Officina Plantiniana, die in der Sammlung des Museums Plantin-Moretus erhalten geblieben sind. Er gewährt Einblicke in die Ikonografien, ihre Varianten sowie in die Herstellung der Druckstöcke und Kupferplatten. Darüber hinaus wird die Geschichte der Erforschung der Sammlung an Druckerzeichen und der Matrizen – also Holzstöcken und Kupferplatten – der Familie Plantin-Moretus nachgezeichnet.

IKONOGRAFIE DER DRUCKERMARKEN

Christophe Plantin und seine Nachfolger:innen stützten sich auf eine Vielzahl von Druckstöcken und Kupferplatten, die das Zeichen der Druckerei, den Goldenen Zirkel, zeigen.

Noch zu Beginn seiner Laufbahn (1555–1556) hatte Plantin ein Druckerzeichen verwendet, das einen Baumpfleger zeigt, umgeben von einer Kartusche mit dem Motto „Exerce imperia, et ramos compesce fluentes“ (dt.: Übe Autorität aus und halte die fließenden Zweige zurück). In diesen ersten Jahren nutzte er zudem ein anderes Zeichen: eine Weinrebe, umschlungen von einer Banderole mit dem Motto „Christus vera vitis“ oder „Vitis vera Christus“ (dt.: Christus ist der wahre Weinstock).

Abb. 2 | Kupferplatte mit dem Druckerzeichen der Officina Plantiniana (Antwerpen, 1625). Museum Plantin-Moretus, Antwerpen, MPM.KP.0110.A

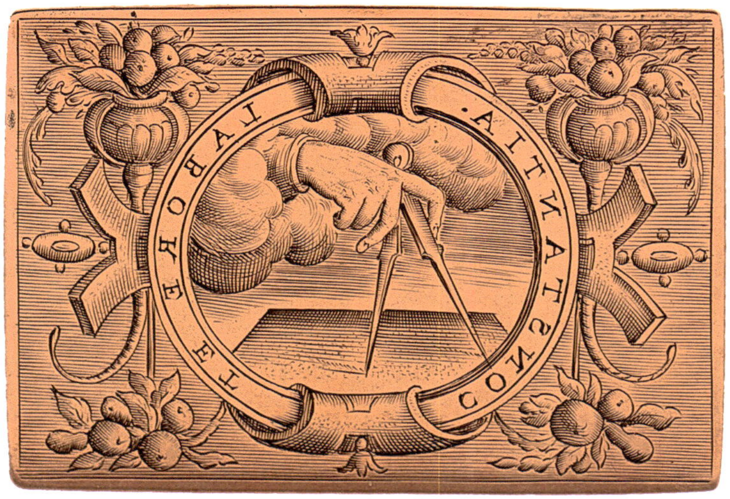

Abgesehen von diesen beiden Ausnahmen beziehen sich alle anderen Druckermarken auf den Goldenen Zirkel – den Namen des Hauses –, in der Regel in Verbindung mit dem Motto der Officina Plantiniana: „Labore et constantia“ (wörtlich „Durch harte Arbeit und Beständigkeit“, oder freier: „Durch Fleiß und Ausdauer“). Der Leitspruch wird dadurch durch den Zirkel verbildlicht: Der feste Schenkel steht für die Beständigkeit, der bewegliche für die Arbeit.

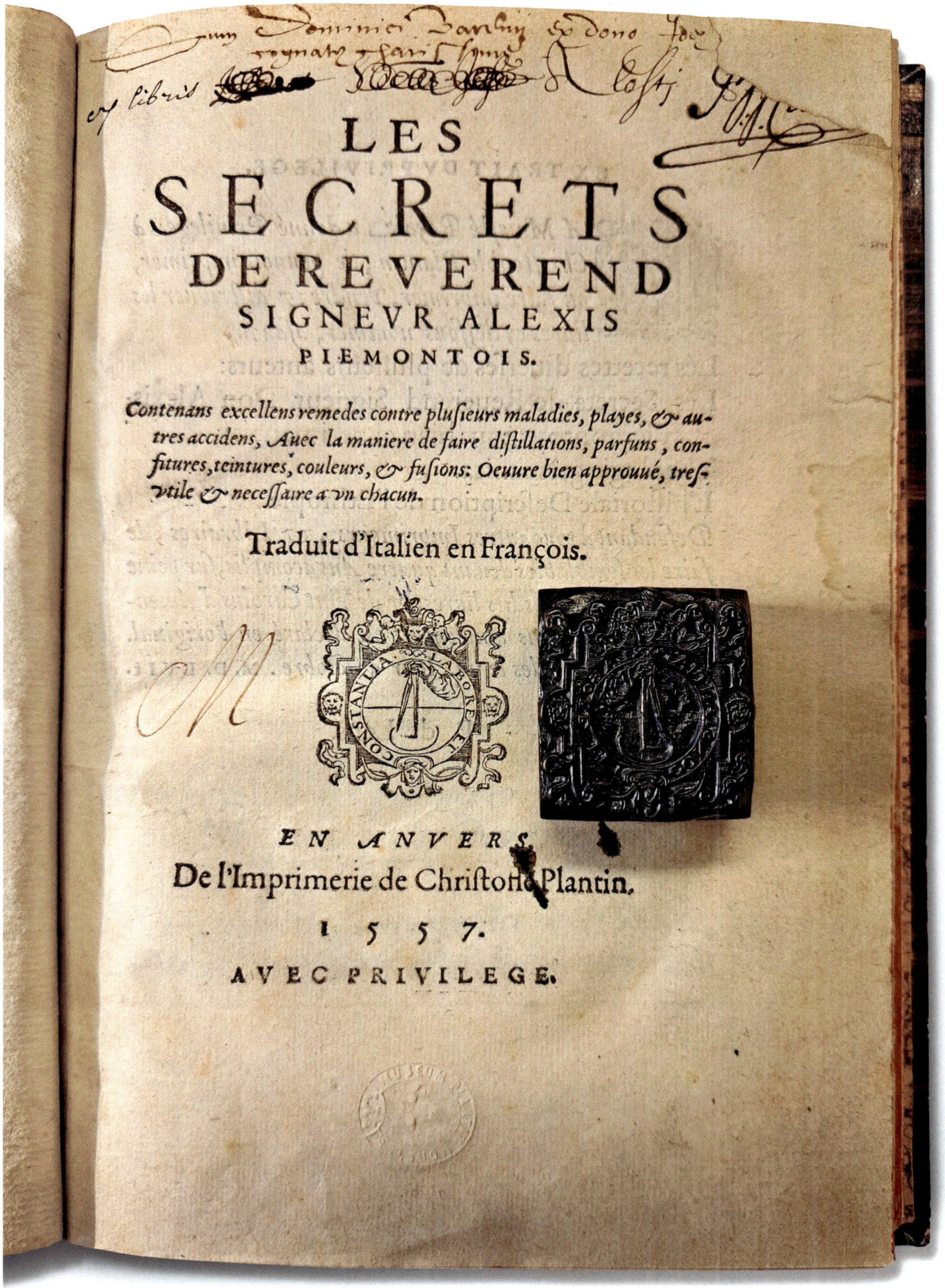

Abb. 3 | Druckstock und Titelblatt mit dem Druckerzeichen der Officina Plantiniana (Antwerpen), in: PIEMONTOIS 1557. Museum Plantin-Moretus, Antwerpen, MPM.HB.08174 und R 54.16

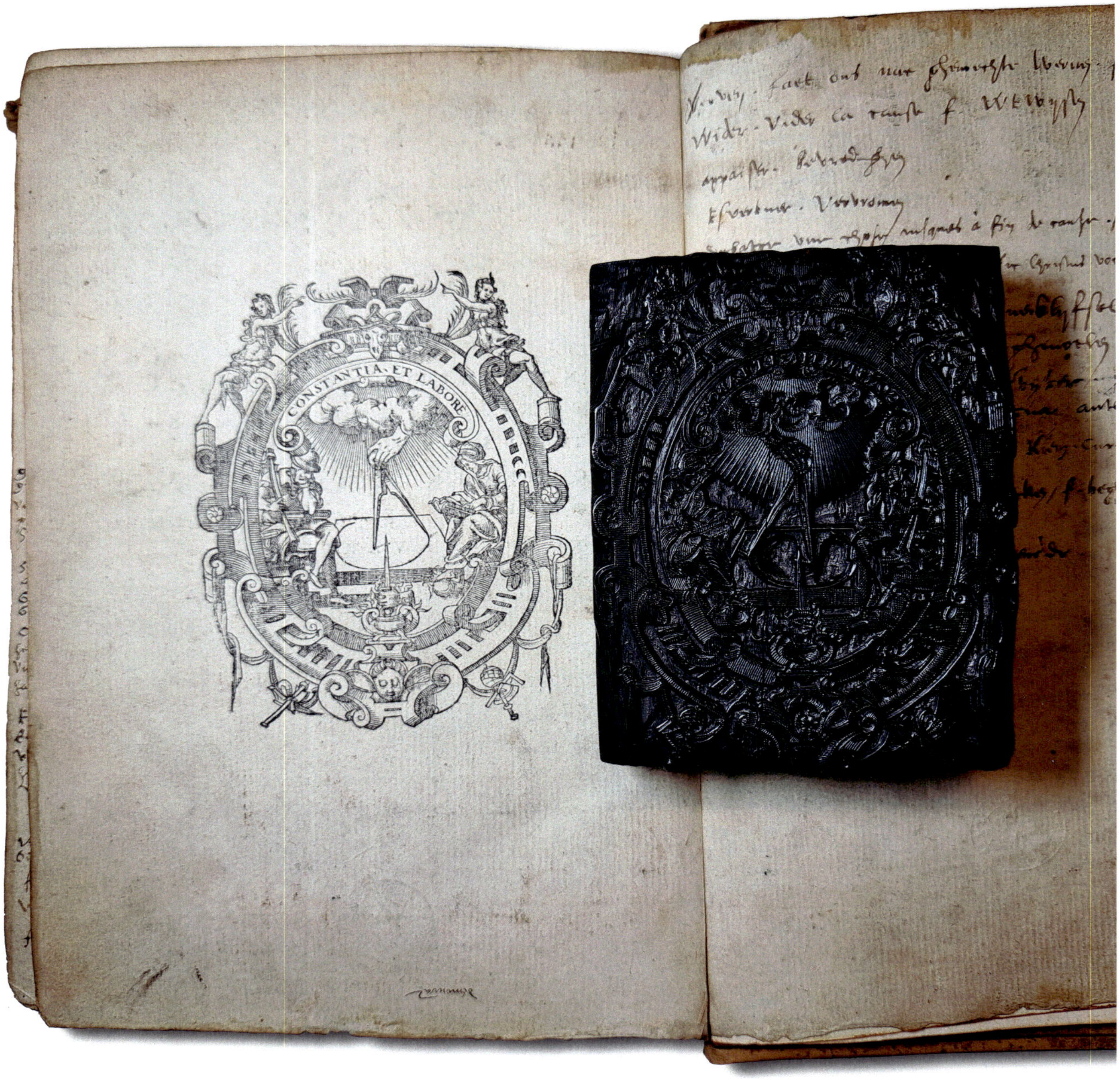

Abb. 4 | Druckstock und Schlussseite mit dem Druckerzeichen der Officina Plantiniana (Antwerpen), in: KILIAAN 1562. Museum Plantin-Moretus, Antwerpen, MPM.HB.08142 und R 24.15

Das gängigste Druckerzeichen zeigt den Zirkel, der von einer aus den Wolken auftauchenden Hand bedient wird, eingefasst in eine Kartusche. Mehr als fünfzig Varianten der Druckermarke folgen diesem Grundmuster (Abb. 1 und 2).[3] In einigen frühen Druckermarken fehlen die Wolken und der Zirkel wird stattdessen von einer Hand mit sichtbarem Unterarm bedient (Abb. 3). In einem Fall ehrte Christophe Plantin seinen Namenspatron, indem er den Goldenen Zirkel mit der Figur des heiligen Christophorus kombinierte, der das Jesuskind über den Fluss trägt.

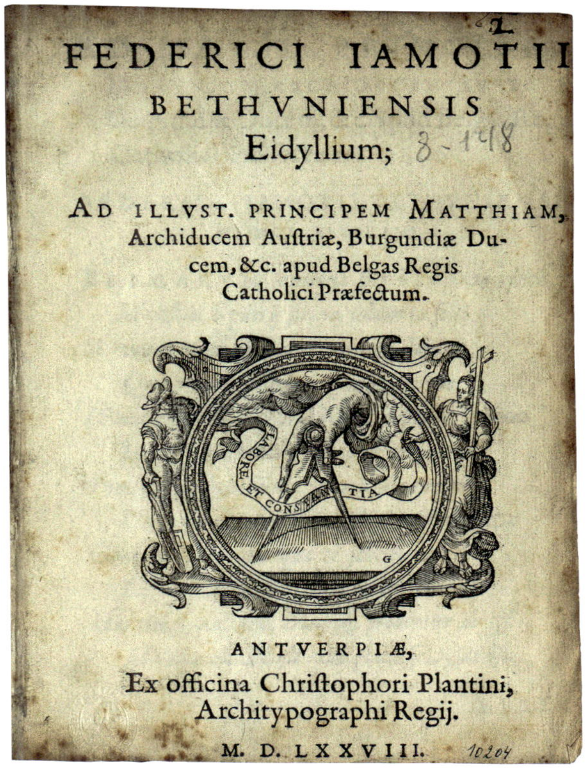
FEDERICI IAMOTII
BETHVNIENSIS
Eidyllium;
AD ILLVST. PRINCIPEM MATTHIAM, Archiducem Auſtriæ, Burgundiæ Ducem, &c. apud Belgas Regis Catholici Præfectum.

ANTVERPIÆ,
Ex officina Chriſtophori Plantini, Architypographi Regij.
M. D. LXXVIII.

Abb. 5 | Titelblatt mit dem Druckerzeichen der Officina Plantiniana (Antwerpen), in: JAMOTIUS 1578. Museum Plantin-Moretus, Antwerpen, 8 148

In einer weiteren Variante, mit der Plantin und seine Nachfolger:innen das Grundmotiv abwandelten, wurden die Tugenden Arbeit und Beständigkeit als Personifikationen hinzugefügt. Zwei frühe Druckerzeichen zeigen eine männliche Figur mit Hacke (Arbeit) und eine lesende Frau mit Buch (Beständigkeit), die in das zentrale Medaillon integriert sind (Abb. 4). Am häufigsten treten diese beiden Tugenden in Gestalt eines Mannes mit Spaten (Arbeit) und einer Frau mit Kreuz (Beständigkeit) auf; sie sind typischerweise als Teil der Kartusche um das zentrale Medaillon arrangiert (Abb. 5). In nur drei Fällen ist auch die Personifikation der Arbeit durch eine weibliche Figur mit Werkzeugen dargestellt. In späteren Ausführungen erscheint Herkules als Personifikation der Arbeit, während die Beständigkeit durch eine Frau verkörpert wird, die sich auf ein Podest stützt; der Druckstock wurde von Jan Christoffel Jegher geschnitten (Abb. 6).

In einigen wenigen Ausnahmefällen ist der Zirkel hinter einem Wappen oder einer Szene verborgen, die die Krönung der Gottesmutter zeigt. In anderen Ausführungen ist der Zirkel in eine Schlussvignette integriert oder erscheint eingebettet in einem dekorativen Holzschnittrahmen oder als Teil eines vollständig gestochenen Titelblatts. Eine besonders bemerkenswerte Druckermarke, signiert von Pieter van der Borcht („PB“) als Entwerfer und Geeraard Jansen van Kampen („G“) als Holzschneider, vereint drei Druckerzeichen (Abb. 7): Dabei hält der Zirkel Plantins die Zeichen von Philippus Nutius (links) und Joannes Steelsius (rechts) zusammen. Der Wahlspruch von Nutius, „Pietas homini tutissima virtus“ (dt.: Die Frömmigkeit der Menschen ist die sicherste Tugend), begleitet das Bild eines Storches, der seine Jungen im Nest füttert.[4] Das Motto von Steelsius, „Concordia res parvae crescunt“ (dt.: In Harmonie wachsen die kleinen Dinge), rahmt ein Medaillon mit einer Säule auf Sockel, flankiert von je einem Vogel.[5] Dieses Druckerzeichen wurde eigens für das gemeinsame Projekt von Plantin, Nutius und Anna van Ertborn, der Witwe von Steelsius, zur Veröffentlichung der *Decretales Gregorii IX* im Jahr 1573 entworfen.

3 Abb. 2 zeigt Zustand B der Ausgabe Franciscus Schottus, *Itinerarii Italiae rerumque Romanarum libri tres* (1625), mit dem von einer Kupferplatte gedruckten Druckerzeichen (limitierte Auflage). Bei der gewöhnlichen Ausgabe (Zustand A) hingegen ist das Druckerzeichen auf der Titelseite von einem Holzstock gedruckt.

4 Das Motto ist ein Zitat aus (Pseudo-) Vergils *Aetna*. Es schien ein beliebtes Motto unter Druckern zu sein, wie an den Familien Nutius und Verdussen in Antwerpen und Bertano in Venedig, die es verwendeten, ersichtlich.

5 Das Motto stammt aus Sallustius, *Bellum Iugurthinum*, X, 6.

Nur sehr wenige Druckerzeichen sind mit dem Namen ihrer Schöpfer versehen. Aus den erhaltenen Geschäftsarchiven der Officina Plantiniana wissen wir jedoch, dass neben Pieter I. van der Borcht (1530–1611) und Geeraard Jansen van Kampen (aktiv 1560–1592) auch andere Künstler wie Arnaud Nicolai (aktiv 1550–1596), Peter Paul Rubens (1577–1640), Christoffel Jegher (1596–1652) und sein Sohn Jan Christoffel Jegher (1618–1666), Tobias Stimmer (1539–1584) und Bernard Jobin († 1593) an der Gestaltung und Ausführung der Signets beteiligt waren. Weitere Nachforschungen in den Archiven könnten bislang unbekannte Namen zutage fördern.

HOLZSTÖCKE UND KUPFERPLATTEN

Die Mehrzahl der Druckermarken ist in der Technik des Holzschnitts ausgeführt. Der dabei verwendete Holzstock hatte den entscheidenden Vorteil, dass er zusammen mit dem Text auf die Seiten des späteren Buches gedruckt werden konnte. Von den etwa 100 verschiedenen Versionen der Druckermarken der Officina Plantiniana, die als Holzschnitte ausgeführt sind, sind heute 77 Holzstöcke in der Sammlung des Museums Plantin-Moretus dokumentiert – zwei davon verdienen besondere Erwähnung.[6]

In einem verblüffenden Fall unterlief dem Holzschneider ein Fehler: Er vergaß, den Text spiegelverkehrt zu schneiden – wie für Holzschnitte erforderlich – und fertigte eine Druckermarke an, deren Motto im Abdruck seitenverkehrt erschien (Abb. 8). Erstaunlicherweise hinderte das die Leidener Niederlassung der Druckerei nicht daran, diese Marke weiterhin regelmäßig zu verwenden.[7]

Jüngste Forschungen haben einen weiteren interessanten Druckstock zutage gefördert, der höchstwahrscheinlich nie für eine gedruckte Ausgabe verwendet wurde.[8] Er zeigt im oberen Bereich eine Allegorie des Papsttums, das die Ketzerei besiegt, flankiert von einem sechsköpfigen Drachen. Die eigentliche Druckermarke mit dem Zirkel ist in einem separaten Feld darunter platziert. Ein Probedruck des Blockes – vermutlich als Schlussstück konzipiert – wurde von Gonzales van Heylen, einem Antwerpener Holzschneider des frühen 18. Jahrhunderts, typografisch signiert; die Signatur selbst ist also nicht in den Druckstock eingearbeitet (Abb. 9).

Als Druckerei, die für ihre Qualität bekannt war, investierte die Officina Plantiniana ab 1566 verstärkt in Kupferstiche zur Illustration ihrer Druckausgaben. Diese mussten zwar separat auf einer Tiefdruckpresse gedruckt werden – nach dem Druck des Textes mit der Buchdruckpresse –, ermöglichten jedoch eine detailliertere und kunstvollere Illustration der Bücher. Etwa dreißig Druckermarken wurden mit einer Kupferplatte gedruckt. Da Kupfer ein wesentlich wertvolleres Material war (und ist) als Holz, wurden viele der

6 Seit der Nummerierung und dem Druck der Holzstöcke in den 1960er-Jahren ist ein Holzstock (MPM.HB.08177 = VH 74; BB 32) verloren gegangen. Somit sind heute nur noch 76 erhalten.

7 Van Huisstede/Brandhorst 1999, Bd. 2, Nr. 0454: S. 879 (Christoffel Plantijn, 10 Ausgaben, 1584–1586), S. 896 (Christophorus Raphelengius, eine Ausgabe, 1599), S. 899 (Franciscus *I* Raphelengius, 21 Ausgaben, 1587–1597), S. 902 (Franciscus II Raphelengius, 2 Ausgaben, 1612–1615).

8 Das Druckerzeichen ist in keiner der nachstehend beschriebenen Listen von Druckermarken aufgeführt.

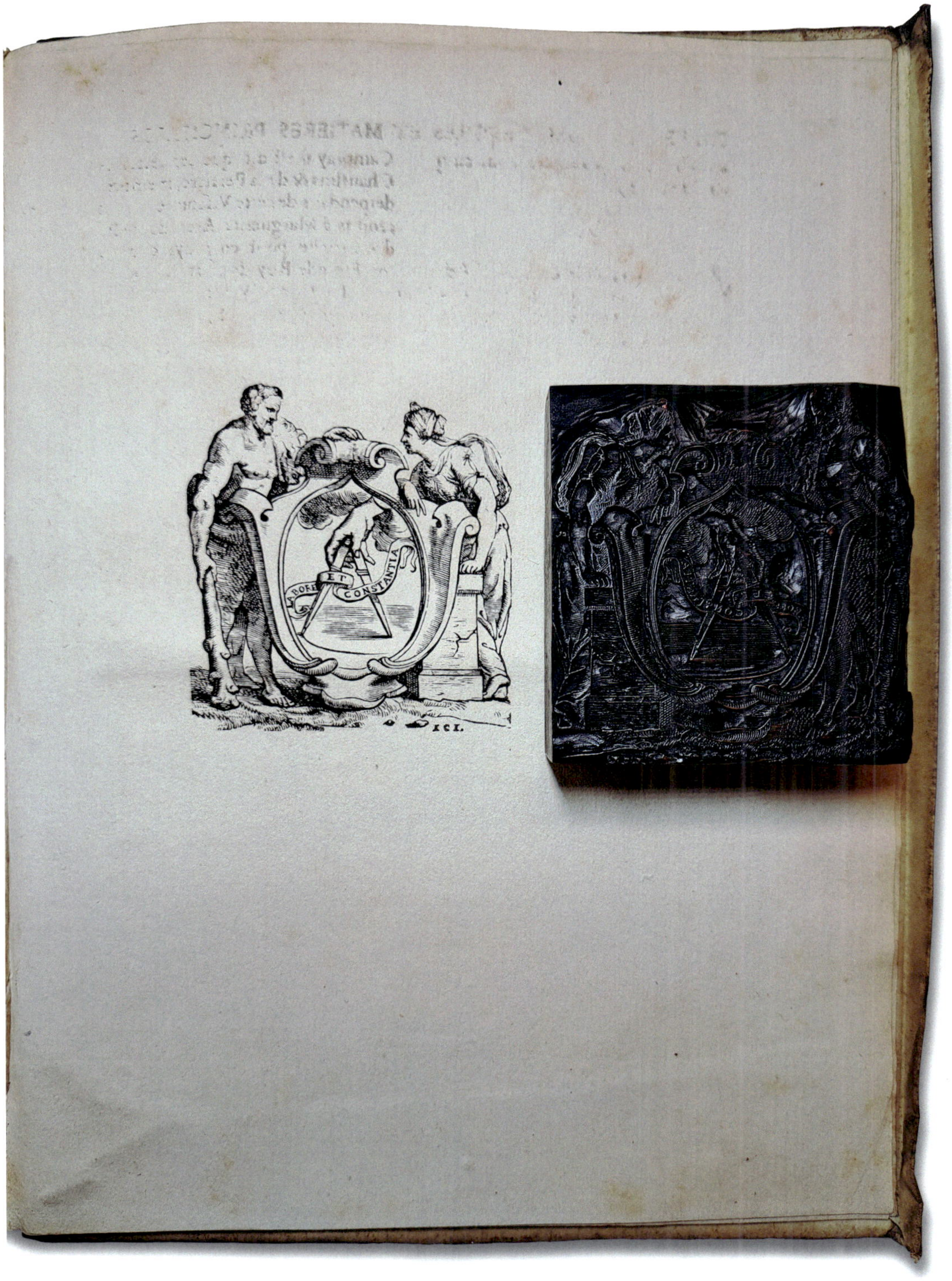

Abb. 6 | Druckstock und Schlussseite mit dem Druckerzeichen der Officina Plantiniana (Antwerpen), in: Recueil des traittez 1643. Museum Plantin-Moretus, Antwerpen, mpm.hb.08150 und a 999

Abb. 7 | Titelblatt mit dem Allianzdruckerzeichen von Christophe Plantin, Philippus Nutius und Joannes Steelsius (Antwerpen), in: Gregorius ix. 1573. Museum Plantin-Moretus, Antwerpen, A 282

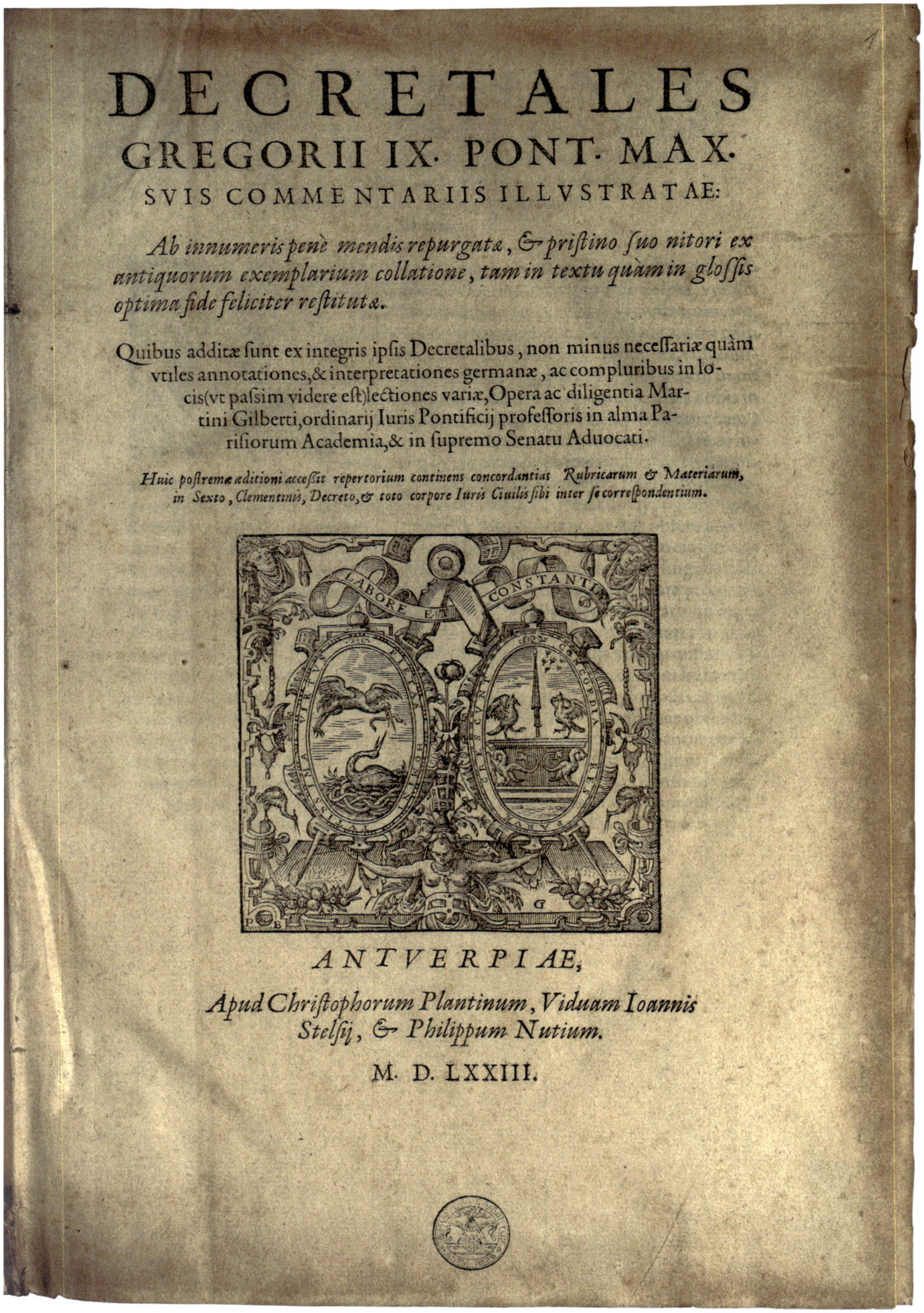

DECRETALES
GREGORII IX. PONT. MAX.
SVIS COMMENTARIIS ILLVSTRATAE:

Ab innumeris penè mendis repurgatæ, & pristino suo nitori ex antiquorum exemplarium collatione, tam in textu quàm in glossis optima fide feliciter restitutæ.

Quibus additæ sunt ex integris ipsis Decretalibus, non minus necessariæ quàm vtiles annotationes, & interpretationes germanæ, ac compluribus in locis (vt passim videre est) lectiones variæ, Opera ac diligentia Martini Gilberti, ordinarij Iuris Pontificij professoris in alma Parisiorum Academia, & in supremo Senatu Aduocati.

Huic postremæ æditioni accessit repertorium continens concordantias Rubricarum & Materiarum, in Sexto, Clementinis, Decreto, & toto corpore Iuris Ciuilis sibi inter se correspondentium.

LABORE ET CONSTANTIA

ANTVERPIAE,

Apud Christophorum Plantinum, Viduam Ioannis Stelsij, & Philippum Nutium.

M. D. LXXIII.

Kupferplatten wiederverwendet. Dieser Umstand könnte erklären, warum in den Sammlungen des Plantin-Moretus Museums nur 18 Kupferplatten mit einzelnen Druckermarken dokumentiert sind.[9]

Angesichts dieser Praxis, Kupferplatten wiederzuverwenden, ist es bemerkenswert, dass einige Exemplare erhalten geblieben sind, die vermutlich nie für eine gedruckte Ausgabe verwendet wurden. Zwei solcher Platten mit einem ähnlichen Blumenmotiv in den vier Ecken unterscheiden sich lediglich durch die gespiegelte Hand aus den Wolken, die Zirkel und Banderole hält (Abb. 10 und 11).

Neben Holzstöcken und Kupferplatten bewahrt das Museum auch mehrere Vorzeichnungen für Druckermarken auf, die wertvolle Einblicke in den Herstellungsprozess dieser Materialien bieten. So wurde eine Zeichnung direkt auf einen Holzblock gezeichnet, der Druckstock jedoch nie geschnitten und somit nie für den Druck umgesetzt (Abb. 12).[10]

VERZEICHNISSE DER DRUCKERMARKEN DER OFFICINA PLANTINIANA

Im Folgenden wird die Geschichte der Erforschung der Sammlung von Druckerzeichen und der Matrizen nachgezeichnet. Eine Betrachtung der im Laufe der Zeit entstandenen Verzeichnisse zu den Signets des Unternehmens Plantin-Moretus gibt Einblick in die damit verbundenen wissenschaftlichen Herausforderungen.

Gustave van Havre (1883–1884 und 1911)

Am Ende des 19. Jahrhunderts brachte die analytische buchgeschichtliche Forschung in Belgien mehrere Verzeichnisse von Druckermarken der Officina Plantiniana hervor.

Das erste umfassende Verzeichnis stammt von Gustave van Havre im zweiten Band seiner Übersicht über die Druckermarken der Antwerpener Drucker vom 15. bis zum 19. Jahrhundert.[11] Van Havre listet 115 Druckermarken auf; 45 davon wurden von Christophe Plantin während seiner Laufbahn von 1555 bis 1589 verwendet, weitere 56 von den nachfolgenden Generationen der Familie Moretus bis 1876 eingeführt. Da sich van Havres ursprüngliches Verzeichnis auf die Stadt Antwerpen beschränkte, ließ er jene Signets unberücksichtigt, die in der Leidener Niederlassung der Druckerei verwendet wurden. Zu jedem Druckerzeichen findet sich ein Verweis auf eine Ausgabe, in der es verwendet wurde. Die Druckermarken sind in chronologischer Reihenfolge nummeriert. Die Liste endet schließlich mit weiteren 14 Signets, für die van Havre keinen Nachweis der Verwendung in einer gedruckten Ausgabe erbringen konnte.

9 Seit der Nummerierung der Kupfertafeln in den 1950er-Jahren sind vier Kupfertafeln verloren gegangen (MPM.KP.0051.A; MPM.KP.0258.B; MPM.KP.0453.B; MPM.KP.1344.B). Somit sind heute nur noch 14 Kupfertafeln erhalten.

10 Siehe z. B. die Zeichnung von Peter Paul Rubens (MPM.TEK.391) oder von Abraham van Diepenbeeck (MPM.TEK.394). Die Zeichnung auf dem Holzschnitt (MPM.TEK.610) konnte noch nicht zugeordnet werden.

11 Van Havre 1883–1884, Bd. 2, S. 87–193. Die Nummern von van Havre werden als „VH“ angegeben.

1911 veröffentlichte van Havre eine separate Ausgabe der Druckermarken der Officina Plantiniana in der Reihe *Editions du Musée Plantin-Moretus,* nachdem er sie aus seiner umfassenderen Übersicht über die Antwerpener Druckereien herausgelöst hatte.[12] Abgesehen von einigen geringfügigen Änderungen im Haupttext ist diese Ausgabe fast identisch mit der ersten von 1883/84. Die Nummerierung ist exakt dieselbe und es wurden keine neuen Druckerzeichen in die Liste aufgenommen. Neu hinzugefügt wurde jedoch ein Inhaltsverzeichnis, das einen hilfreichen Überblick über die verschiedenen Generationen der Familie Moretus gibt:[13]

Kapitel	*Zahlen*
Christophe Plantin	1–45
Die Witwe von Christophe Plantin	–
Die Witwe von Christophe Plantin und Joannes [1] Moretus	46–54
Joannes [1] Moretus	55–61
Die Witwe und die Söhne des Joannes [1] Moretus	62–64
Balthasar [1] und Joannes II Moretus	65–66
Balthasar [1] Moretus und die Witwe von Joannes II Moretus	–
Balthasar [1] Moretus und die Witwe von Joannes II Moretus und Joannes Meursius	67–74
Balthasar I. Moretus	75–87
Balthasar II. Moretus	88–97
Balthasar III. Moretus	98–99
Balthasar IV. Moretus	100
Joannes Jacobus Moretus, Franciscus Joannes Moretus und die Witwe des Letzteren	101
Die Söhne von Maria Theresia Josephina Borrekens, Witwe von Franciscus Joannes Moretus	–
Die Officina Plantiniana unter den letzten der Moretus-Familie	–
Verschiedene Marken [nicht in einer gedruckten Ausgabe zu finden]	102–115

Bibliotheca Belgica (1893)

In seinem Vorwort dankte van Havre noch Ferdinand vander Haeghen, dem Herausgeber der 1880 begonnenen Publikationsreihe *Bibliotheca Belgica,* für die Bereitstellung von Abzügen von Druckerzeichen, die für einzelne Beschreibungen in seiner eigenen Publikation verwendet wurden. In der zweiten Ausgabe der *Bibliotheca Belgica* (1891–1923) fügte vander Haeghen eine Übersicht der Druckermarken aus den nördlichen und südlichen Niederlanden hinzu – ein Verzeichnis, das – wie sich bald zeigte – rund die Hälfte aller existierenden Druckermarken umfasste.[14]

Während van Havre seine Liste der Signets chronologisch strukturierte, ordnete vander Haeghen die Druckermarken der Officina Plantiniana nach Größe – von klein bis groß und ohne Bezug zu den konkreten Ausgaben, in denen sie verwendet wurden. Die Unterschiede zwischen van Havre und der Liste in der *Bibliotheca Belgica* lassen sich wie folgt zusammenfassen: Zwei Nummern van Havres fehlen in der *Bibliotheca Belgica,* nämlich VH 76 und

12 Van Havre 1911.
13 Van Havre 1911, S. [109]. Kapitelüberschriften wurden hier ins Deutsche übersetzt und die Anzahl der neuen Druckerzeichen für jede Generation hinzugefügt.
14 Vander Haeghen 1891–1923. Die Originalausgabe der *Bibliotheca Belgica* war eine Loseblattausgabe. Das Inhaltsverzeichnis dieser Übersicht der Druckermarken wurde mit der Nummer „M 236“ versehen. In der großformatigen Neuausgabe der *Bibliotheca Belgica* (Lenger 1964–1975) sind die Druckermarken in Band IV unter „Marques typographiques“ zu finden. Die *Bibliotheca Belgica*-Nummern werden im Folgenden mit „BB“ gekennzeichnet.

VH 107. Darüber hinaus erscheint VH 34 in der *Bibliotheca Belgica* als zwei verschiedene Fassungen, als BB 23 und BB 25; Letztere bezieht sich auf einen zweiten Zustand desselben Holzblocks (MPM.HB.08184), der zwei Risse auf der linken Seite des Druckes hat. Die *Bibliotheca Belgica* führt sechs neue, von van Havre nicht verzeichnete Signets an, von denen drei zwischen 1589 und 1610 verwendet wurden, als Jeanne Rivière (Plantins Witwe) und Joannes Moretus das Unternehmen leiteten (BB 68, BB 102, BB 104). Die anderen drei Marken wurden nur von der Leidener Niederlassung der Druckerei verwendet (BB 33, BB 36, BB 76). Insgesamt umfasst die Liste der *Bibliotheca Belgica* 120 Nummern (115 − 2 + 1 + 6 = 120).

Manuskriptinventar (undatiert)

Das Museum Plantin-Moretus bewahrt ein undatiertes handschriftliches Verzeichnis der Druckermarken auf, das höchstwahrscheinlich Anfang des 20. Jahrhunderts verfasst wurde. Ein genauer Vergleich sowohl mit van Havre als auch mit der *Bibliotheca Belgica* liefert keinen eindeutigen Hinweis auf einen Bezug zu den beiden Publikationen.[15] Die beiden Van-Havre-Nummern VH 76 und VH 107, die in der *Bibliotheca Belgica* fehlen, sind in der Handschriftenliste vorhanden: VH 76 erscheint auf Folio 77 und VH 107 auf Folio 17 (rechts). Von den sechs neuen Marken in der *Bibliotheca Belgica* fehlen drei in der Handschrift (BB 68, BB 102, BB 104), während die anderen drei aufgeführt sind (BB 33 ist auf Folio 25, BB 36 auf Folio 52 und BB 76 auf Folio 72 zu finden). Schließlich wird auf dem Verso von Folio 82 eine weitere Druckermarke – ohne Abbildung – erwähnt, die erstmals in der gedruckten Liste von Vandeweghe und Op de Beeck genannt wird.[16] Es handelt sich um das Druckerzeichen, das auf dem gestochenen Titelblatt von Abraham Ortelius' *Thesaurus geographicus* (1596) verwendet wurde.[17] Weder die Reihenfolge der Druckermarken im Manuskript noch die in Rot geschriebenen Nummern unter den Reproduktionen der Signets (in keiner logischen Reihenfolge im gesamten Manuskript) stimmen mit der Reihenfolge oder Nummerierung der Marken in Van Havre oder der *Bibliotheca Belgica* überein.

Der besondere Wert dieses Manuskripts liegt in der umfassenden Auflistung der Ausgaben, in denen die Druckermarken verwendet wurden. Unterhalb jeder Reproduktion des Zeichens sind in drei Spalten Hinweise vermerkt: ein kurzer Titel (der in einigen Fällen fehlt), das Erscheinungsjahr und die Signatur eines in der Museumssammlung erhaltenen Exemplars der Ausgabe. Da sich diese Signaturen seit der Erstellung des Verzeichnisses geändert haben, ist es in

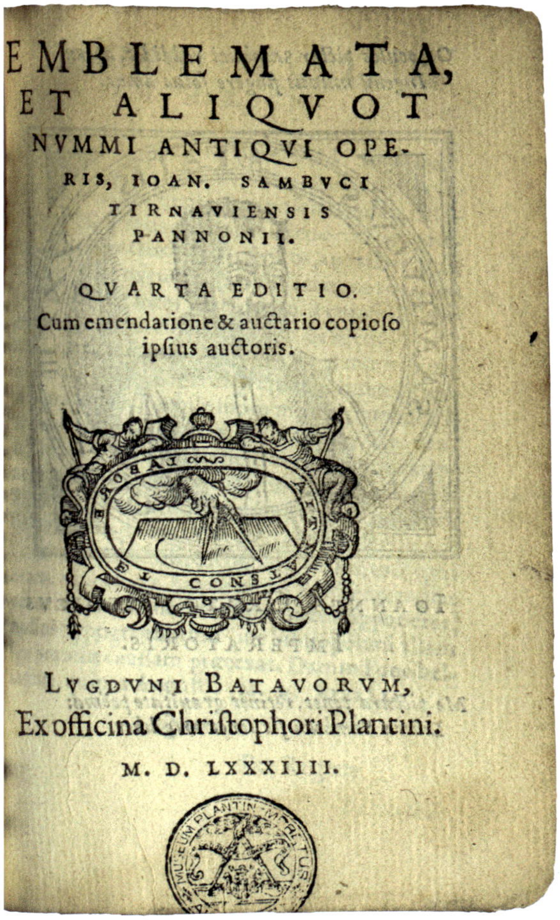

EMBLEMATA, ET ALIQVOT NVMMI ANTIQVI OPERIS, IOAN. SAMBVCI TIRNAVIENSIS PANNONII.

QVARTA EDITIO. Cum emendatione & auctario copioso ipsius auctoris.

LVGDVNI BATAVORVM, Ex officina Christophori Plantini. M. D. LXXXIIII.

Abb. 8 | Titelblatt mit dem Druckerzeichen der Officina Plantiniana (Antwerpen), in: SAMBUCUS 1584. Museum Plantin-Moretus, Antwerpen, A 464

15 Das Manuskript (MPM BL A 38) besitzt kein Titelblatt, ist aber auf dem Einbandrücken etwas uneindeutig beschriftet: „Drukkersmerk houten koperen platen Plantijnsch drukkerij" (Druckermarke[n] auf Holz- und Kupferplatten der Druckerei Plantin). Der Band enthält 119 Druckermarken auf 113 Folios.

16 Siehe den Abschnitt über Vandeweghe/Op de Beeck.

17 VANDEWEGHE/OP DE BEECK 1993, S. 58, Witwe Christophe Plantins und Joannes Moretus Marke 31, Abb. auf S. 206. Wenn wir uns auf die Nummern in dieser Publikation beziehen, verwenden wir die Abkürzung „V&O".

vielen Fällen eine Herausforderung, die tatsächlichen Ausgaben zu identifizieren. Wenn man bedenkt, dass die Signaturen in aufsteigender Reihenfolge aufgelistet sind, scheint es, als hätte jemand begonnen, alle Bücher in der Bibliothek zu überprüfen, aber die Arbeit nie beendet. Die Anzahl der Bücher, die für eine einzige Druckermarke aufgeführt sind, schwankt zwischen 0 und 99.

Voet (1982)

In seinem Werk *The Plantin Press*, einer umfassenden Bibliografie aller von Christophe Plantin zu seinen Lebzeiten gedruckten Ausgaben, ergänzte Leon Voet einen Anhang mit den Druckermarken. Er bezog sich auf die Inventarnummern von van Havre, nahm aber einige kleine Ergänzungen und Änderungen vor.[18] So fügte er eine Variante zu VH 1 hinzu, die er als „1bis" bezeichnete. Die Druckermarken VH 16 und VH 18 hielt er für identisch, doch neuere Untersuchungen haben ergeben, dass es sich tatsächlich um zwei leicht unterschiedliche Holzblöcke handelt, von denen diese beiden Marken gedruckt wurden (VH 16 entspricht MPM.HB.13796, VH 18 entspricht MPM.HB.13795). Nach VH 45 fügte Voet eine neue Marke mit der Nummer 46 hinzu, was etwas verwirrend ist, da das Inventar von van Havre bereits eine andere Marke mit dieser Nummer verzeichnet hatte, die von Plantins Witwe benutzt worden war.[19] Voet verweist außerdem auf eine Druckermarke VH 115, für die van Havre keine Verwendung nachweisen konnte. Nach dieser letzten Nummer in van Havres Liste fügte er noch eine weitere Nummer 116 hinzu.[20]

Leider erstellte Voet keine vollständige Übersicht der Ausgaben für jede Druckermarke. Stattdessen verwies er lediglich auf die Nummern der Marken in den einzelnen Beschreibungen der Ausgaben. Verdienstvoll ist jedoch, dass er als Erster auf die erhaltenen Druckstöcke in der Sammlung des Museums Plantin-Moretus verwies.[21]

Neuere Recherchen in der Druckstocksammlung des Museums Plantin-Moretus haben ergeben, dass darüber hinaus weitere Holzstöcke verwendet wurden, die Voet nicht verzeichnete. Neben VH 16 und VH 18 (siehe oben) konnten wir inzwischen den Druckstock für VH 9 (MPM.HB.13738) ausfindig machen und Voet bezüglich VH 39 korrigieren: Diese Marke wurde nicht, wie von ihm angegeben, von MPM.HB.08195, sondern von MPM.HB.13798 gedruckt. Der sehr ähnliche Druckstock MPM.HB.08195 kam dagegen für den Druck von VH 104 zum Einsatz. Eine weitere interessante Beobachtung betrifft die Kombination derselben Kartusche mit einem Zeichen im mittleren Bildfeld. Die Druckermarken VH 22 und VH 25 enthalten genau die gleiche Kartusche, wobei das erste Zeichen ein Wappen und das zweite Plantins Zirkel in der Mitte zeigt. Obwohl der Holzstock für die Kartusche nicht erhalten ist, ist die ovale Druckermarke MPM.HB.08187 überliefert, was nahelegt, dass sie in den Block der Kartusche

18 Voet/Voet-Grisolle 1980–1983. Die Druckermarken sind am Ende von Band 6 (1982) zu finden.

19 Voets Nr. 46 entspricht V&O 51.

20 Voets Nr. 116 entspricht V&O 35.

21 Alle Holzschnitte wurden nummeriert und in den 1960er-Jahren gedruckt. In der Einleitung zu seiner Liste der Druckermarken gibt Voet fälschlicherweise an: „Alle diese Marken sind Holzschnitte, mit Ausnahme der Nr. 115, die ein Kupferstich ist." Tatsächlich handelt es sich bei VH 115 ebenfalls um einen Holzschnitt, gedruckt vom Holzstock MPM.HB.08169. Seine neue Nr. 46 hingegen ist von einer Kupferplatte gedruckt.

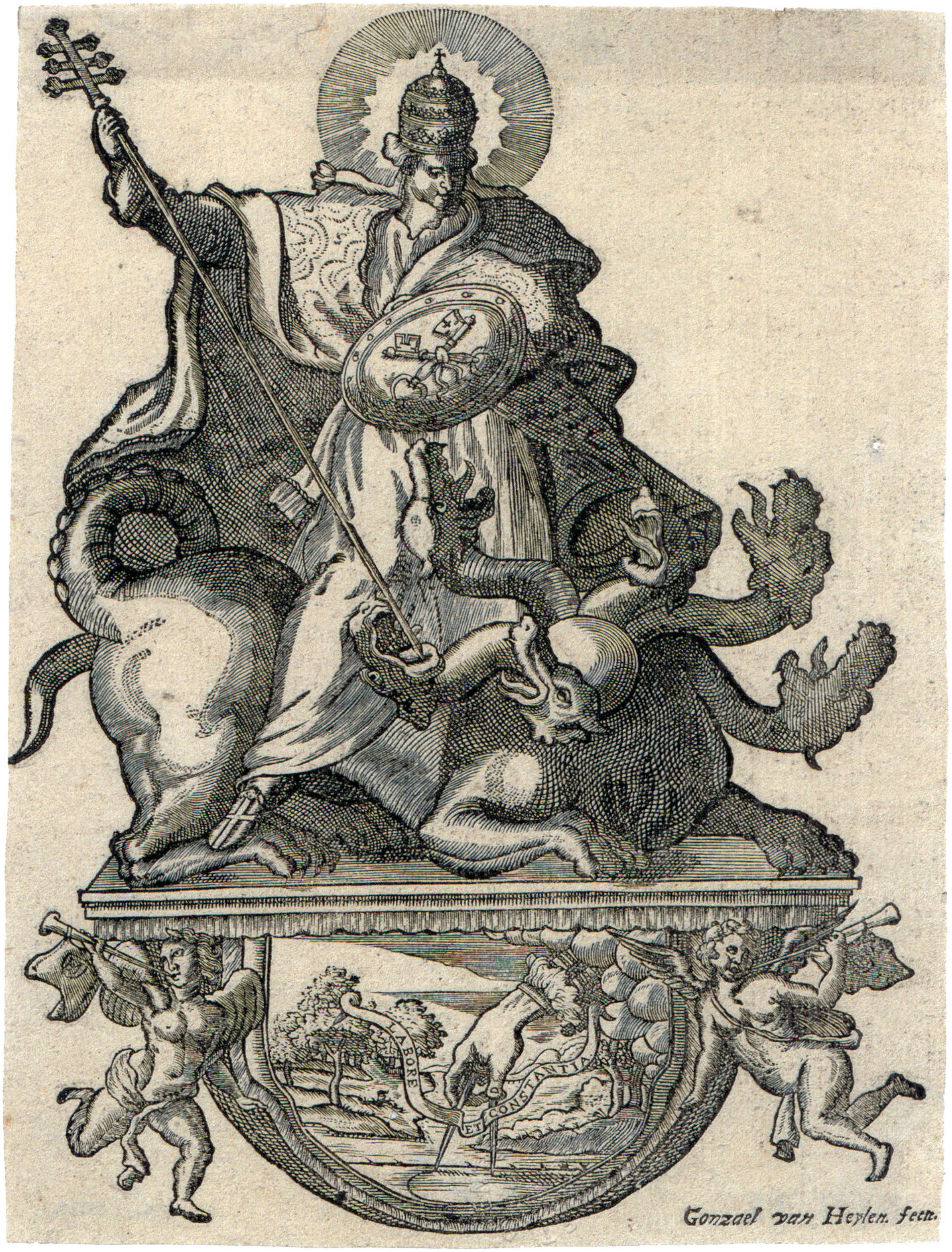

Abb. 9 | Probedruck von Gonzales van Heylen mit dem unverwendeten Druckerzeichen der Officina Plantiniana. Museum Plantin-Moretus, Antwerpen, pk.op.08093

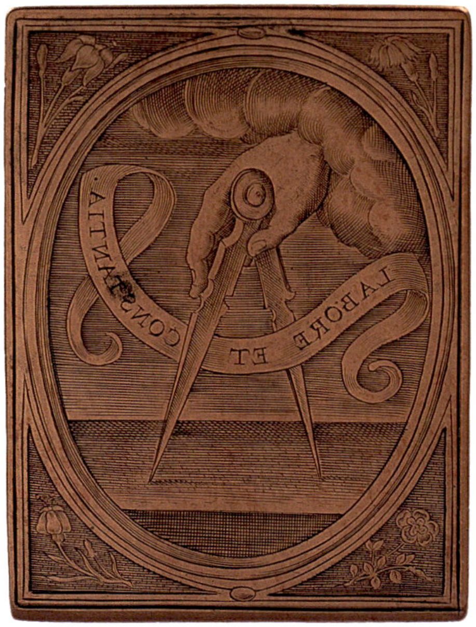

Abb. 10 | Kupferplatte mit dem Druckerzeichen der Officina Plantiniana (Antwerpen). Museum Plantin-Moretus, Antwerpen, MPM.KP.0596.A

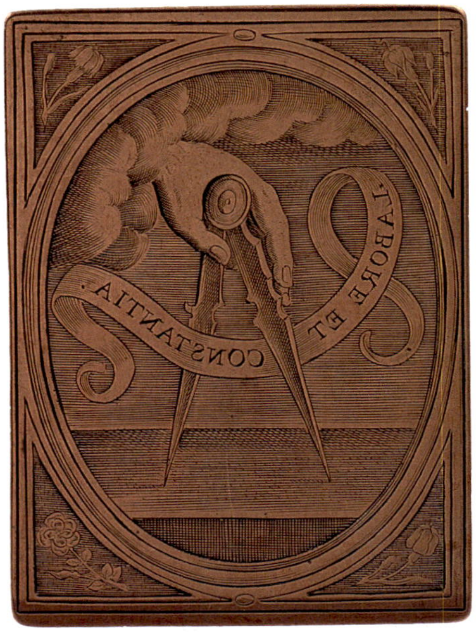

Abb. 11 | Kupferplatte mit dem Druckerzeichen der Officina Plantiniana (Antwerpen). Museum Plantin-Moretus, Antwerpen, MPM.KP.0597.A

eingefügt wurde. Das gleiche Prinzip gilt für die Druckermarken VH 23 und VH 24; hier ist lediglich der ovale Block der Plantin-Marke (in der Mitte von VH 24) als MPM.HB.08154 erhalten geblieben.[22]

Vandeweghe/Op de Beeck (1993)

Bart Op de Beeck hat die Arbeit von Frank Vandeweghe an der Königlichen Bibliothek von Belgien fortgesetzt und einen Überblick über die Druckermarken des 15. und 16. Jahrhunderts innerhalb der Grenzen des heutigen Belgiens zusammengestellt.[23] Aufgrund einer beschränkten Auswahl von Marken, die bis zum Jahr 1600 hergestellt wurden, ist die Officina Plantiniana nur unter Christophe Plantin (für die Jahre 1555–1589) und unter seiner Witwe Jeanne Rivière zusammen mit Joannes Moretus (für die Jahre 1589–1600) vertreten. Für Plantins Lebenszeit werden nicht weniger als 62 Druckermarken verzeichnet – deutlich mehr als in jeder früheren Liste. Dies liegt vor allem an der Hinzufügung von Titelblättern (ausschließlich Holzschnitte oder Kupferstiche), in die das Druckerzeichen integriert ist. In einem dieser Fälle ist die Druckermarke Teil eines dekorativen Rahmens der Titelseite, der aus vier Druckstöcken gedruckt wurde.[24]

Zwei der neu identifizierten Druckermarken, die in Vandeweghe/Op de Beeck erscheinen, sind Kupferstiche (Christophe Plantin Nr. 28 und 62): Beide zeigen Zierkartuschen um ein Wappen, jeweils das von König Philipp II. und Kardinal Antoine Perrenot de Granvelle. Schließlich wurde eine nicht beschriebene Druckermarke in Holzschnitttechnik aufgeführt (Nr. 22), die unter Jeanne Rivière und ihrem Schwiegersohn Joannes Moretus in Gebrauch war.

22 Van Havre führte die Druckermarken ohne die Kartusche als separate Nummern VH 106 (MPM.HB.08187) und VH 108 (MPM.HB.08154) auf. Es wurde noch keine Ausgabe gefunden, in der VH 106 ohne die austauschbare Kartusche verwendet wurde. Die Manuskriptliste führt jedoch die Verwendung von VH 108 ohne Kartusche erst 1825 in *Officium hebdomadae sanctae secundum missale & breviarium Romanum, Pii V pont. max. jussu editum, & Clementis VIII. & Urbani VIII. auctoritate recognitum.* Antverpiae, ex architypographia Plantiniana, 1825, letzte nicht nummerierte Seite [= fol. Gg8 verso].

23 Vandeweghe/Op de Beeck 1993.

24 V&O verzeichnet zwanzig Titelblätter, zwölf für Christophe Plantin (Nr. 18, 21, 25, 30, 37, 42, 46, 48, 52, 53, 54 und 55) und acht für seine Witwe und Joannes Moretus (Nr. 11, 19, 23, 25, 28, 29, 31 und 38). Zwei Holzschnitte sind Teil eines dekorativen Rahmens (Christophe Plantin Nr. 22 und 23).

Zu jeder Druckermarke liefert der Eintrag mindestens einen, höchstens drei Hinweise auf gedruckte Ausgaben. In eckigen Klammern wird zudem angegeben, in wie vielen Ausgaben das jeweilige Druckerzeichen tatsächlich nachgewiesen wurde. Die höchste Anzahl von Ausgaben ist 184 (für Christophe Plantin Nr. 13).[25]

Dutch Printer's Devices (1999)

In ihrer Übersicht der von Drucker:innen der nördlichen Niederlanden vom 15. bis zum 17. Jahrhundert verwendeten Druckerzeichen listen van Huisstede und Brandhorst neun Druckermarken der Leidener Niederlassung der Officina Plantiniana auf, die auch bereits in van Havres Übersicht erscheinen. Weitere drei Signets waren zuvor nur in der *Bibliotheca Belgica* erwähnt worden. Fünf Druckerzeichen schließlich werden hier zum ersten Mal identifiziert. Zur Beschreibung der Druckermarken kamen Iconclass-Codes zum Einsatz. Leider gibt es keine Verweise auf frühere Übersichten über Druckermarken.[26]

TORAD (2008–2010)

Zwischen 2008 und 2010 legte Kristof Selleslach, derzeit Kurator des Archivs im Museum Plantin-Moretus, ein Inventar der von Antwerpener Druckern zwischen 1541 und 1600 verwendeten Ornamente an: die Datenbank *Typografische Ornamenten Repertorium van Antwerpse Drukkers 1541–1600* – besser bekannt unter dem Akronym TORAD.[27] Neben ornamentalen Illustrationen und Initialen enthält diese Datenbank auch Druckermarken, darunter 41, die Christophe Plantin zugeordnet werden, und vier, die unter Jeanne Rivière und Joannes Moretus Verwendung fanden. Selleslachs Liste lehnt sich eng an das Inventar von Vandeweghe/Op de Beeck an, verzichtet jedoch auf vollständige Titelblätter in Holzschnitt- oder Kupferstichtechnik. Bemerkenswert ist, dass Selleslach im Fall der beiden fast identischen Druckermarken VH 16 und VH 18 nicht den Angaben von Voet und Vandeweghe/Op de Beeck folgte. Er weist nicht nur darauf hin, dass diese beiden Marken unterschiedlich sind, sondern stellt auch die Hypothese auf, dass es noch eine dritte, fast identische Variante gegeben haben könnte.[28]

Zu jedem angeführten Druckerzeichen finden sich druckhistorische Angaben sowie eine ausführliche Liste der Ausgaben, in denen das Signet nachgewiesen wurde.

Imhof (2014)

2014 veröffentlichte schließlich Dirk Imhof, damals Kurator der Archive und Bibliotheken des Museums Plantin-Moretus, eine Bibliografie der von Joannes I. Moretus veröffentlichten und gedruckten Werke (für die Jahre 1589–1610).[29] In Anhang 2 integrierte er ein Verzeichnis der Druckermarken, das sich erneut

25 Dies ist wahrscheinlich eine zu hohe Schätzung, da sie der Annahme von Voet folgen, dass VH 16 und VH 18 ein und dieselbe Druckermarke sind. In Wirklichkeit gibt es einen leichten Unterschied zwischen den beiden Marken, die von verschiedenen Holzblöcken gedruckt wurden; siehe den Abschnitt über Voet.

26 VAN HUISSTEDE/BRANDHORST 1999.

27 Antwerpen, Stadsarchief, ISAD BE SA 412841, Inv.Nr. 1357#1, https://felixarchief.antwerpen.be/archievenoverzicht/412841 (2.5.2025).

28 TORAD nummeriert VH 16 als DV00035 und VH 18 als DV00026, weist jedoch auf die Existenz einer weiteren naheliegenden Variante DV00012 hin. Wir gehen allerdings davon aus, dass sowohl DV00035 als auch DV00012 von ein und demselben Holzblock MPM.HB.13796 gedruckt wurden.

29 IMHOF 2014. Die Druckvorrichtungen (Anhang 2) finden sich in Bd. 2, S. 884–906.

an der Nummerierung von van Havre orientiert, und ergänzte eine Liste mit publizierten Ausgaben, in denen jedes Signet nachgewiesen ist. Imhof betont jedoch ausdrücklich, dass es sich dabei lediglich um eine beispielhafte Auflistung handelt, die keinen Anspruch auf Vollständigkeit erhebt.

Die Liste umfasst 19 Druckermarken aus der Zeit Plantins, die von seiner Witwe und seinem Schwiegersohn wiederverwendet wurden, sowie 15 weitere Signets, die erstmals unter ihnen zum Einsatz kamen. Obwohl die Abmessungen der Druckerzeichen angegeben sind, weist Imhof ausdrücklich darauf hin, dass diese nicht maßstabsgetreu wiedergegeben sind.

In seinen Anmerkungen zur Druckermarke VH 59 verweist Imhof auf eine interessante Besonderheit: „Es gibt mehrere Varianten dieser Druckermarke. Dasselbe Motiv wurde mehrmals neu gestochen und diese Kupferplatten wurden immer wieder überarbeitet. […] Da es schwierig ist, alle Zustände dieser verschiedenen Platten und ihre Verwendung nachzuvollziehen (z. B. wurden verschiedene Zustände für dieselbe Textausgabe verwendet), werden sie hier alle unter demselben Druckerzeichen aufgeführt.“[30]

FAZIT

Es ist bemerkenswert, wie viele unterschiedliche Druckermarken von Christophe Plantin und seinen Nachfolgern im Lauf der Zeit verwendet wurden. Während heute Markenzeichen oder Logos lange Zeit unverändert bleiben, um einen hohen Wiedererkennungswert zu sichern, scheinen die zahlreichen Variationen desselben Leitmotivs bei der Officina Plantiniana keineswegs hinderlich gewesen zu sein – im Gegenteil: Vermutlich unterstrichen sie sogar die gestalterische Vielfalt und Kreativität der Druckerei.

Aus den Unterschieden einzelner Einträge der Verzeichnisse von Druckermarken, die im Laufe der Jahre zusammengestellt wurden, wurde ersichtlich, wie schwierig es ist, nahezu identisch ausgeführte Entwürfe voneinander zu unterscheiden. Sowohl bei Holzstöcken als auch bei Kupferplatten finden sich eindeutige Beispiele dafür, dass derselbe Entwurf mehrfach umgesetzt wurde. In einigen Beispielen können erhaltene Holzstöcke und Kupferplatten wertvolle Hinweise auf dieses Phänomen geben, doch in vielen anderen Fällen bleibt es eine Herausforderung, das gedruckte Ergebnis eindeutig zurückzuführen. Das Museum Plantin-Moretus plant, in Kürze ein neues Verzeichnis vorzulegen, das die unterschiedlichen Ikonografien der Druckermarken systematisch erfasst und diese eindeutig auf alle erhaltenen Druckplatten zurückführt.

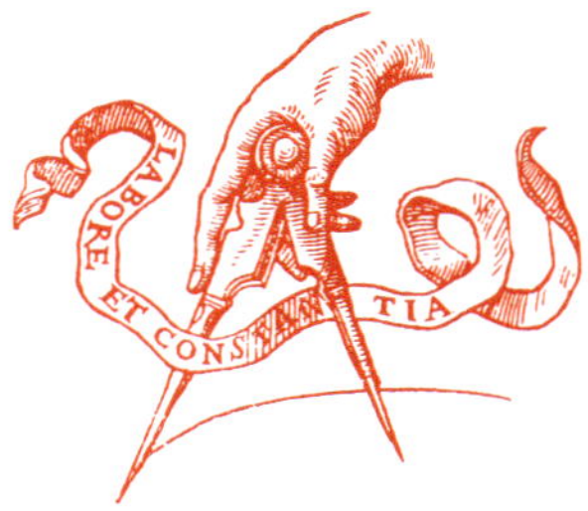

30 IMHOF 2014, S. 904 (übers. von den Herausgeberinnen); Imhof verweist auf zwei erhaltene Kupfertafeln (MPM.KP.0594.A und MPM.KP.0595.A), zu denen wir eine dritte hinzufügen können (MPM.KP.0846.B). Siehe auch BB 103 (= VH 105), BB 104 (nicht in VH), BB 105 (= VH 66) und BB 106 (VH 59).

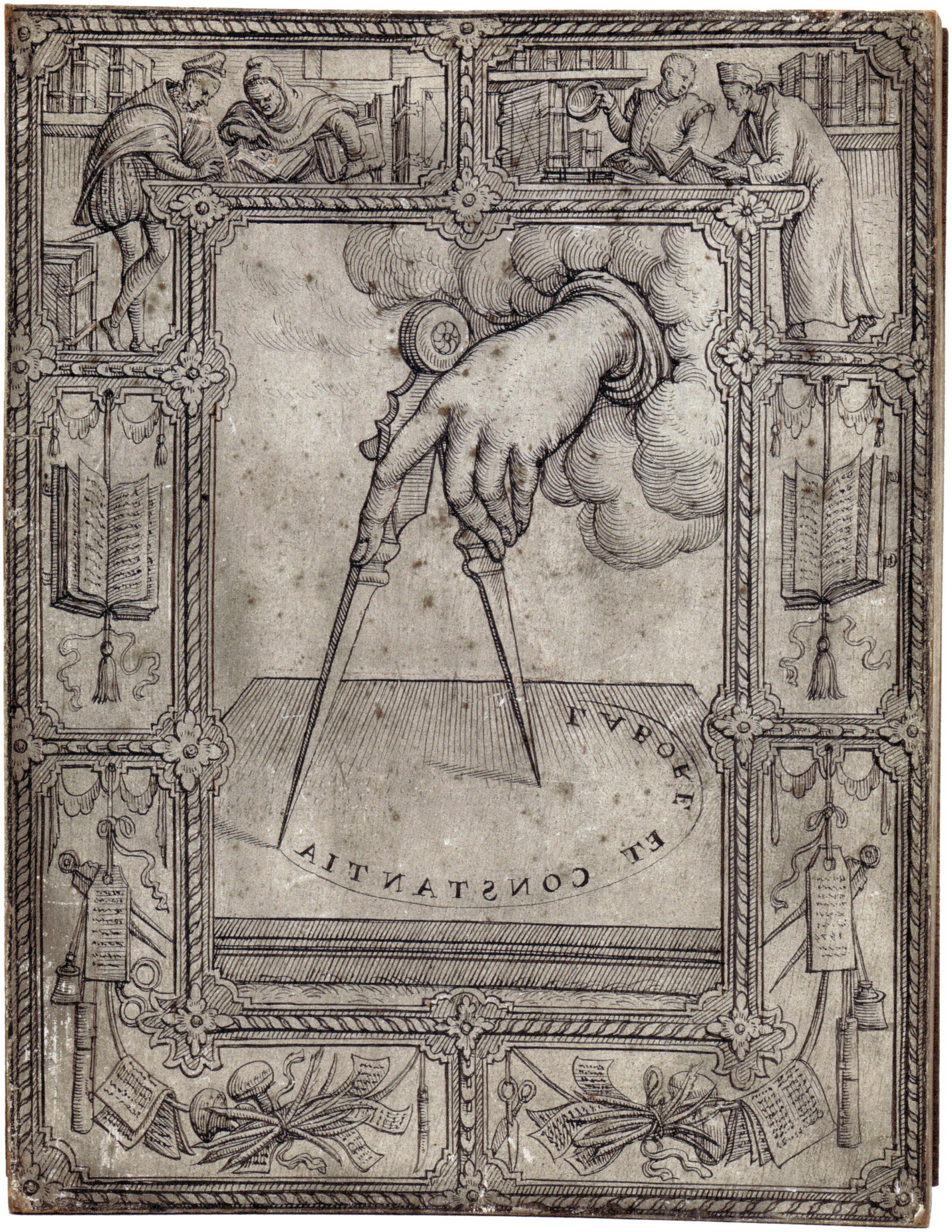

Abb. 12 | Druckerzeichen der Officina Plantiniana (Antwerpen), gezeichnet auf einem Holzblock. Museum Plantin-Moretus, Antwerpen, MPM.TEK.610

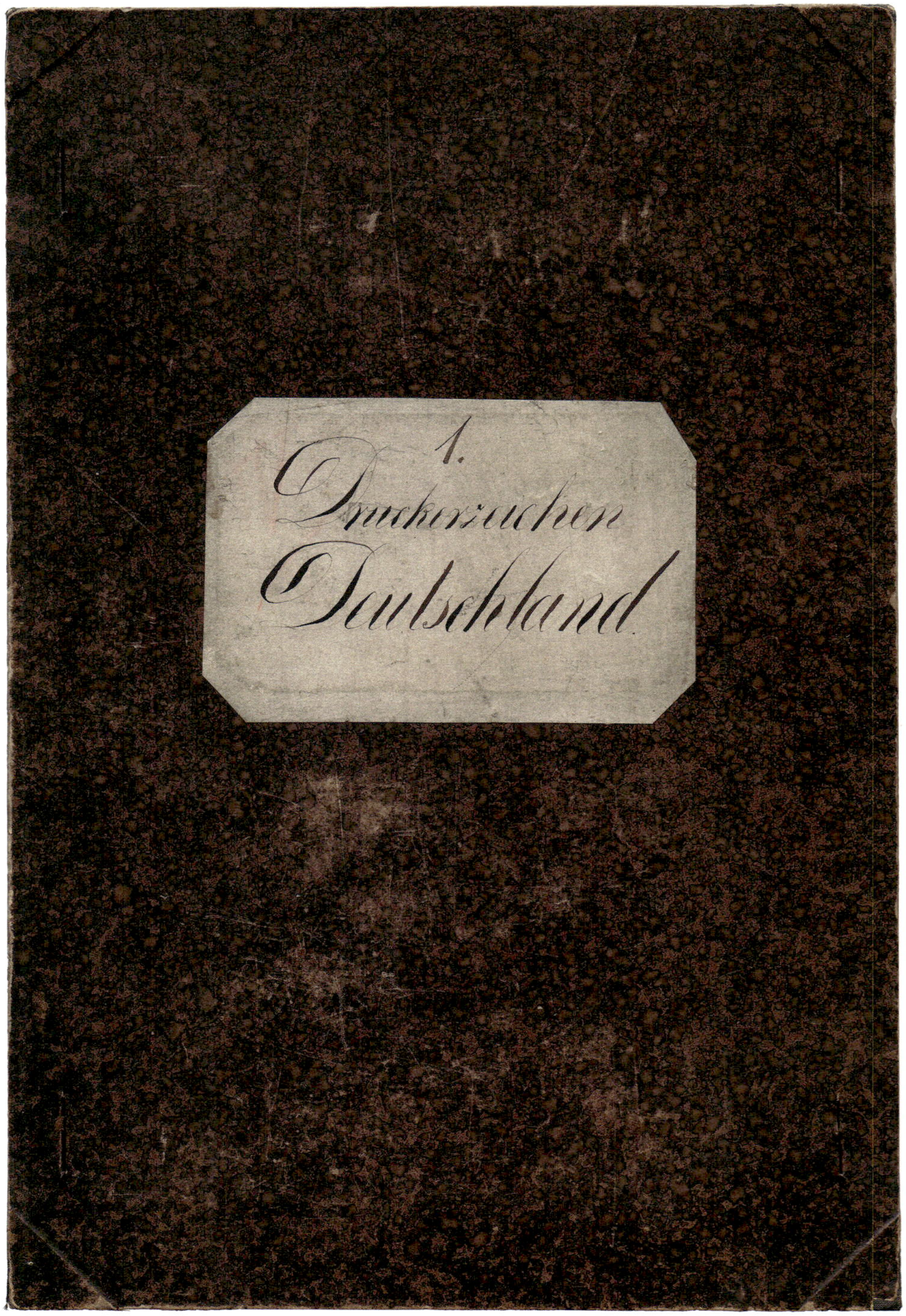

Abb. 1 | Umschlag der Mappe 1 (Deutschland) aus der Sammlung von Gustav Mori. Gutenberg-Museum, Mainz

GUSTAV MORI (1872–1950) UND DIE SAMMLUNG DES GUTENBERG-MUSEUMS

Nino Nanobashvili

Vor genau hundert Jahren wurde es im Gutenberg-Museum durch das Engagement von Gustav Mori ermöglicht, die erste Nachbildung der historischen Druckpresse bei der Schnellpressfabrik Frankenthal anfertigen zu lassen. In den damaligen Museumsräumen im „Römischen Kaiser" wurde die Druckpresse in eine Werkstatt integriert. Bis heute gehören die Druckvorführungen auf dieser Presse zum festen Vermittlungsangebot des Museums, um die Erfindung Gutenbergs für Besucher:innen stündlich erlebbar zu machen.

Gustav Mori war dem Gutenberg-Museum sein Leben lang verbunden. Als langjähriges Mitglied der Gutenberg-Gesellschaft engagierte er sich mehrfach für das Museum und stand stets im engen Austausch mit dem damaligen Museumsdirektor Aloys Ruppel. Trotz seines ereignisreichen Lebens und seiner Bedeutung für das Museum sowie als Druckforscher geriet er aus dem Blick des buchwissenschaftlichen Interesses. Die Sammlung von Gustav Mori, die in das Gutenberg-Museum aufgenommen wurde, schlummert seit Jahrzehnten in der dortigen Gutenberg-Bibliothek und wartet darauf, von Schrift- und Druckinteressierten entdeckt zu werden. Die Ausstellung *Ich drucke! Signet, Marke und Druckerzeichen seit dem Zeitalter Gutenbergs,* in der Druckerzeichen fokussiert betrachtet werden, ist der erste Versuch, die Aufmerksamkeit auf die Person Mori, seine Forschung und Sammlung zu lenken.

DRUCKERZEICHEN VON GUSTAV MORI IM GUTENBERG-MUSEUM

Das Gutenberg-Museum besitzt etwa 2000 Blätter mit Druckerzeichen, von denen etwa die Hälfte aus der Sammlung Mori stammt. Sie sind in unterschiedlicher Form überliefert: Von manchen liegen eng beschnittene Blattfragmente vor, von anderen wiederum ist die vollständige Titel- oder Schlussseite erhalten. Die Blätter mit Druckerzeichen sind auf Pappen montiert und nach verschiedenen Kriterien in Mappen sortiert.

Innerhalb der Mappen sind drei Gruppen zu identifizieren: 1) Fünf großformatige Mappen mit marmorierten Deckeln tragen die Bezeichnung „Druckerzeichen“. Sie sind nach Ländern unterteilt: Deutschland (Abb. 1), Schweiz, Italien, Frankreich, Niederlande, Belgien, Spanien, Portugal und England. Die Druckerzeichen darin sind teils beschnittene Blattfragmente, montiert auf Pappen (Abb. 2); 2) Drei weitere, etwas kleinere Mappen, Nr. 5, 7 und 8, werden als „Buchtitel/Buchseiten“ bezeichnet. Darunter sind entsprechend Titelblätter mit Druckerzeichen sowie beispielhafte Buchseiten enthalten. Auf den Rückseiten der Pappen befinden sich Aufkleber mit der Überschrift „Graphische Sammlung Gustav Mori – Frankfurt am Main“. Händisch kann darin die jeweilige Abteilung innerhalb der Graphischen Sammlung, die Blattnummer, das Erwerbsdatum sowie der Vorbesitzer eingetragen werden (Abb. 3–4). Die meisten Blätter der Mappe Nr. 5 wurden laut den Einträgen 1928 erworben, während größere Teile der Mappen Nr. 7 und 8 im Jahr 1922 in die Sammlung kamen; 3) Zwei ebenfalls vergleichsweise kleineren Mappen, Nr. 9 und 10, werden „Signet“ genannt (Abb. 5). Darunter sind ebenfalls ausgeschnittene Druckerzeichen eingeordnet. Die meisten Blätter wurden laut der rückseitigen Inschrift auch im Jahr 1922 aufgenommen. Vorbesitzer werden leider in keiner dieser Mappen festgehalten.

Basierend auf einem so umfangreichen und geordneten Bestand könnte der Eindruck entstehen, Mori hätte ein tieferes Interesse an der Druckerzeichenforschung gehegt. Blickt man jedoch auf seine Publikationen und Notizen, finden sie kaum Erwähnung. Um den Interessen Moris nachzuspüren und innerhalb derer die Druckerzeichen verorten zu können, soll vorerst seine gesamte Sammlung im Gutenberg-Museum im Zusammenhang mit seinen Forschungen näher betrachtet werden.

GUSTAV MORIS SAMMLUNG IM KONTEXT SEINER FORSCHUNG

In der heutigen Aufstellung der Mori-Sammlung sind zahlreiche Bücher, Kästen und Mappen zu finden, die alle unter der Inventarnummer „Mori xx/xx“ geführt werden. Glücklicherweise wurden die ursprüngliche Ordnung und Kategorisierung von Gustav Mori nicht aufgelöst, die vieles über Interessen und Sammelschwerpunkte verraten.[1]

Einen großen Teil der Hinterlassenschaft Moris bildet eine hervorragend aufgestellte Bibliothek mit über 2500 Titeln zur Druckgeschichte, darunter auch historische Drucke seit dem 16. Jahrhundert sowie etwa 300 lose Inkunabelseiten. Mori unterteilte seine Bibliothek in 25 Abteilungen, von biografischen Forschungen bis hin zu Publikationen zum Buchdruck, zur Stadt Frankfurt,

1 Ausgenommen sind hiervon wertvolle Bestände, wie die historischen Bücher und Inkunabelseiten, die im Gutenberg-Museum gesondert aufbewahrt werden und teilweise eine Zweitsignatur erhielten.

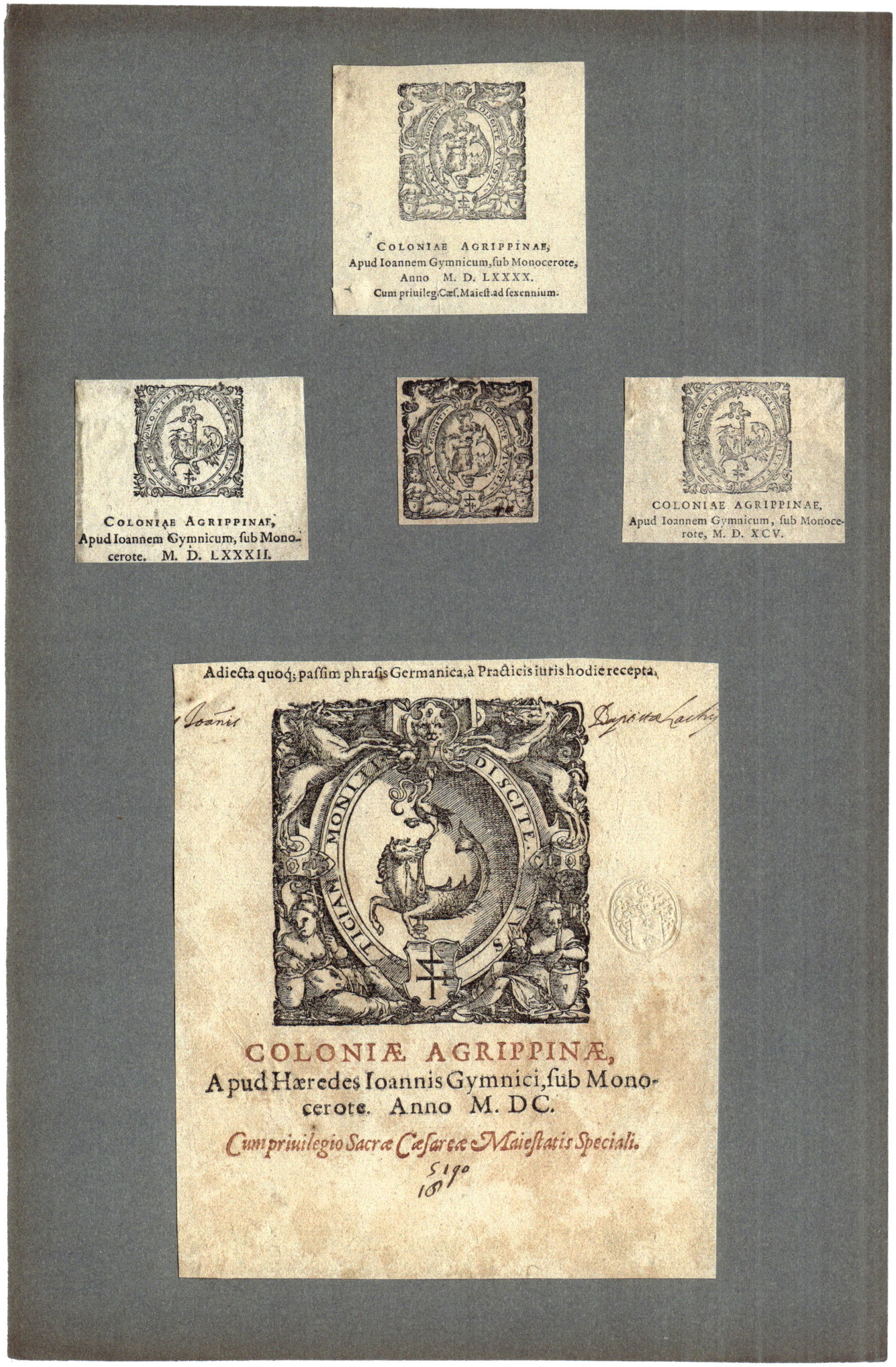

Abb. 2 | Druckerzeichen von Johann Gymnich und Erben (Köln 1532–1600), Mappe 1. Gutenberg-Museum, Mainz, GM Mori Dz 54

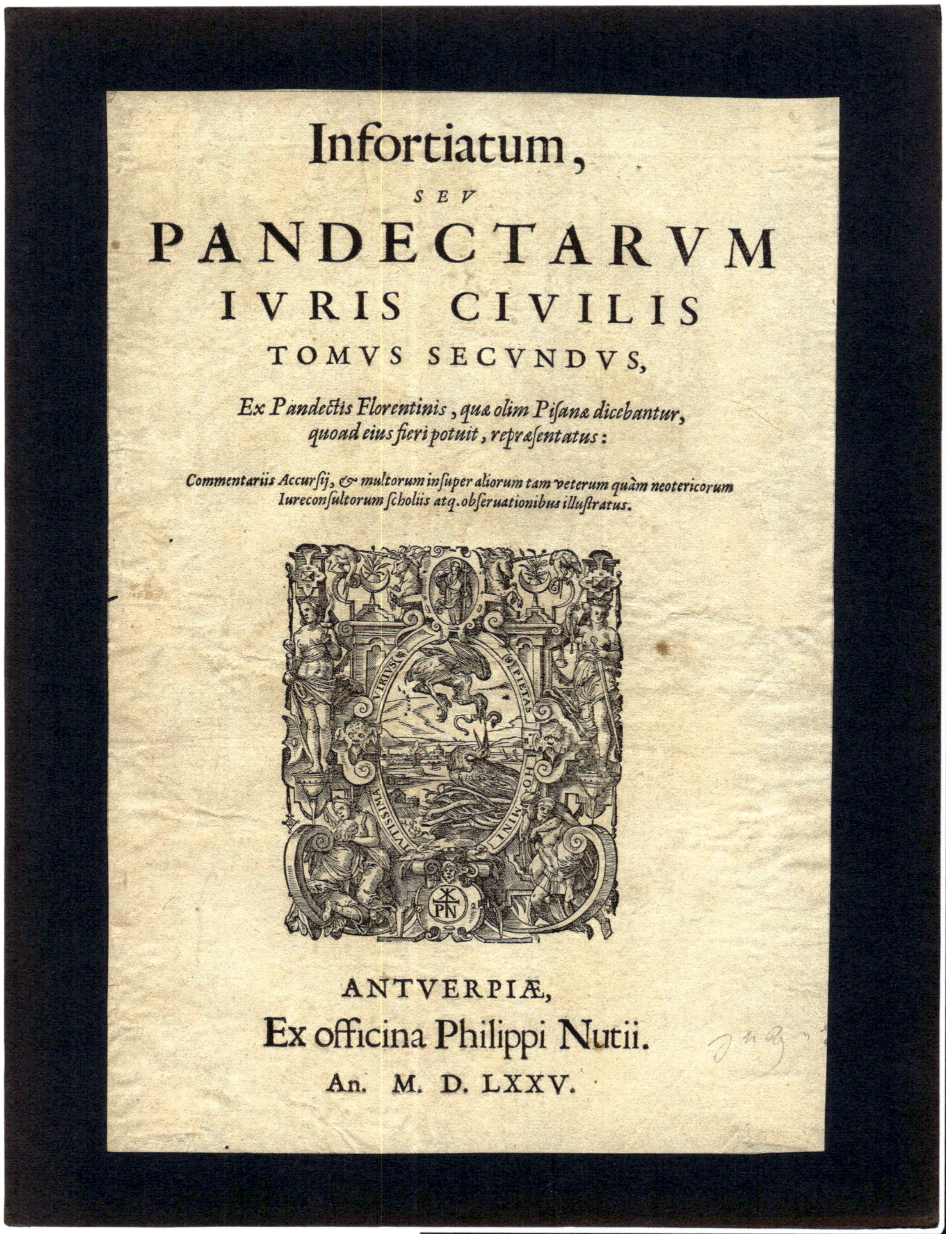

Infortiatum,

SEV

PANDECTARVM

IVRIS CIVILIS

TOMVS SECVNDVS,

Ex Pandectis Florentinis, quæ olim Pisanæ dicebantur, quoad eius fieri potuit, repræsentatus:

Commentariis Accursij, & multorum insuper aliorum tam veterum quàm neotericorum Iureconsultorum scholiis atq. obseruationibus illustratus.

ANTVERPIÆ,

Ex officina Philippi Nutii.

An. M. D. LXXV.

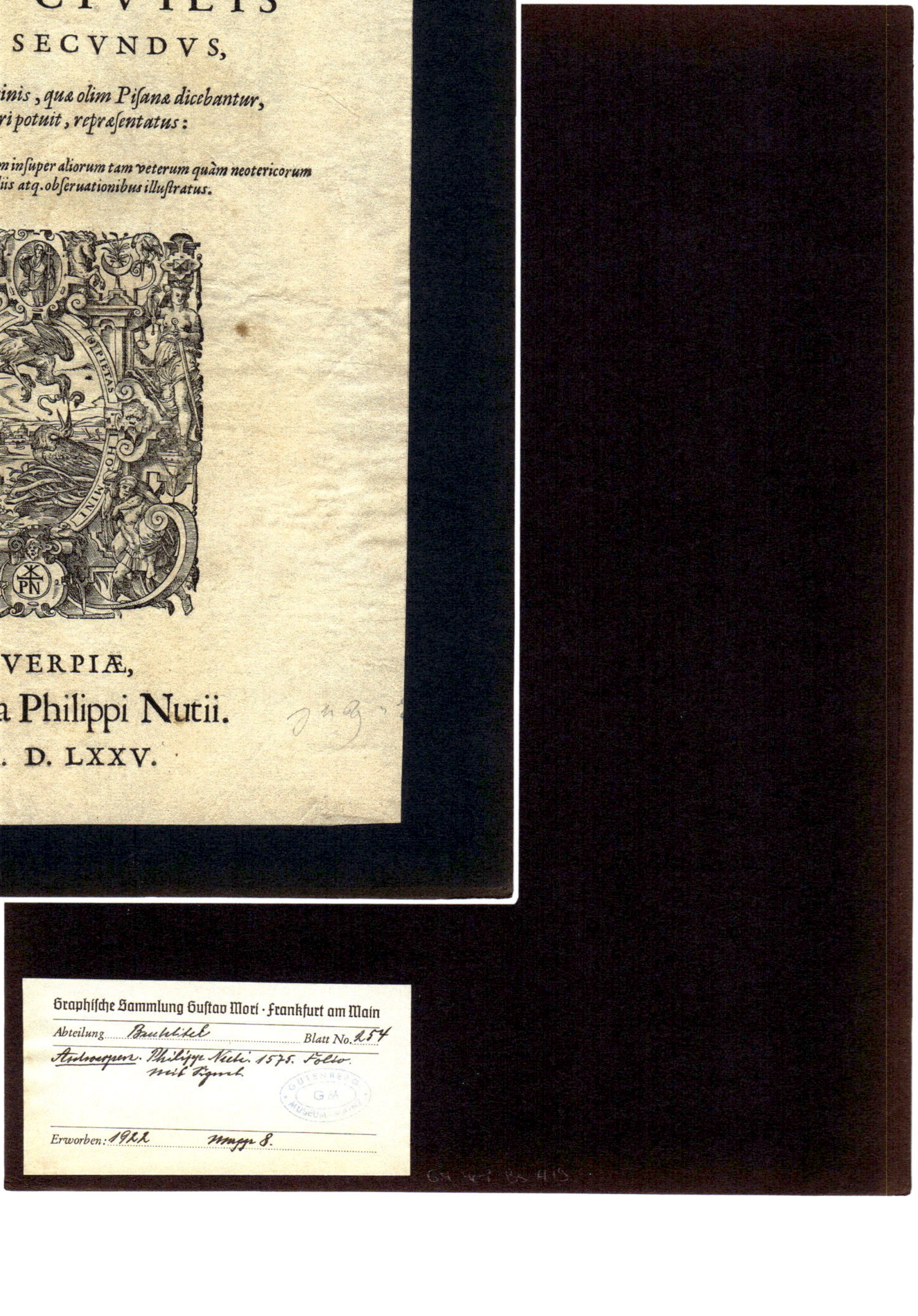

Abb. 3 | Titelblatt mit dem Druckerzeichen von Philipp Nutius (Antwerpen), in: Justinianus 1575. Gutenberg-Museum, Mainz, gm Mori Bs 419

Abb. 4 | Rückseite der Pappe der Abb. 3.

zur Kultur- und Kunstgeschichte, Schreibbüchern oder zum Schriftguss (Abb. 6). Der Bereich Nr. 5 ist explizit dem „Buchdruck: Signete u. Organisation" gewidmet, darunter mit Handbüchern von Paul Heitz und weiteren Überblickswerken. Teil der Bibliothek sind außerdem mehrere Notizbücher und Zettelkästen zur Druckgeschichte und zu Schriftgießern. Auch in den Büchern finden sich persönliche Notizen und Kommentare; einige seiner eigenen Publikationen haben sogar eine Sonderbindung mit zusätzlichen Lagen, um darauf weitere Anmerkungen und Erkenntnisse einzutragen.

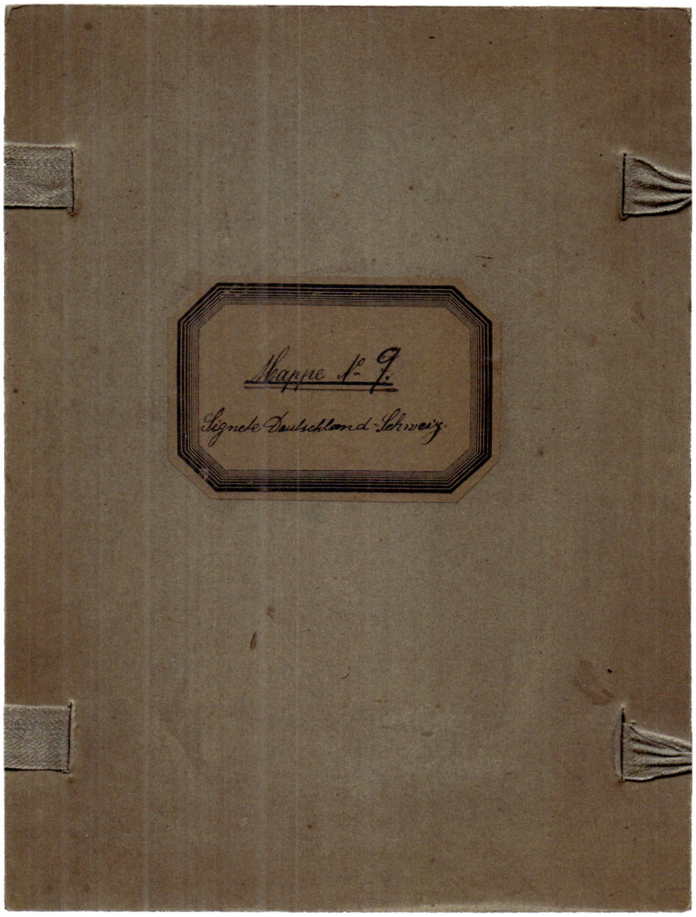

Abb. 5 | Umschlag der Mappe 9 (Signet) aus der Sammlung von Gustav Mori. Gutenberg-Museum, Mainz

Neben der Handbibliothek befinden sich im Gutenberg-Museum auch zahlreiche Mappen und Kästen mit unterschiedlichen Inhalten. Die Kästen sind ebenfalls mit Sekundärliteratur, aber auch mit Zeitungsausschnitten, Vorträgen und Notizen, teils mit historischen Druckbeispielen zu Druckerfarbe, originalen Schriftproben, Buchschmuck und Initialen, gefüllt. Einige Kästen, überschrieben mit „Objekten", beinhalten Klischees, deren Abdrücke sich in Moris Publikationen wiederfinden und vermutlich für die eigene Verwendung angefertigt wurden. Neben den bereits beschriebenen Mappen mit Buchseiten und Signets befindet sich eine Mappe (Nr. 4) mit Bildnissen, darunter Porträts der Drucker Sigmund Feyerabend und Christian Egenolff,[2] sowie eine weitere Mappe (Nr. 12) mit Frühdrucken und „Varia". Alle Pappen in diesen Kästen und Mappen sind rückseitig mit Aufklebern „Graphische Sammlung Gustav Mori" versehen und beinhalten Angaben zum Erwerb und zur Einordnung in die Sammlung.[3]

Diese Anordnung stammt von Mori selbst. Dies bezeugt nicht nur seine eigene Handschrift auf den rückseitigen Aufklebern der Graphischen Sammlung, sondern auch ein Brief aus dem Jahr 1948 an Franz Hönig, in dem er ihm eine vergleichbare Aufstellung seiner Sammlung anrät: „Wegen der übersichtlichen Katalogisierung Ihrer Sammlung empfehle ich Ihnen eine Gruppeneinteilung, ähnlich derjenigen, die ich Ihnen mit der Anlage 1 zusende. Sie hat sich bei mir gut bewährt und Sie können sie zweckentsprechend erweitern und verringern. [...] Einzelblätter bringt man am besten in geeignete Mappen unter, wobei man jede Mappe mit einer fortlaufenden Nummer versieht. Die einzelnen Blätter erhalten neben der Mappennummer die fortlaufende Ordnungsnummer und in

2 Neben dem auf den Rückseiten der Pappen angegebenen Erwerbungsjahr 1920 variierte der Preis der jeweiligen Porträts zwischen 1 und 5 Mark.

3 In den Kästen finden sich einige Angaben zum Erwerbsdatum und Besitzern: Die originalen Initialen aus dem Kasten Nr. 3 wurden in den Jahren 1928/1948 erworben. Zahlreiche Abzüge der Schriftproben aus dem Kasten Nr. 1 sowie von Handschriften aus dem Kasten Nr. 4 kamen 1940/41 von Prof. Rodenberg (?).

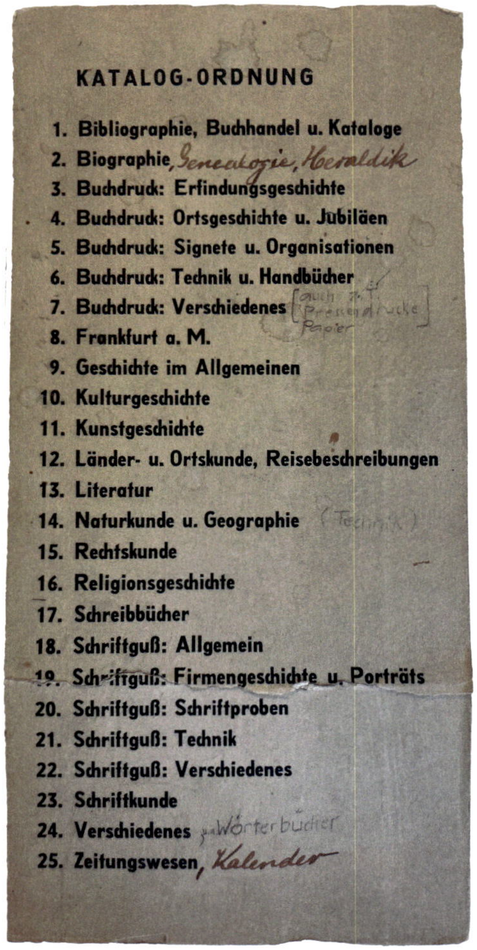

KATALOG-ORDNUNG

1. Bibliographie, Buchhandel u. Kataloge
2. Biographie, Genealogie, Heraldik
3. Buchdruck: Erfindungsgeschichte
4. Buchdruck: Ortsgeschichte u. Jubiläen
5. Buchdruck: Signete u. Organisationen
6. Buchdruck: Technik u. Handbücher
7. Buchdruck: Verschiedenes
8. Frankfurt a. M.
9. Geschichte im Allgemeinen
10. Kulturgeschichte
11. Kunstgeschichte
12. Länder- u. Ortskunde, Reisebeschreibungen
13. Literatur
14. Naturkunde u. Geographie (Technik)
15. Rechtskunde
16. Religionsgeschichte
17. Schreibbücher
18. Schriftguß: Allgemein
19. Schriftguß: Firmengeschichte u. Porträts
20. Schriftguß: Schriftproben
21. Schriftguß: Technik
22. Schriftguß: Verschiedenes
23. Schriftkunde
24. Verschiedenes, Wörterbücher
25. Zeitungswesen, Kalender

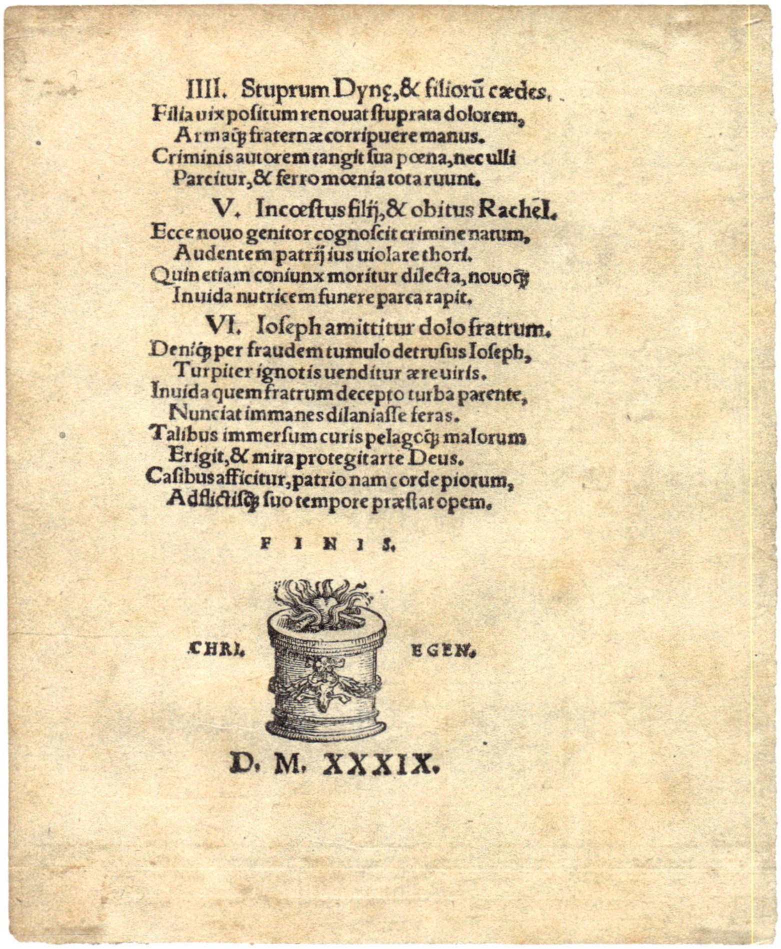

IIII. Stuprum Dynę, & filiorũ cædes.
Filia uix positum renouat stuprata dolorem,
Armaq; fraternæ corripuere manus.
Criminis autorem tangit sua pœna, nec ulli
Parcitur, & ferro mœnia tota ruunt.
V. Incœstus filij, & obitus Rachel.
Ecce nouo genitor cognoscit crimine natum,
Audentem patrij ius uiolare thori.
Quin etiam coniunx moritur dilecta, nouoq;
Inuida nutricem funere parca rapit.
VI. Ioseph amittitur dolo fratrum.
Deniq; per fraudem tumulo detrusus Ioseph,
Turpiter ignotis uenditur ære uiris.
Inuida quem fratrum decepto turba parente,
Nunciat immanes dilaniasse feras.
Talibus immersum curis pelagoq; malorum
Erigit, & mira protegit arte Deus.
Casibus afficitur, patrio nam corde piorum,
Adflictisq; suo tempore præstat opem.

FINIS.

CHRI. EGEN.

D. M. XXXIX.

Abb. 6 | Aufstellung der Abteilungen der Bibliothek von Gustav Mori. Gutenberg-Museum, Mainz

Abb. 7 | Schlussseite mit dem Druckerzeichen von Christian Egenolff (Frankfurt am Main), in: Aemilius 1539. Gutenberg-Museum, Mainz, GM Mori Sig 12

dieser Reihenfolge werden auch die Blätter in den Mappen untergebracht. Ich habe auf diese Weise mehr als 2000 Blatt in 12 Mappen geordnet. Für die Ausschnitte empfehle ich Ihnen eine Unterbringung in Kästen, es genügen hierfür mittelgroße Papp- oder Zigarrenkisten. Hier kann die Einteilung sich der Bibliotheksordnung angleichen."[4]

Die umfangreiche Bibliothek mit den zahlreichen Originalen diente Mori als Grundlage für seine Forschungen, die er neben seiner 40-jährigen Tätigkeit bei der Schriftgießerei D. Stempel AG in Frankfurt als Abteilungsleiter der Linotype-Matrizenfabrik verfolgte. Durch seine Buchdruckerlehre interessierte er sich in erster Linie für die technische Seite des Schriftgusses und die frühen Errungenschaften der Druckkunst.[5]

Unter den Schriftgießern beschäftigte sich Mori am eingehendsten mit dem Frankfurter Buchdrucker und Schriftgießer Christian Egenolff, dessen Werkstatt durch Generationen der Familien Sabon sowie Luther über 280 Jahre

4 Institut für Stadtgeschichte Frankfurt am Main, S1-152/22, Nr. 66 (Brief an Franz Hönig, 23.11.1948). Die erwähnte Anlage ist leider nicht enthalten.

5 Zu Schriftgießereien: Mori 1924; zum Frühdruck folgende polemische Beiträge: Mori 1921, Mori 1944/49. Siehe die bis 1942 veröffentlichten Beiträge von Mori in: Gutenberg-Gesellschaft 1942.

hinweg weitergeführt wurde. Mori stellte Egenolff in seinen Schriften als den bedeutendsten frühen Schriftgießer Deutschlands dar (Abb. 7).[6] Den Frühdruck erforschte Mori nicht nur über archivalische Funde und auf Basis der Literatur, sondern erschloss ihn auch praktisch. Er versuchte über den Guss von historischen Lettern und den Nachdruck konkreter Beispiele technische Herausforderungen der ersten Drucker nachzuvollziehen. Zu unterschiedlichen Anlässen entstanden Einzelseiten der *Gutenberg-Bibel* (1914), des *Psalterium Benedictum* (1920), des *Türkenkalenders für das Jahr 1455* (1928), der *36-zeiligen Bibel* (1932) und des *Canon Missae* (1940) mit begleitenden Dokumentationen durch Mori.[7]

Sein Interesse für Schriftgießerei und sein Engagement in Frankfurt mündeten in der Gründung des Schriftgießerei-Museums im „Haus zum Frosch" in der Mainmetropole. Das Museum wurde mit Mitteln und durch die Unterstützung der Stadt trotz des Kriegsgeschehens am 1. Juli 1940 eröffnet.[8] Das Haus gehörte ursprünglich der Egenolff-Lutherischen Schriftgießerei, und es war damit ein Glücksfall, die neue Kulturinstitution in diesen historisch bedeutenden Räumlichkeiten unterbringen zu können. Leider bestand das Museum jedoch nicht lange: Die kriegsbedingten Zerstörungen im Jahr 1944 waren so groß, dass es nicht mehr zur Wiedereröffnung kam. Die größte Sorge Moris galt dem Bestand: Es sollte „unter allen Umständen vermieden werden, dass nach [s]einem Tod die einzigartige Sammlung auseinandergerissen und in die ganze Welt zerstreu[t] würde. Kein Museum der ganzen Welt kann sich eines solchen Reichtums an den so ungemein seltenen Schriftprobenblättern des 16. Jahrhunderts bis in die neueste Zeit hinein rühmen und so die Möglichkeit bieten, an einer Stelle den Schriftenreichtum dieser Zeit zu überblicken."[9]

DIE SAMMELTÄTIGKEIT VON MORI

Grundlage der Forschungen Moris war seine umfangreiche Bibliothek. Beispielhafte historische Drucke sowie Buchseiten dienten entweder ebenfalls als Schriftproben oder lieferten Informationen zu einzelnen Drucker:innen. Die Druckerzeichen darunter waren in erster Linie aus typografischer und biografischer Sicht bedeutend. Fragen zur Ikonografie oder zu unterschiedlichen Gestaltungsformen scheinen Mori hingegen weniger beschäftigt zu haben. In Einzelfällen zog er sie beispielhaft in seinen Beiträgen heran, wie das Titelblatt mit dem Druckerzeichen der Frankfurter Offizin Palthenius von 1605 (Abb. 8) in der Publikation zur Druckereigeschichte der Firma Weisbrod.[10]

Blickt man auf die oben genannten Erwerbsdaten der Druckerzeichen, wird deutlich, dass sie zumeist als Konvolute in die Sammlung kamen. In den meisten Fällen wäre somit die Wahl und Zusammenstellung der Signets nicht Mori,

6 Neben zahlreichen Aufsätzen zu Egenolff ist folgende Monografie hervorzuheben: Mori 1926.

7 Auflistung dieser Publikationen siehe: Gutenberg-Gesellschaft 1942.

8 Korrespondenz zur Eröffnung des Museums: Institut für Stadtgeschichte Frankfurt am Main, S2, 987. Im Schreiben an das Hauptverwaltungsamt (12.12.1939) wird sogar die Eröffnung des Museums als eine „kriegswichtige Aufgabe" eingestuft.

9 Mori 1945, S. 72. Die Sammlung der Schriftproben blieb nach seinem Tod erhalten und befindet sich heute in der Universitätsbibliothek J. C. Senckenberg in Frankfurt.

10 Mori 1932, Abb. [2]. Darin wird das Titelblatt mit dem Druckerzeichen der Offizin Palthenius verwendet, 1605, Gutenberg-Museum, Mainz, GM Mori Bs 292.

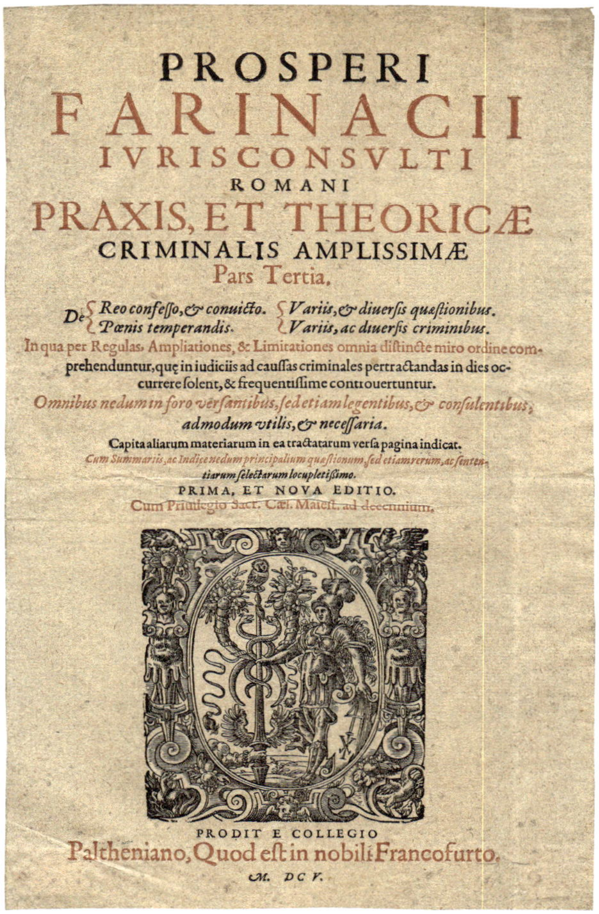
PROSPERI
FARINACII
IVRISCONSVLTI
ROMANI
PRAXIS, ET THEORICÆ
CRIMINALIS AMPLISSIMÆ
Pars Tertia.
De { Reo confesso, & conuicto. / Pœnis temperandis. } { Variis, & diuersis quæstionibus. / Variis, ac diuersis criminibus.
In qua per Regulas, Ampliationes, & Limitationes omnia distincte miro ordine comprehenduntur, quę in iudiciis ad caussas criminales pertractandas in dies occurrere solent, & frequentissime controuertuntur.
Omnibus nedum in foro versantibus, sed etiam legentibus, & consulentibus; admodum vtilis, & necessaria.
Capita aliarum materiarum in ea tractatarum versa pagina indicat.
Cum Summariis, ac Indice nedum principalium quæstionum, sed etiam rerum, ac sententiarum selectarum locupletissimo.
PRIMA, ET NOVA EDITIO.
Cum Priuilegio Sacr. Cæs. Maiest. ad decennium.
PRODIT E COLLEGIO
Paltheniano, Quod est in nobili Francofurto.
M. DC V.

Abb. 8 | Titelblatt mit dem Druckerzeichen der Offizin Palthenius (Frankfurt am Main), in: Farinacci 1605. Gutenberg-Museum, Mainz, GM Mori Bs 292

sondern höchstwahrscheinlich vorigen Sammlern oder Sammlerinnen zuzuschreiben. Dies gilt insbesondere für die großformatigen Länder-Mappen. Ihre aufwendigere Hülle mit Marmorpapier und gesondertem größeren Format spricht für die Übernahme in der vorliegenden Zusammenstellung.[11] Die wenigsten Druckerzeichen wurden vermutlich als Einzelblätter übernommen, wie das in Rot gedruckte Signet der Officina Plantiniana, das im Jahr 1910 in die Sammlung kam (Abb. 9).

Da Mori selbst kaum Interesse hatte, Lücken in seiner Druckerzeichensammlung zu schließen, wäre eine aktive Suche oder gar ein Heraustrennen einzelner Seiten aus Büchern undenkbar. Die Druckerzeichen kamen, wie oben erwähnt, vermutlich als bereits beschnittene Fragmente in Konvoluten in seine Sammlung. Mori stufte jegliche Buchfragmente – darunter auch Druckerzeichen – als bedeutend ein. In dem zitierten Brief an Hönig notierte er, dass „auch Ausschnitte [aus einem Buch] ein wertvolles Quellenmaterial darstellen, das erhalten und zweckdienlicher Verwendung zugeführt werden muss".[12] Zu Lebzeiten Moris, also in der ersten Hälfte des 20. Jahrhunderts, waren bereits zahlreiche Buchfragmente aufgelöster und zerschnittener Bücher im Umlauf.[13] Über Jahrhunderte hatten Sammler:innen, die sich keine vollständigen Drucke leisten konnten, Fragmente oder Bestandteile von Büchern gesammelt; neben den Druckerzeichen waren es Buchillustrationen, Initialen, Buchschmuck oder Exlibris. Um zumindest Fragmente vor der Entsorgung zu bewahren, lösten Sammler:innen wie Buchhändler:innen Drucke in schlechtem Zustand auf. Mitunter geschah dies auch aus fragwürdigen Beweggründen – etwa um durch das Zerschneiden der Bücher eine Wertsteigerung für einzelne Teile zu erzielen.[14]

Der Druckerzeichenbestand von Gustav Mori steht in der Tradition der großen Sammlungen des 19. Jahrhunderts. Darunter wäre die umfangreiche Sammlung von Gottlob Günther Freiherr von Berlepsch zu nennen, die reich bestückt war und weitaus mehr als nur Druckerzeichen enthielt (heute in der Herzog August Bibliothek in Wolfenbüttel);[15] ebenso die Sammlung von Walter von Zur Westen (heute an der Universitätsbibliothek Würzburg), der die Blätter als eine Grenzgattung zwischen „Reklame und Buchkunst" sammelte und in der Publikation zum eigenen Bestand entsprechend bewertete: „Wenn sich meine Sammlungen von Signeten und Buchtiteln auch nicht entfernt mit den großen Kollektionen der Staatlichen Kunstbibliothek in Berlin oder des Buchhändler-Börsenvereins in Leipzig messen können, so ist doch immerhin eine stattliche Zahl [mit 400 Blättern] zusammengekommen, die eine Übersicht

11 Diese Mappen haben eine eigene Nummerierung 1–5 und gehören nicht zu den im Brief an Hönig genannten zwölf Mappen aus der grafischen Sammlung von Mori. Davon fehlen im Gutenberg-Museum die Mappen 1, 2, 3 und 11.
12 Institut für Stadtgeschichte Frankfurt am Main, S1-152/22, Nr. 66 (Brief an Franz Hönig, 23.11.1948).
13 Zum Sammler Heinrich Lempertz siehe den Beitrag von Nanobashvili/Milde in diesem Band.
14 Ruppelt 1997, S. 83–117; Mathy 2005.
15 Für den Hinweis danke ich Anja Wolkenhauer.

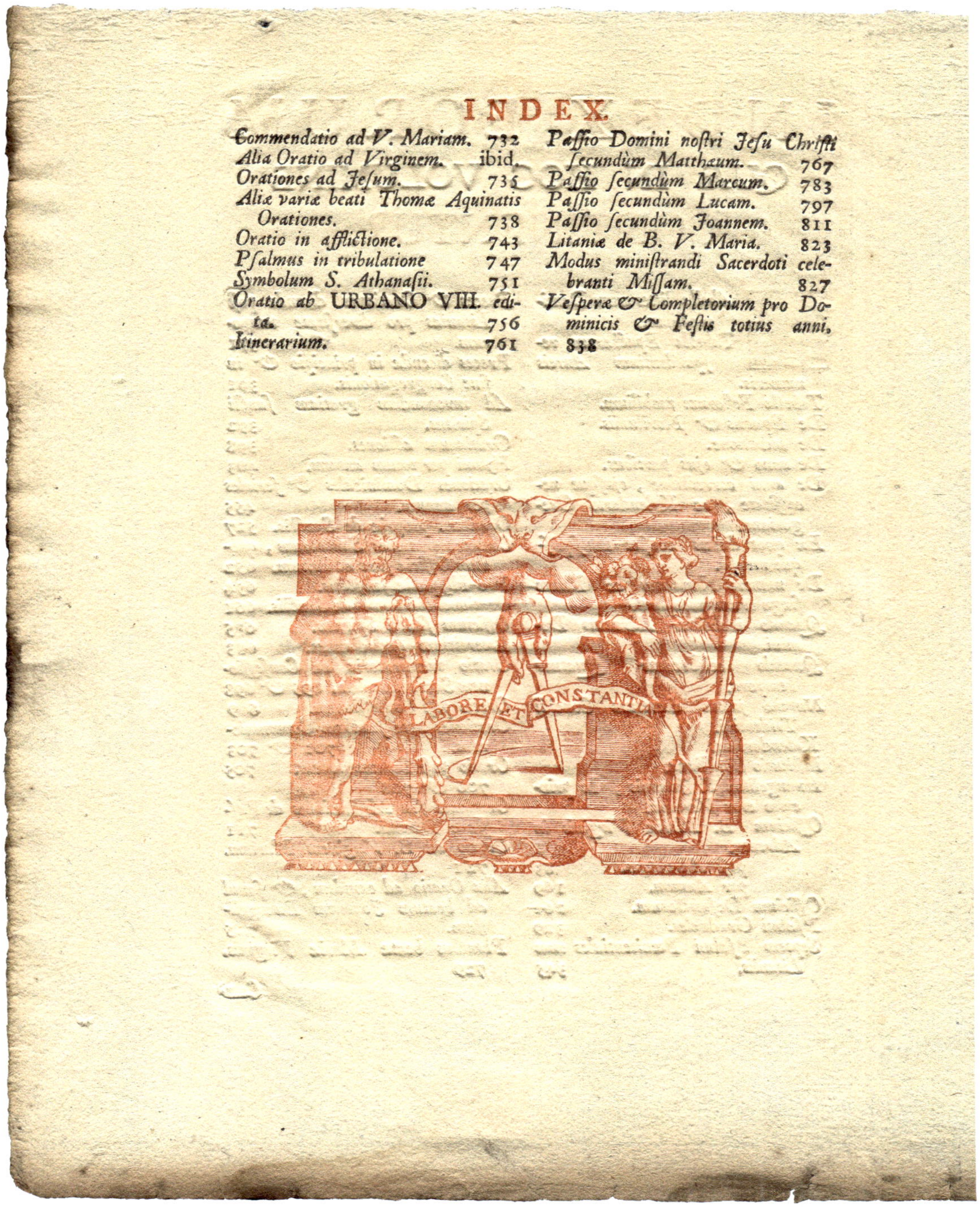

INDEX

Abb. 9 | Schlussseite mit dem Druckerzeichen der Officina Plantiniana (Antwerpen), in: Breviarium 1756. Gutenberg-Museum, Mainz, GM Mori Sig 200

über die Entwicklung vom Ausgange des 15. Jahrhunderts über Holbein und die Holzschneider der Renaissance, über die französischen Feinstecher des 18. Jahrhunderts, über Chodowiecki und Meil bis zu Menzel und Hosenmann gibt und damit einen beinahe unmittelbaren Anschluß an die Arbeiten der buchgewerblichen Bewegung seit den 70er Jahren des vorigen Jahrhunderts vermittelt."[16] Erwähnenswert ist außerdem die Versteigerung im Jahr 1910 in Leipzig: Sie betraf die zu diesem Zeitpunkt vermutlich umfangreichste Sammlung an Druckerzeichen – 10 000 Blätter des Frankfurter Sammlers Heinrich Eduard Stiebel.[17]

In seinen biografischen Schriften thematisierte Mori mehrfach seine Sammeltätigkeit. Seit jungen Jahren erwarb er alles rund um den Buchdruck und pflegte engen Kontakt zu Buchhändler:innen. Durch sein Engagement in vielen Vereinen, darunter in der Typographischen Gesellschaft in Frankfurt, dem Verein der Schriftgießereien in Offenbach und der Internationalen Gutenberg-Gesellschaft in Mainz, verfügte er außerdem über ein großes Netzwerk an Buchforschenden. Darüber hinaus wurde er häufig als Kenner bei der Auflösung von Nachlässen herangezogen und erhielt Schenkungen.[18] Seine Sammelinteressen fasste er wie folgt zusammen: „Seit dieser Zeit [der 450-Jahrfeier der Erfindung des Buchdrucks im Jahr 1890] verdichtete sich in mir der Wunsch, ebenfalls den mit der Frühzeit des Buchdrucks verbundenen Problemen nachzugehen. Ich fing an, alles zusammenzutragen, was mit der Geschichte der Druckkunst in irgendeinem Zusammenhange stand. Nur wenige sammelten auf diesem Gebiete. So konnte ich im Laufe der Jahrzehnte ein Quellenmaterial in meinem Besitz vereinigen, das heute schwerlich zu einem zweiten Mal zusammenzubringen wäre."[19] Auch wenn Mori in seinen Schriften und Briefen häufig von seiner Sammlung spricht, nennt er die wenigsten Erwerbungen im Einzelnen. Am häufigsten erwähnte er Schriftproben sowie ein Pergamentblatt aus dem *Mainzer Psalterium* von 1457, das ihm als Vorlage für einen Nachdruck diente.[20]

16 Von zur Westen 1931, S. [19–20, 29].
17 Auktionskatalog, C. G. Boerner, Leipzig, 1910, 21.–26.11., S. 218–220. Der Verbleib dieser Sammlung konnte zum Zeitpunkt der Recherche nicht ermittelt werden.
18 Mori 1945, S. 8.
19 Lübbecke 1948, S. 8.
20 Siehe Brief von Gustav Mori an Dr. Adolf Tronnier, 19.7.1931, S. 4. Gutenberg-Bibliothek, 18 m 1574.

DER WEG INS MUSEUM

Wenige Monate nach dem Tod Moris wurde seiner Witwe Henriette Mori der Verkauf der Bibliothek an den Offenbacher Verein der Schriftgießereien angeboten, der im Zusammenhang mit dem geschlossenen Schriftgießerei-Museum stand. Zu diesem Anlass ist ihr Brief an Aloys Ruppel vom 15. November 1950 überliefert, in dem sie ihr hohes Vertrauen in den damaligen Direktor des Gutenberg-Museums zum Ausdruck brachte und ihn um Rat bat. Die vorgeschlagenen 20 000 Reichsmark erschienen ihr für den Verkauf zu niedrig; zudem hielt sie es für bedenkenswert, die Sammlung in den Kisten verpackt zu lassen, da der Verein zu diesem Zeitpunkt über keine Räumlichkeiten zur Unterbringung verfügte: „Nun da ich weiß, dass die Sammlung meines guten Mannes, die er mit so viel Liebe, Sorgfalt und Opfer zusammengetragen hat, in gute Hände kommt und geschlossen bleibt, bringe ich gering das Opfer. Nur schade ist es, dass die Bücher verpackt in Kisten stehen bleiben müssen, da noch kein Raum für eine Bibliothek vorhanden ist." Die Antwort von Ruppel – „wichtig ist es doch auch, dass die Sammlung beisammen bleibt. Bei einer Versteigerung wäre sie sicher in alle Winde zerstreut worden und hätte Ihnen wahrscheinlich auch nicht mehr Gewinn eingebracht" – bestärkte sie zum Verkauf der Sammlung in geschlossener Form, der noch im Jahr 1950 erfolgte.[21]

Unmittelbar nach der Übernahme verkaufte der Verein dennoch einen Teil der Bibliothek von Mori mit 212 Büchern an die damalige Stadt- und Universitätsbibliothek Frankfurt,[22] während die weiteren Bestände vermutlich in den Kisten verschlossen blieben. Mit der Eröffnung des Neubaus im Jahr 1962 erhielt das Gutenberg-Museum den restlichen Bestand zunächst als Leihgabe und erwarb ihn schließlich mithilfe der Gutenberg-Gesellschaft.[23] Sieben Jahre danach widmete Museumsdirektor Helmut Presser der Sammeltätigkeit von Gustav Mori eine umfangreiche Ausstellung und zeigte Highlights daraus zur Veranschaulichung der Interessen Moris am Schriftguss und der Druckgeschichte.[24] Die Ausstellung trug den treffenden Titel *Ein Leben für die Schrift,* der das Lebenswerk Moris würdigte. Diese Präsentation im Jahr 1969 war die erste und die letzte Auseinandersetzung mit der Sammlung im Gutenberg-Museum, die seitdem unter anderem aufgrund mangelnder Dokumentation in Vergessenheit geriet. Der vorliegende Aufsatz unternimmt nun erneut einen Vorstoß, die Bibliothek von Gustav Mori mit ihren weiteren Beständen zu beschreiben und ihre Besonderheiten hervorzuheben. In der Ausstellung wird die erhaltene Sammlung an Druckerzeichen gezeigt und einem breiten Publikum präsentiert. Die Digitalisierung dieser Buchfragmente durch die Johannes Gutenberg-Universität Mainz, die im Vorfeld stattfand, ermöglicht darüber hinaus eine umfangreiche Recherche und kann einen Anstoß für weitere Forschungen geben, was im Sinne Moris gewesen wäre, denn er war nicht nur ein sorgfältiger Sammler, sondern kategorisierte seinen Bestand mit dem Bewusstsein der Weiterverwendung durch die Nachwelt.

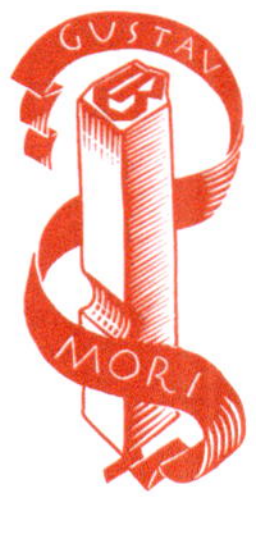

21 Stadtarchiv Mainz, NL 165/345, Brief von Henriette Mori an Aloys Ruppel (15.11.1950) und sein Antwortschreiben (23.11.1950).

22 Neben dem Ankauf im Dezember 1950 sind in den Zugangsbüchern der damaligen Stadt- und Universitätsbibliothek Frankfurt weitere Schenkungen von einzelnen Büchern bis hin zu großen Konvoluten durch Gustav Mori noch zu seinen Lebzeiten zu finden.

23 Krombach 2003. Stadtarchiv Mainz, 1982/27, 25-26 (Schriftwechsel 1969), Brief an D Stempel AG, 31.5.1969.

24 Siehe Zeitungsberichte zur Ausstellung: Ein Leben für die Schrift 1969; Anfänge der Schriftgiesserei 1969. Außerdem zur Ausstellung Briefe von Helmuth Presser an Dr. Eduard Born, den Geschäftsführer der Gutenberg Gesellschaft und des Vereins der Schriftgießereien (?), 12.5.1969, 6.6.1969; an Edeltraud Mori, 14.7.1969, mit dem Hinweis, dass das Plakat der Ausstellung bereits vergriffen sei (Stadtarchiv Mainz, 1982/27, 25–26 [Schriftwechsel 1969]).

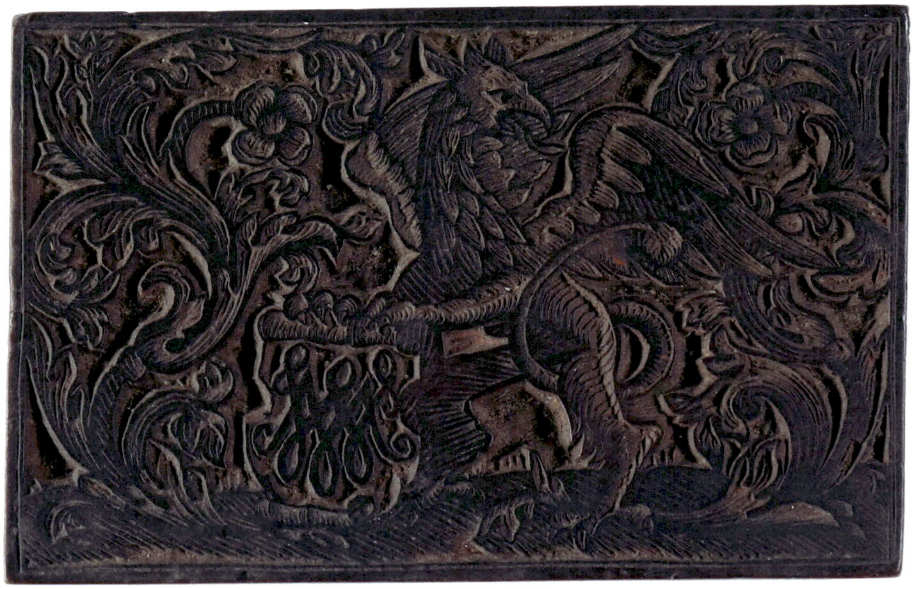

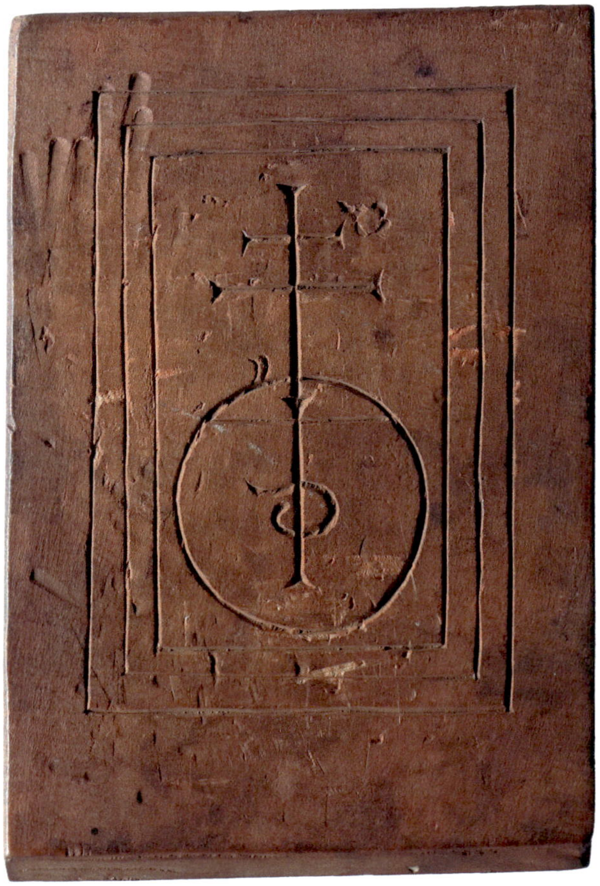

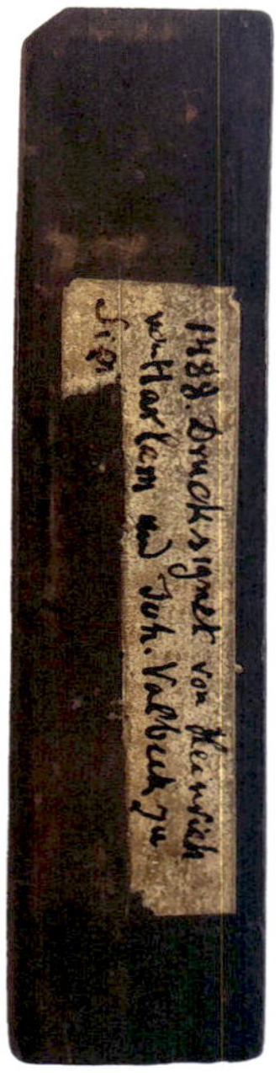

Abb. 1 | Doppelseitiger Druckstock mit dem Druckerzeichen von Wilhelm Metternich (Köln), [ab 1740]. Gutenberg-Museum, Mainz, GM DF 870

Abb. 2 | Doppelseitiger Druckstock mit dem Druckerzeichen von Heinrich von Haarlem und Johann Valbeck, geschnitzt durch Heinrich Lempertz 1838. Gutenberg-Museum, Mainz, GM DF 870

Abb. 3 | Aufgeklebter Zettel mit der Inschrift auf dem Druckstock des Gutenberg-Museums, Mainz, GM DF 870

EIN DRUCKSTOCK – ZWEI SEITEN. DRUCK- UND SAMMLUNGSGESCHICHTE IN EINEM OBJEKT

Nino Nanobashvili mit Josefine Milde[1]

Im Februar 2023 erreichte das Gutenberg-Museum ein Verkaufsangebot per E-Mail, in dem Bilder eines doppelseitigen Druckstocks enthalten waren. Die eine Seite zeigt einen aufgerichteten Greif, dessen Vorderpfoten auf einem Wappen mit dem Monogramm WM ruhen (Abb. 1); diese Seite ist schwarz gefärbt. Auf der anderen Seite, auf der rote Farbreste sichtbar sind, ist ein Kreuz mit einem Kreis in dreifachem Rahmen zu sehen (Abb. 2). An der seitlichen Kante klebt ein Blattfragment mit der Inschrift „1488 Drucksignet von Heinrich von Harlem und Joh. Valbeck zu Sie[...]", die sich auf die zweite rote Seite bezieht. Dieser Hinweis auf die Zeit des Frühdrucks war für den Händler vermutlich Anlass, sich an das Gutenberg-Museum zu wenden, das mit seiner Inkunabelsammlung und seiner Spezialisierung auf die Druckgeschichte als passender Sammlungsort für den Druckstock erschien.

Da Druckgegenstände aus dem 15. Jahrhundert äußerst selten sind, löste der angebotene Druckstock im Museum Interesse aus. Zugleich warf das Objekt einige Fragen auf: Wie kam es zur doppelseitigen Ausführung, und aus welcher Zeit stammte die Seite mit dem Greif? Welchen Druckern waren die Druckerzeichen zuzuordnen? Warum war die eine Seite rot gefärbt? Nach dem Vergleich mit dem einzig bekannten Signet von Heinrich von Haarlem und Johann Valbeck in dem Druck von 1488 schien das Druckbild dem Druckstock nicht zu entsprechen und war zudem in Schwarz abgebildet worden (Abb. 4).[2] Wurde dieser Druckstock für eine andere Verwendung angefertigt? Und schließlich: Woher kam das Objekt?

Viele dieser Fragen ließen sich durch den drucktechnischen Bestand des Gutenberg-Museums nicht beantworten. So erschien es naheliegend, uns an die Partnerinstitution zu wenden, das Museum Plantin-Moretus in Antwerpen, das sich durch eine umfangreiche Druckstocksammlung und hohe Expertise auf diesem Gebiet auszeichnet.[3] Trotz hilfreicher Hinweise durch den Kurator für die typografische und technische Sammlung[4] blieben so viele Fragen offen, dass sich das Gutenberg-Museum zunächst gegen den Ankauf entschied.

1 Josefine Milde danke ich für ihre Recherche zur Familie Metternich.
2 Petruccius 1488, fol. [140r].
3 Siehe dazu den Beitrag von Joost Depuydt in diesem Band.
4 Für einen produktiven Austausch danken wir Joost Depuydt, dem Kurator für die typografische und technische Sammlung des Museums Plantin-Moretus.

Nicht wissend, dass sich die Institutionen über den Druckstock ausgetauscht hatten, unterbreitete der Kunsthändler dem Museum Plantin-Moretus das gleiche Angebot. Auch hier war sicherlich die umfangreiche drucktechnische Sammlung der Anlass für den Kaufvorschlag. Inzwischen war es dem Kurator in Antwerpen gelungen, die Zuordnung der Rückseite an den Kölner Drucker Wilhelm Metternich vorzunehmen.[5] Metternich stammte aus einer Kölner Druckerfamilie, die ab dem 17. Jahrhundert eine erfolgreiche Druckerei führte. Innerhalb dieser Zeit wechselten Familienmitglieder ihre Signets. So lässt sich heute eine Vielfalt an religiösen wie auch profanen Motiven finden, von denen sich einige auch in der Sammlung von Gustav Mori im Gutenberg-Museum befinden.

Peter Metternich eröffnete im Schwarz(en)haus nahe des Kölner Doms als Erster der Familie um 1629 seine Druckwerkstatt.[6] In zweiter Generation spaltete sich die Tätigkeit der Druckerei auf: Sein Sohn Paul aus erster Ehe richtete in der Nähe ab 1650 eine eigene Druckerei ein und verwendete als Signet einen von Ornamenten umschlossenen Menschenkopf mit Adlerflügeln (Abb. 5).[7] Die Kinder aus zweiter Ehe, Arnold und Margarete, führten zusammen mit ihrer verwitweten Mutter später das Schwarzhaus bis zum Jahr 1733 weiter.[8] Die parallel geführte Druckerei Paul Metternichs blieb einige Generationen bestehen und musste 1793 aufgrund einrückender französischer Revolutionstruppen nach rund 140 Jahren schließen.[9] Paul Metternichs Söhne Franz und Wilhelm verwendeten jeweils eigene Druckerzeichen, darunter den Heiligen Geist in Form einer Taube (Abb. 6) sowie einen Greif mit den Initialen WM (Abb. 7). Die letztere Darstellung ist auf einer Seite des Druckstocks zu sehen.

Da das Antwerpener Museum sich auf die Familiengeschichte Plantin-Moretus und die Antwerpener Drucker konzentriert, entschieden auch sie sich gegen den Ankauf des Objekts mit Sieneser-Kölner Herkunft. Der Druckstock gewann unterdessen immer mehr das Interesse des Gutenberg-Museums zurück. Mit Blick auf die bevorstehende Ausstellung zu Druckerzeichen sowie auf die Sammlung des Gutenberg-Museums erschien es dabei bedeutend, den Druckstock erneut in den Fokus zu nehmen und die Meinung einiger weiterer Expert:innen in Betracht zu ziehen. Ein entscheidender Hinweis war, den Blick auf die Rezeptionsgeschichte zu lenken, anstatt die Zusammenhänge direkt in Primärquellen zu suchen.[10]

Die Rezeptionsgeschichte zu diesem einzig im Druck von 1488 verwendeten Druckerzeichen durch Valbeck und von Haarlem ist überschaubar (Abb. 4). Die früheste Reproduktion des Signets findet sich in der Publikation *Beiträge zur älteren Geschichte der Buchdruck- und Holzschneidekunst* von Heinrich Lempertz aus dem Jahr 1838 (Abb. 8).[11] Das abgebildete Druckerzeichen ist – wie die vier weiteren italienischen in dieser Ausgabe – in Rot. Hier sticht sofort

5 Eine Publikation von Joost Depuydt zu dem Druckstock ist für die Festschrift von Lieve Watteeuw in Vorbereitung.
6 Heitjan 1980, S. 38.
7 Ebd., S. 49.
8 Ebd., S. 53.
9 Corsten 1999.
10 Für die informativen Gespräche danken wir Elizabeth Savage und Edward Potten.
11 Lempertz 1838, S. [7]; Lempertz 1839, S. [11].

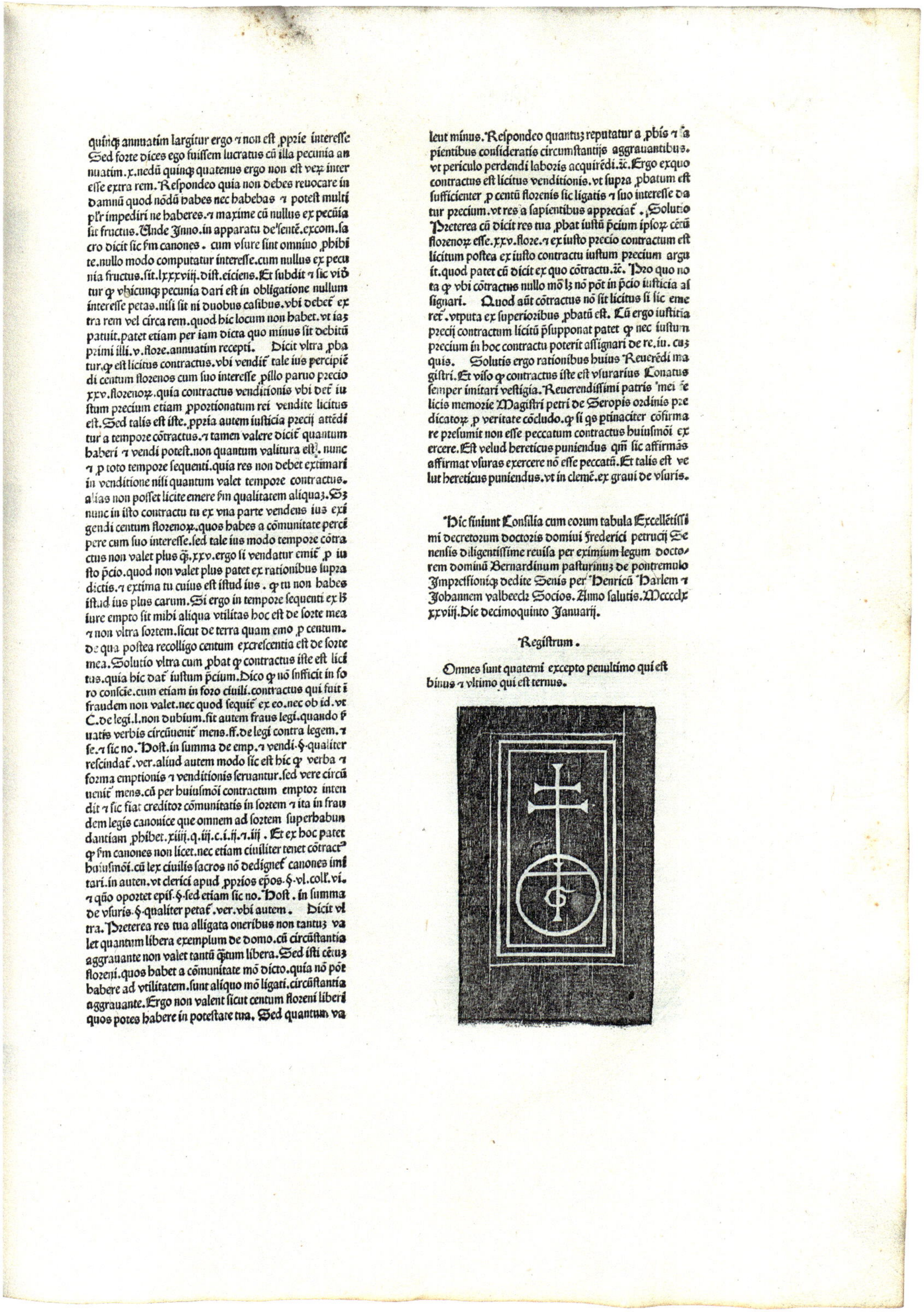

quinq3 annuatim largitur ergo ⁊ non est ꝓprie interesse
Sed forte dices ego fuissem lucratus cū illa pecunia an
nuatim .x. nedū quinq3 quatenus ergo non est verum inter
esse extra rem. Respondeo quia non debes reuocare in
damnū quod nōdū habes nec habebas ⁊ potest multi
pl'r impediri ne haberes. ⁊ maxime cū nullus ex pecūia
sit fructus. Unde Inno. in apparatu de sentē. excom. sa
cro dicit sic fm canones . cum vsure sint omnino ꝓhibi
te. nullo modo computatur interesse. cum nullus ex pecu
nia fructus. sit. lxxxviij. dist. eiciens. Et subdit ⁊ sic vid
tur ꝙ vbicunq3 pecunia dari est in obligatione nullum
interesse petas. nisi sit ni duobus casibus. vbi debet ex
tra rem vel circa rem. quod hic locum non habet. vt ia3
patuit. patet etiam per iam dicta quo minus sit debitū
primi illi. v. flore. annuatim recepti. Dicit vltra ꝓba
tur. ꝙ est licitus contractus. vbi vendit tale ius percipiē
di centum florenos cum suo interesse ꝓillo paruo precio
xxv. florenorum. quia contractus venditionis vbi det iu
stum precium etiam ꝓportionatum rei vendite licitus
est. Sed talis est iste. ꝓpria autem iusticia precij attēdi
tur a tempore cōtractus. ⁊ tamen valere dicit quantum
haberi ⁊ vendi potest. non quantum valitura est. nunc
⁊ ꝓ toto tempore sequenti. quia res non debet extimari
in venditione nisi quantum valet tempore contractus.
alias non posset licite emere fm qualitatem aliqua3. Sz
nunc in isto contractu tu ex vna parte vendens ius exi
gendi centum florenorum. quos habes a cōmunitate perci
pere cum suo interesse. sed tale ius modo tempore cōtra
ctus non valet plus q̄. xxv. ergo si vendatur emit ꝓ iu
sto p̄cio. quod non valet plus patet ex rationibus supra
dictis. ⁊ extima tu cuius est istud ius . ꝙ tu non habes
istud ius plus carum. Si ergo in tempore sequenti ex h
iure empto sit mihi aliqua vtilitas hoc est de sorte mea
⁊ non vltra sortem. sicut de terra quam emo ꝓ centum.
de qua postea recolligo centum excrescentia est de sorte
mea. Solutio vltra cum ꝓbat ꝙ contractus iste est lici
tus. quia hic dat iustum p̄cium. Dico ꝙ nō sufficit in fo
ro conscie. cum etiam in foro ciuili. contractus qui fuit i
fraudem non valet. nec quod sequit ex eo. nec ob id. vt
C. de legi. l. non dubium. fit autem fraus legi. quando s
uatis verbis circūuenit mens. ff. de legi contra legem. ⁊
se. ⁊ sic no. Host. in summa de emp. ⁊ vendi. §. qualiter
rescindat. ver. aliud autem modo sic est hic ꝙ verba ⁊
forma emptionis ⁊ venditionis seruantur. sed vere circū
uenit mens. cū per huiusmōi contractum emptor inten
dit ⁊ sic fiat creditor cōmunitatis in sortem ⁊ ita in frau
dem legis canonice que omnem ad sortem superhabun
dantiam ꝓhibet. xiiij. q. iij. c. i. ij. ⁊ iij . Et ex hoc patet
ꝙ fm canones non licet. nec etiam ciuiliter tenet cōtract9
huiusmōi. cū lex ciuilis sacros nō dedignet canones imi
tari. in auten. vt clerici apud ꝓprios epos. §. vl. coll. vi.
⁊ qūo oportet epis. §. sed etiam sic no. Host . in summa
de vsuris. §. qualiter petat . ver. vbi autem . Dicit vl
tra. Preterea res tua alligata oneribus non tantu3 va
let quantum libera exemplum de domo. cū circūstantia
aggrauante non valet tantū q̄tum libera. Sed isti cētu3
floreni. quos habet a cōmunitate mō dicto. quia nō pōt
habere ad vtilitatem. sunt aliquo mō ligati. circūstantia
aggrauante. Ergo non valent sicut centum floreni liberi
quos potes habere in potestate tua. Sed quantum va
leut minus. Respondeo quantu3 reputatur a ꝓbis ⁊ sa
pientibus consideratis circumstantijs aggrauantibus.
vt periculo perdendi laboris acquirēdi. ⁊c. Ergo exquo
contractus est licitus venditionis. vt supra ꝓbatum est
sufficienter ꝓ centū florenis sic ligatis ⁊ suo interesse da
tur precium. vt res a sapientibus appreciat . Solutio
Preterea cū dicit res tua ꝓbat iustū p̄cium ipsorum cētū
florenorum esse. xxv. flore. ⁊ ex iusto precio contractum est
licitum postea ex iusto contractu iustum precium argu
it. quod patet cū dicit ex quo cōtractu. ⁊c. Pro quo no
ta ꝙ vbi cōtractus nullo mō l3 nō pōt in p̄cio iusticia as
signari. Quod aūt cōtractus nō sit licitus si sic eme
ret . vtputa ex superioribus ꝓbatū est. Cū ergo iustitia
precij contractum licitū p̄supponat patet ꝙ nec iustum
precium in hoc contractu poterit assignari de re. iu. cu3
quis. Solutis ergo rationibus huius Reuerēdi ma
gistri. Et viso ꝙ contractus iste est vsurarius Conatus
semper imitari vestigia. Reuerendissimi patris mei fe
licis memorie Magistri petri de Seropis ordinis pre
dicatorum ꝓ veritate cōcludo. ꝙ si qs ptinaciter cōfirma
re presumit non esse peccatum contractus huiusmōi ex
ercere. Est velud hereticus puniendus qm̄ sic affirmās
affirmat vsuras exercere nō esse peccatū. Et talis est ve
lut hereticus puniendus. vt in clemē. ex graui de vsuris.

Hic finiunt Consilia cum eorum tabula Excellētissi
mi decretorum doctoris domini frederici petrucij Se
nensis diligentissime reuisa per eximium legum docto
rem dominū Bernardinum pasturinu3 de pontremulo
Impressioniq3 dedite Senis per Henricū Harlem ⁊
Johannem valbeeck Socios. Anno salutis. Mcccclx
xxviij. Die decimoquinto Januarij.

Registrum .

Omnes sunt quaterni excepto penultimo qui est
binus ⁊ vltimo qui est ternus.

Abb. 4 | Schlussseite mit dem Druckerzeichen von Heinrich von Haarlem und Johann Valbeck (Siena), in: Petruccius 1488. Bayerische Staatsbibliothek, München, 2 Inc.c.a.2096

Abb. 5 | Titelblatt mit dem Druckerzeichen von Paul Metternich (Köln), in: Lancellotti 1685. Gutenberg-Museum, Mainz, GM Mori Dz 57

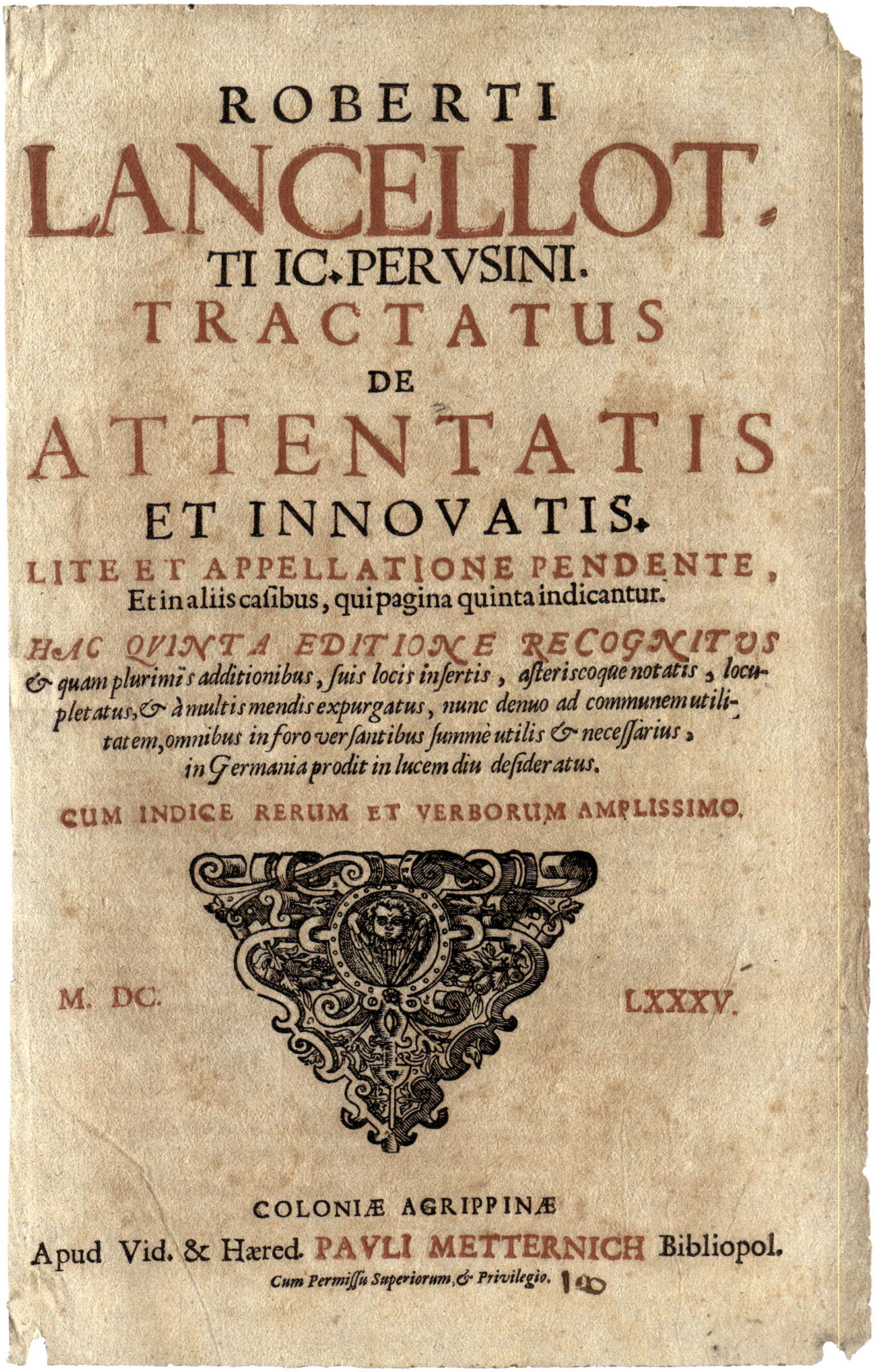

ROBERTI
LANCELLOT-
TI IC. PERVSINI.
TRACTATUS
DE
ATTENTATIS
ET INNOVATIS.
LITE ET APPELLATIONE PENDENTE,
Et in aliis casibus, qui pagina quinta indicantur.

HAC QVINTA EDITIONE RECOGNITUS & quam plurimis additionibus, suis locis insertis, asteriscoque notatis, locupletatus, & à multis mendis expurgatus, nunc denuo ad communem utilitatem, omnibus in foro versantibus summè utilis & necessarius, in Germania prodit in lucem diu desideratus.

CUM INDICE RERUM ET VERBORUM AMPLISSIMO.

M. DC. LXXXV.

COLONIÆ AGRIPPINÆ
Apud Vid. & Hæred. PAVLI METTERNICH Bibliopol.
Cum Permissu Superiorum, & Privilegio.

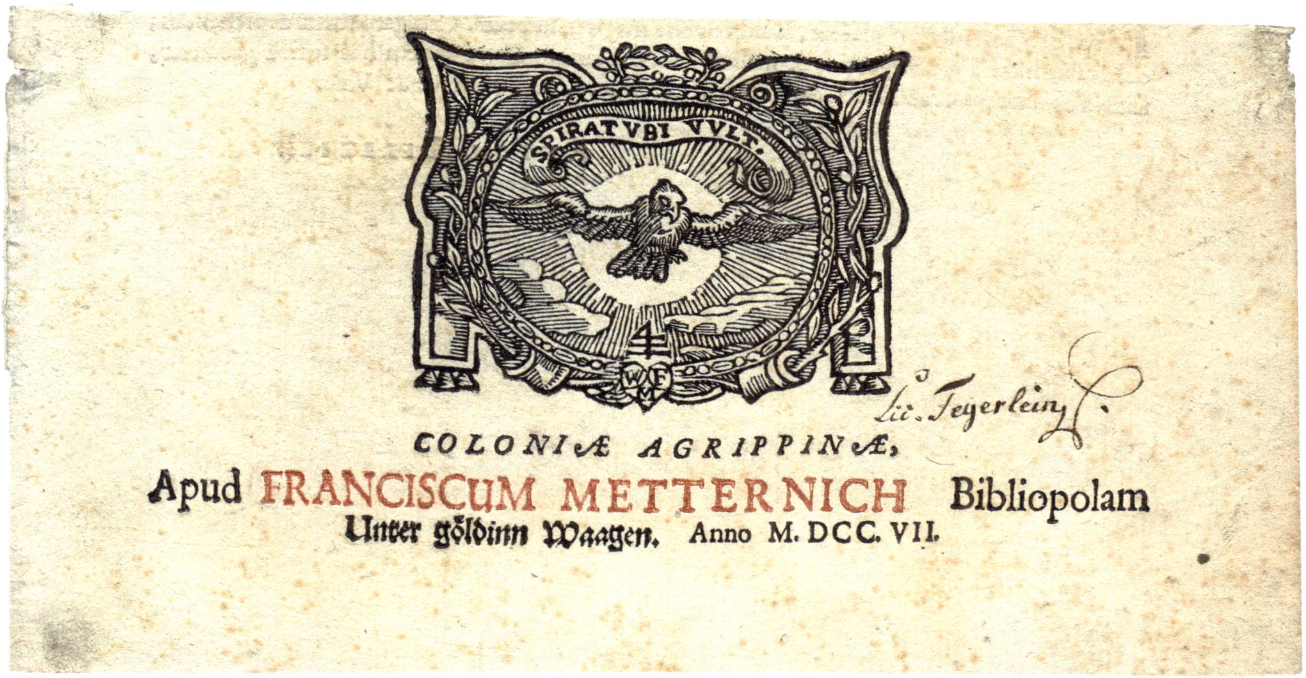

Abb. 6 | Druckerzeichen von Franz Metternich (Köln), 1707. Gutenberg-Museum, Mainz, GM Mori Dz 59

ins Auge, dass auch der Druckstock eine vergleichbare rötliche Farbe aufweist, während die ursprüngliche Wiedergabe in der Inkunabel schwarz ist. Darüber hinaus entsprechen die Maße des Druckstocks der Darstellung, ebenso wie die Einschnitte und die Linienführung im Holzstock. Zum ersten Mal entsteht der Eindruck, die Zugehörigkeit und Bestimmung des Druckstocks ermitteln zu können.

Der Autor der Publikation, Heinrich Lempertz (1816–1898), setzte sich neben seiner Tätigkeit als Setzer auch mit der frühen Druckgeschichte auseinander.[12] Der Druck von 1838 entstand im Zusammenhang mit einer Ausstellung des Gewerbevereins in Köln und war zunächst für einen kleinen Kreis bestimmt. Da dieser wohl Gefallen fand, überarbeitete Lempertz die erste Auflage und gab diese nach einem Jahr in größerer Zahl heraus.[13] Im Vorwort der erweiterten Ausgabe beschrieb er sein Ziel, die bisherigen Überblickswerke zum frühen Buchdruck mit einem bebilderten Beitrag zu erweitern, um die Einordnung undatierter Drucke zu erleichtern. Auf knapp 25 Seiten stehen deutsche und italienische Druckerzeichen der Inkunabelzeit sowie seine Überlegungen zu Kölner Bibeln von Heinrich Quentel im Mittelpunkt. Entscheidend in der zweiten Ausgabe ist das Vorwort des Autors, in dem er über seine Interessen und das Sammeln der Druckerzeichen berichtet: „Eine der ersten Aeußerungen des bei mir erwachten Sinnes war das Sammeln der Monogramme, Wappen und Insignien der Buchdrucker und Verleger in den Originalen; viele, die ich ohne

12 Bibliografisches zu Lempertz siehe in: Hanstein 1985.

13 Der Erstdruck erschien im Jahr 1838 unter dem Titel *Bibliographische und xylographische Versuche von Heinrich Lempertz. Erstes Heft (Bei Gelegenheit der Kunstausstellung des Gewerbevereins herausgegeben)*. Die Ausgabe in der Gutenberg-Bibliothek (18:4°/243) trägt außerdem eine handschriftliche Notiz: „Nicht im Handel und nur wenige Exemplare gedruckt." Lempertz 1839 ist die überarbeitete Ausgabe.

literarischen Raum und Verstümmelung zu begehen, nicht ausschneiden durfte, kopierte ich so gut es gehen wollte in Holz nach und opferte dieser Beschäftigung manche meiner Musestunden."[14]

Folgt man dieser Aussage, so ist anzunehmen, dass Lempertz den Druckstock nach dem Original von 1488 selbst anfertigte.[15] Dies bestärkt auch der Auktionskatalog über die Versteigerung der Sammlung von Heinrich Lempertz. Der umfangreiche Bestand, der die Bibliothek mit Inkunabeln bis hin zu Kupferstichen umfasst, wurde in drei Jahren, beginnend 1904, im eigenen Auktionshaus damals unter dem Namen J. M. Heberle (H. Lempertz' Söhne) durchgeführt. Gleich zu Beginn der Versteigerung standen „Literarische Arbeiten von Heinrich Lempertz sen[ior]". Unter der Nummer 6 befindet sich der „Holzstock mit dem Druckersignet von Heinrich v. Harlem u. Joh. Valbeck in Siena. 1488. Nachschnitt von H. Lempertz sen[ior]".[16] Bei der Auktion wurden drei weitere Druckstöcke mit Drucksignets angeboten, unter anderem der von Ulrich Zell, der vermutlich in derselben Publikation von 1838 Verwendung fand. Das Vorwort besagt außerdem, dass Lempertz mehrere selbst angefertigte Holzstöcke zerstörte.

Die Versteigerungen der Jahre 1904 bis 1906 zeigen die Fülle seiner Sammlung. Lempertz begann zwar als Setzerlehrling im Unternehmen von J. M. Heberle zu arbeiten, übernahm aber bereits mit 24 Jahren dessen Antiquariat, das Auktionshaus, die Druckerei und den Verlag – ein Unternehmen, das bis heute als das renommierte Auktionshaus Lempertz durch die Familie weitergeführt wird.[17]

Während die Frage zur Entstehung einer Seite des Druckstocks geklärt scheint, bleibt weiterhin offen, in welchem Verhältnis die beiden Seiten zueinanderstehen. Warum wird die Darstellung des Greifs im Auktionskatalog von 1904 nicht erwähnt, wenn sie aus dem 18. Jahrhundert stammt? Könnte der Aufkleber, der bis heute auf dem Druckstock zu sehen ist, dafür gesorgt haben, dass nur die beschriftete Seite durch die Verfasser des Versteigerungskatalogs zugeordnet werden konnte und sie die andere Seite mit dem Greifen, dem Signet von Wilhelm Metternich, übersahen? Wäre es außerdem denkbar, dass Lempertz einen zu seiner Zeit 100-jährigen Kölner Druckstock wiederverwendete? Oder schnitt Lempertz auf dem historischen Holzstock, weil er dessen Alter nicht kannte? Könnte ein solches Objekt beim Antiquar und Drucker Heberle in der Werkstatt gewesen sein, da die Druckerei Metternichs vermutlich aufgelöst wurde? Oder entstanden beide Seiten aus der Hand von Lempertz, der sich zeitübergreifend für Kölner Drucker interessierte und diesen Umstand an keiner Stelle verzeichnete, da er sich eher als Inkunabelforscher profilieren wollte? Antworten auf diese Fragen können zum aktuellen Zeitpunkt nur spekulativ ausfallen, sodass die Entstehung des Greifs nicht datiert werden kann.

14 Lempertz 1839, S. [1].
15 Heute sind Exemplare in öffentlichen Institutionen erhalten, siehe dazu Gesamtkatalog der Wiegendrucke, M31807.
16 Versteigerung der Sammlung Heinrich Lempertz senior. Bibliothek, 7.–20.4.1904, J. M. Heberle (H. Lempertz' Söhne), Köln 1904, S. 1. Die hier angegebenen Maße „Höhe 6, Breite 1 ½ cm" sind im Vergleich zu anderen Druckstöcken irreführend und scheinen fehlerhaft zu sein.
17 Siehe dazu den kurzen Überblick zur Geschichte des Auktionshauses auf der Homepage: https://www.lempertz.com/de/geschichte.html (abgerufen am 4.4.2025).

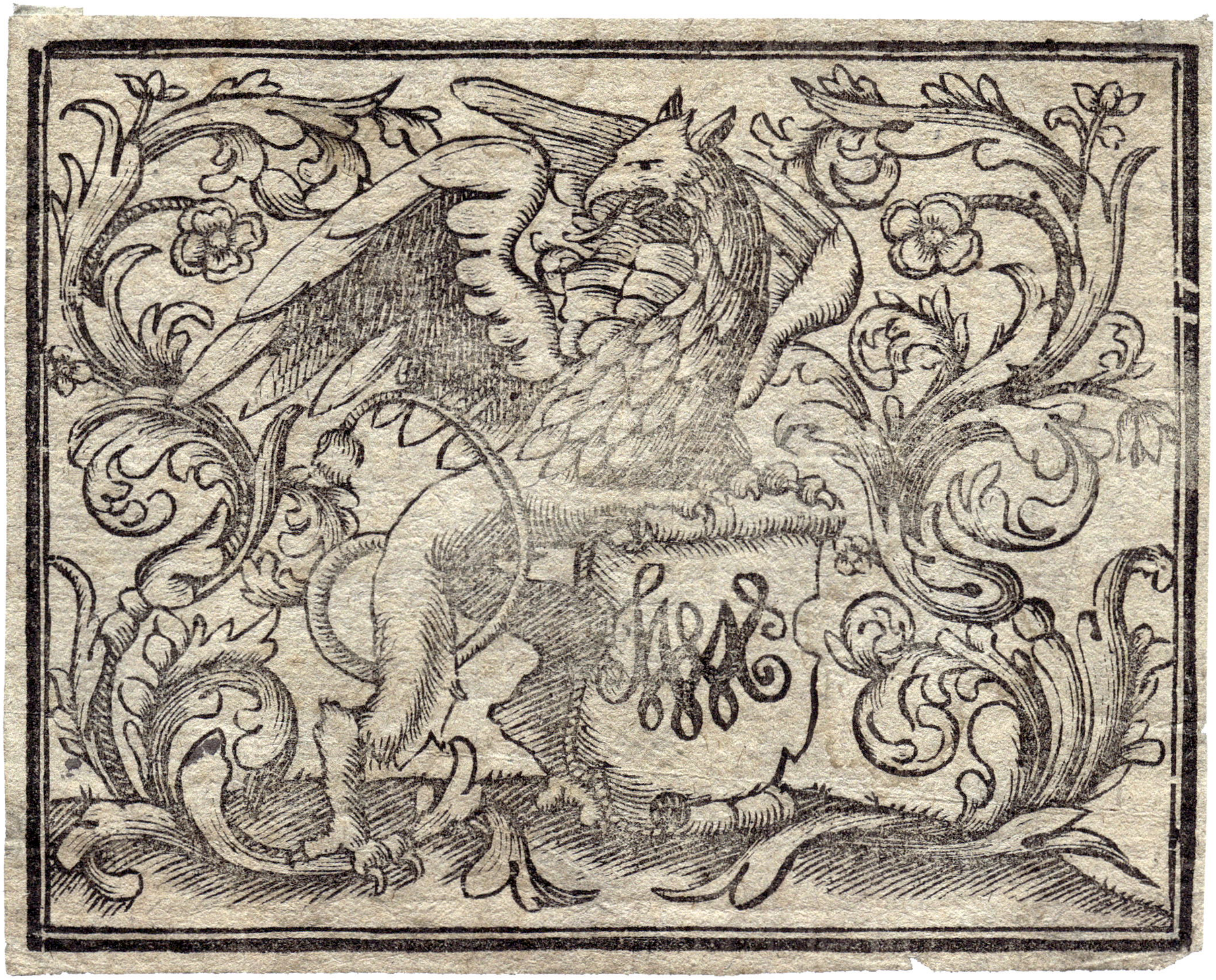

Abb. 7 | Druckerzeichen von Wilhelm Metternich (Köln), [ab 1740]. Gutenberg-Museum, Mainz, GM Mori Sig 205

Die Erkenntnis zur Entstehung des Druckstocks im 19. – oder sogar schon im 18. – Jahrhundert war ausschlaggebend für die letztliche Entscheidung, ihn für das Gutenberg-Museum zu erwerben. Das Objekt ist eine wichtige Ergänzung nicht nur für die Sammlung des Museums, sondern auch für die Ausstellung, da es in mehrfacher Hinsicht einen Kreis schließt. Es vereint Druckerzeichen aus zwei bedeutenden Buchdruckzentren, Köln und Siena. Entstanden im 19. Jahrhundert (oder früher), markiert es außerdem den Beginn der Rezeptionsgeschichte der Druckerzeichen auf bildlicher Ebene und der Publikationsreihen erster illustrierter Kataloge über Signets. Außerdem zeigt es die Herausforderung auf, das Original von einem nachgeschnittenen Druckstock zu unterscheiden und zeitlich korrekt einordnen zu können. In der Sammlung von Gustav Mori sind außerdem die zweite Ausgabe von Lempertz von 1839 ebenso wie mehrere Versionen der Druckerzeichen der Familie Metternich zu finden, sodass sie gemeinsam mit dem neu erworbenen Druckstock in der Ausstellung und im Begleitband gezeigt werden können.

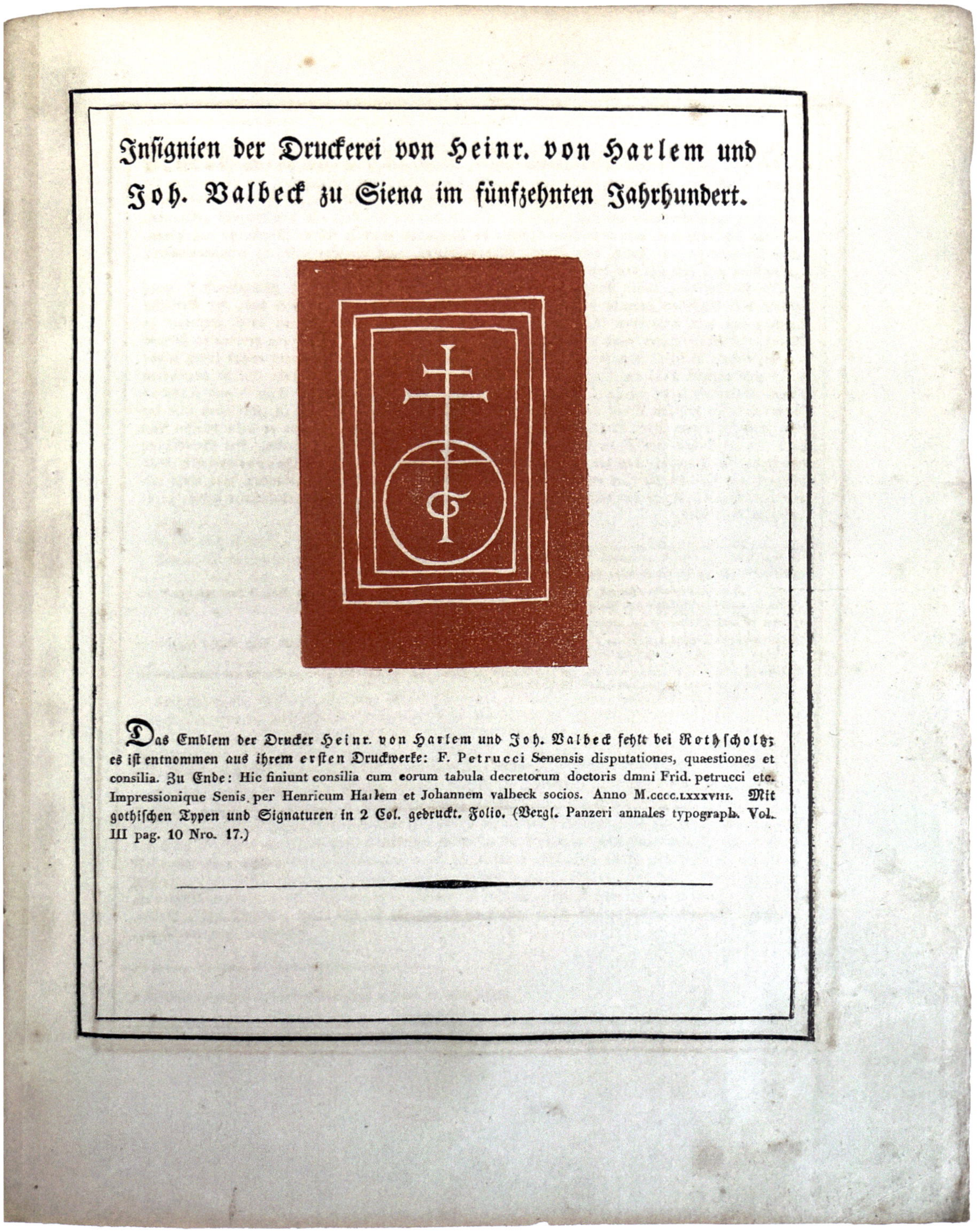

Insignien der Druckerei von Heinr. von Harlem und Joh. Valbeck zu Siena im fünfzehnten Jahrhundert.

Das Emblem der Drucker Heinr. von Harlem und Joh. Valbeck fehlt bei Rothscholtz; es ist entnommen aus ihrem ersten Druckwerke: F. Petrucci Senensis disputationes, quaestiones et consilia. Zu Ende: Hic finiunt consilia cum eorum tabula decretorum doctoris dmni Frid. petrucci etc. Impressionique Senis per Henricum Harlem et Johannem valbeck socios. Anno M.CCCC.LXXXVIII. Mit gothischen Typen und Signaturen in 2 Col. gedruckt. Folio. (Vergl. Panzeri annales typograph. Vol. III pag. 10 Nro. 17.)

Abb. 8 | Abbildung des Druckerzeichens von Heinrich von Haarlem und Johann Valbeck [Siena 1488], in Lempertz 1838. Gutenberg-Bibliothek, Mainz, 18:4°/243

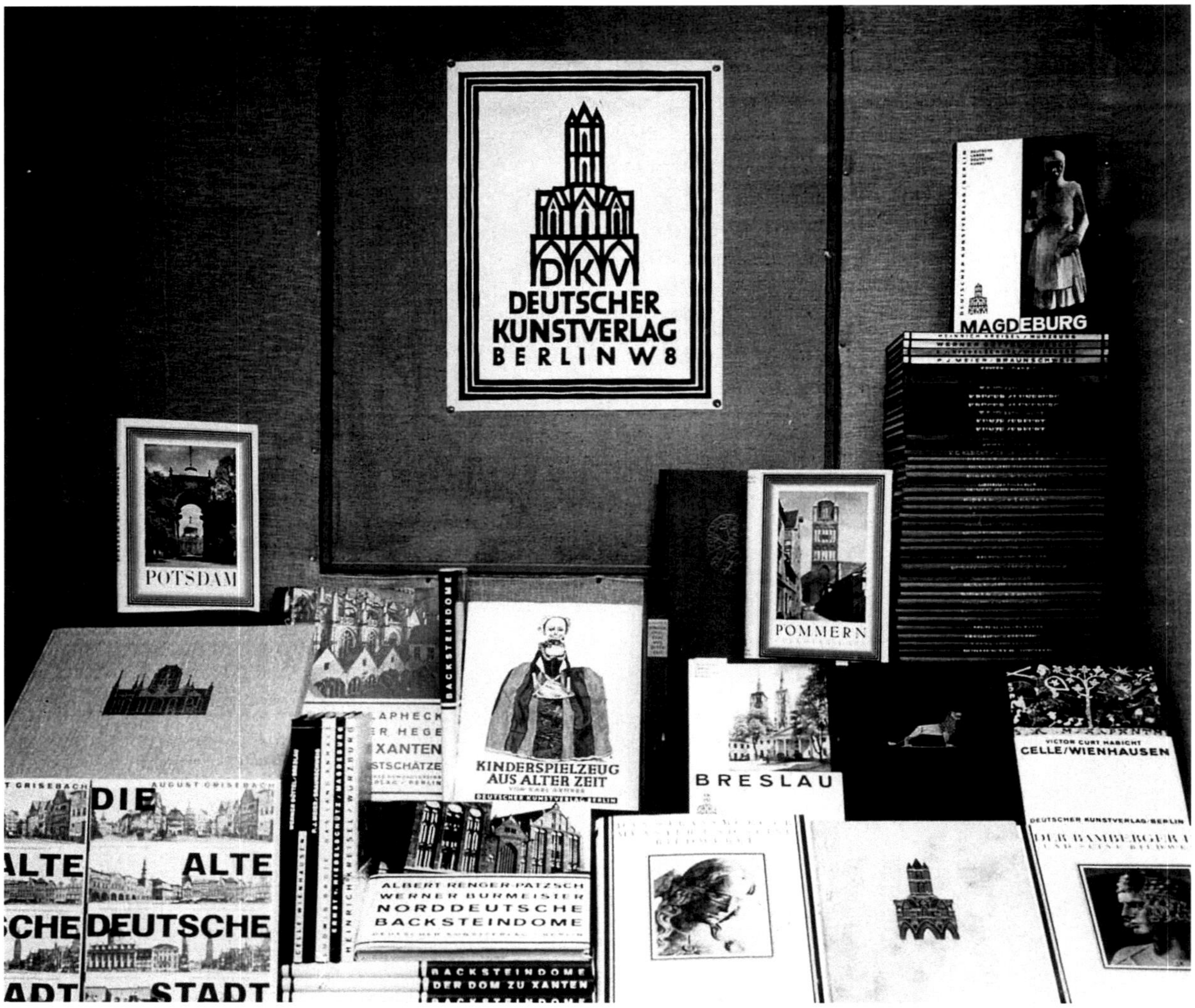

Abb. 1 | Plakat mit Logo und Publikation *Der Naumburger Dom* im Schaufenster der zum Deutschen Kunstverlag gehörenden Buchhandlung „Bild und Buch“ in der Wilhelmstraße 69, Berlin, ca. 1930. Deutscher Kunstverlag, Archiv, Nr. 60

… unter dessen Schutze er fortan arbeiten wird.
ZUM LOGO DES DEUTSCHEN KUNSTVERLAGS

Katja Richter

Das Logo des Deutschen Kunstverlags blickt auf eine lange und facettenreiche Geschichte zurück. Es hat seinen Ursprung in der Umzeichnung eines Steinbaldachins aus dem Naumburger Dom und wurde erstmals im Zusammenhang mit dem 1925 erschienenen Buch *Der Naumburger Dom und seine Bildwerke. Aufgenommen durch Walter Hege, beschrieben von Wilhelm Pinder* verwendet. Im Laufe der letzten 100 Jahre immer wieder leicht überarbeitet, ist es bis heute in Gebrauch. Der folgende Rückblick auf die Entstehungsgeschichte des Verlagssignets und dessen Wandel bis in die Gegenwart zeigt, dass auch dieses Markenzeichen *mehr als nur ein Logo* ist (Abb. 1).

SIGNETS UND BUCHWERBUNG IN DER WEIMARER REPUBLIK

„Aus allen Zeichen, ob sie nun Monogramm sind, redendes Bild oder geometrisch abstrakt im Sinne unseres Jahrhunderts, spricht starker Werbecharakter; und der Zweck dieser z. T. außerordentlich markanten Zeichen wäre nur halb erfüllt, wenn sie nur im Sinne jener alten Straßburger Polizeiverordnung von 1740 verwendet würden, die vorschrieb, das jedes gedruckte Buch im Titel und am Schluß ein Kennzeichen, also eine Marke, haben muß. Das Signet ist über Verlagszeichen hinaus das allgemeine Geschäftszeichen, und soll darum auch die einfachste Geschäftsdrucksache charakterisieren; es soll immer mit dem Verlag im Zusammenhang sein und als sein bildhaftes Zeichen überall und dauernd wirken."[1]

So lautet der Apell zu einer universellen Verwendung von Verlagssignets im Nachwort eines Sonderdrucks, der 1924 der Juliausgabe der Zeitschrift *Die Reklame* beigefügt war. Unter dem Titel *Deutsche Verlags-Signete* enthielt er auf zehn Seiten Abbildungen von 252 Logos bestehender deutscher Verlage und bildete damit eine der bis dahin umfassendsten Sammlungen dieser Art (Abb. 2). „Im ganzen liefern sie den Beweis, daß wir heute in der Signet-Kunst

1 Deutsche Verlags-Signete 1924, unpaginiert.

den Blütestand des 16. Jahrhunderts sicher wieder erreicht haben",[2] stellen die unbekannten Verfasser fest, und schlagen damit – wie dieser Beitrag – den Bogen von den Druckerzeichen des frühen Buchdrucks zu den zeitgenössischen Verlagslogos.[3]

Das Juliheft der Zeitschrift war vollständig dem Sonderthema „Buchreklame und Buchkunst" gewidmet und ist nur eines vieler Zeugnisse für die intensive Diskussion, die zu Beginn der 1920er-Jahre einen grundsätzlichen Wandel in der Bewerbung von Büchern begleitete.[4] In den wirtschaftlich schwierigen Zeiten war es vor allem der Börsenverein der Deutschen Buchhändler, der 1923 mit der Einrichtung einer „Werbestelle" eine Professionalisierung der Werbearbeit im Buchhandel voranbringen wollte. Auf die Unterstützung des Sortimentsbuchhandels ausgerichtet, spielten in diesem Zusammenhang die Verlage mit ihren Werbemitteln für den Handel eine wichtige Rolle, weswegen die Werbestelle ab 1926 auch Kurse für Werbetreibende in Verlag und Sortiment anbot. 1923 erschien die erste Auflage von Horst Kliemanns Fachbuch *Die Werbung fürs Buch. System und Praxis der buchhändlerischen Reklame* und ab 1924 jährlich das *Buchhändler-Taschenbuch* mit Porträts einzelner Verlage. 1926 folgte die Vereinigung der Kunstverleger, ein 1910 gegründeter Interessenverband von Kunsthändlern und Verlegern, dem Vorbild des Börsenvereins und gründete ebenfalls einen „Werbeausschuss".[5] In eben jene Zeit intensiver Beschäftigung der krisengeschüttelten Buchbranche mit der Sichtbarkeit ihrer Produkte fällt die Gründung des Deutschen Kunstverlags.

2 Ebd.

3 Eine ähnliche Einschätzung der erneuten Blüte der Verlagszeichen findet sich auch in Annemarie Meiners kurz zuvor erschienener Kulturgeschichte des deutschen Signets, MEINER 1922, S. 96.

4 Siehe hierzu FISCHER 2012, S. 373–382; ALTENHEIM 2022, S. 189 f.

5 PETERS 2007, S. 470.

6 Zur Geschichte des Verlags siehe TROJAN o. J.; JAEGER 2012 mit älterer Literatur.

DER DEUTSCHE KUNSTVERLAG

Anders als die meisten Verlage wurde der Deutsche Kunstverlag nicht durch eine Verlegerperson gegründet, sondern entstand aufgrund einer Initiative des Preußischen Ministeriums für Wissenschaft, Kunst und Volksbildung.[6] Das Ministerium sah sich aufgrund der knappen Finanzlage der Nachkriegszeit gezwungen, die ihm unterstellte Staatliche Bildstelle Berlin, hervorgegangen aus der Königlich Preußischen Messbild-Anstalt, durch die Vermarktung ihrer fotografischen Aufnahmen wirtschaftlich neu aufzustellen. Man wandte sich an den Verleger Walter de Gruyter, dem es gelang, den Insel Verlag, die Deutsche Verlags-Anstalt, den Julius Bard Verlag, die G. Grote'sche Verlagsbuchhandlung, den E. A. Seemann Verlag und das Bankhaus Delbrück, Schickler und Co. als Mitgesellschafter zu gewinnen. Am 1. Juli 1921 nahm der Deutsche Kunstverlag seine Tätigkeit auf. Die Räume des Verlags befanden sich im Kultusministerium in der Wilhelmstraße 69, inmitten des Regierungsviertels. Die direkt angeschlossene Buchhandlung „Bild und Buch" diente dem Verkauf der verschiedenen Verlagserzeugnisse, neben Büchern vor allem Postkarten und Kunstdrucke. Unter

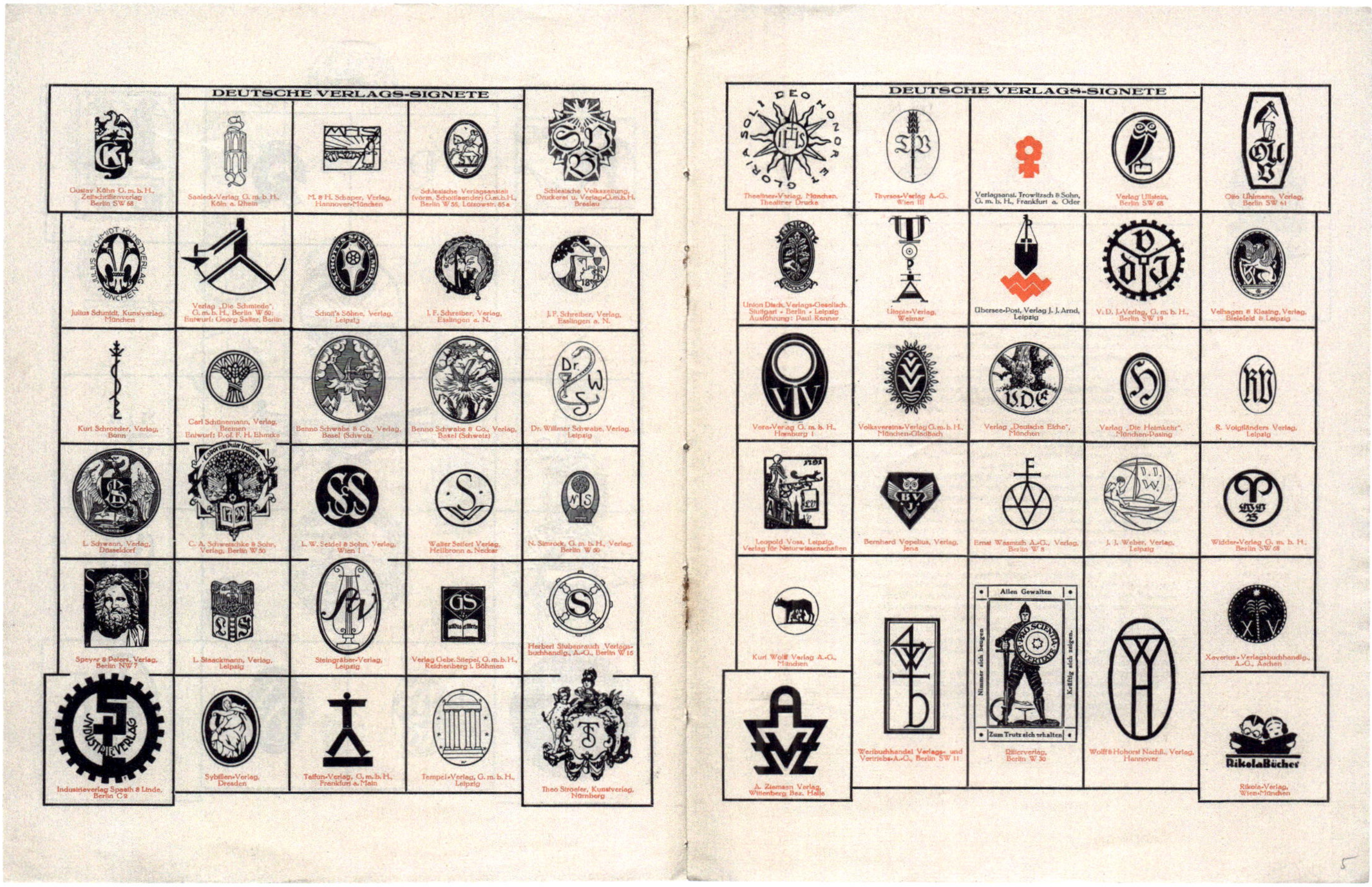

Abb. 2 | Doppelseite aus *Deutsche Verlags-Signete* 1924, unpaginiert. SLUB Dresden, I.B.5937

der Leitung des Kunsthistorikers Burkhard Meier erschienen die ersten Publikationen, die dem vorhandenen Aufnahmebestand folgend überwiegend der Architektur und den Denkmälern des deutschen Kulturraums gewidmet waren. Damit war die programmatische Ausrichtung des neu gegründeten Verlags, der sich im Umfeld zahlreicher konkurrierender Kunstbuchverlage etablieren musste, klar umrissen. Mit der Entwicklung fotomechanischer Bilddruckverfahren Ende des 19. Jahrhunderts, die erstmals den Druck fotografischer Aufnahmen in beliebiger Auflage ermöglichten, entstand ein neues verlegerisches Feld: Eine Reihe von Verlagen spezialisierte sich auf die Herausgabe von Bildbänden mit fotografischen Kunstreproduktionen insbesondere von Architektur und Plastik.[7] Die starke Konkurrenz war vermutlich ein Grund für die wirtschaftlichen Schwierigkeiten in den ersten Jahren des Deutschen Kunstverlags, in deren Folge die Mitgesellschafter 1924 ausschieden und Walter de Gruyter alleiniger Inhaber des Verlags wurde. Bis dahin war der Verlag ohne Logo aufgetreten. Doch die Publikation, die wesentlich für die Einführung des Verlagslogos werden sollte,

7 Peters 2012.

war zu diesem Zeitpunkt bereits in Planung. Hätten die Mitgesellschafter ihren späteren Erfolg vorausgeahnt, hätten sie sich möglicherweise nicht zurückgezogen. Es scheint, als sei im Zuge der Entstehung dieser Publikation ein verlegerisches Selbstbewusstsein entstanden, das sich in der Etablierung des Verlagslogos manifestierte.

DIE PUBLIKATION DER NAUMBURGER DOM UND SEINE BILDWERKE

Nachdem schon bald nach Verlagsgründung klar geworden war, dass sich die Messbilder der Staatlichen Bildstelle nur bedingt für publikumswirksame Bildbände eigneten, richtete Burkhard Meier seinen Blick auf andere kunstwissenschaftliche und künstlerische Aufnahmen. Nach der Anschaffung von „Schaupulten, Wechselrahmen und anderem mehr“[8] fanden in der Buchhandlung in der Wilhelmstraße ab Anfang 1923 mehrere Ausstellungen statt, die neben den Aufnahmen der Bildstelle auch verschiedene Fotografen vorstellten. Als besonders erfolgreich – nicht zuletzt dank verstärkter Werbeaktivitäten[9] – erwies sich eine Ausstellung im April 1923, in der Aufnahmen des damals noch jungen, unbekannten Fotografen Walter Hege zu sehen waren. Dieser hatte aus eigenen Stücken in den Jahren zuvor eine umfassende fotografische Dokumentation des Domes seiner Heimatstadt Naumburg begonnen.[10] Meiers Begeisterung für die Fotografien Heges spiegelt sich in einem Artikel, den er anlässlich der Ausstellung für die illustrierte Zeitschrift *Die Woche* verfasste:

„Wir würden diese unvergleichlichen Werke weniger gut kennen, wenn sie uns nicht in jüngster Zeit durch die Aufnahmen des Künstlerphotographen Walter Hege, Naumburg, erst so recht erschlossen worden wären. Im Besitz einer eminenten photographischen Technik und mit einem ungewöhnlichen Einfühlungsvermögen begabt, hat er mit hingebender Liebe in vielen hundert Aufnahmen jede Einzelheit festgehalten.“[11]

Während Hege im selben Jahr noch ein dreibändiges Mappenwerk mit eingeklebten Originalfotografien im Weimarer Utopia-Verlag veröffentlichte, sicherte sich Meier die Rechte für eine Buchpublikation mit den Aufnahmen, an denen auch andere Verlage großes Interesse zeigten. An das Projekt knüpften sich sogleich große wirtschaftliche Erwartungen. Während in einer ersten Idee Kurt Gerstenberg, Privatdozent in Halle, als Autor für eine Einleitung in Betracht gezogen wurde,[12] gelang Meier 1924 mit der Verpflichtung des Leipziger Kunstgeschichtsprofessors Wilhelm Pinder ein weiterer Coup, der wesentlich zum späteren Erfolg der Publikation beitragen sollte. Pinder war insbesondere als Verfasser von Texten für mehrere Bände der berühmten Reihe der *Blauen Bücher*, die in Startauflagen von bis zu 30 000 Exemplaren erschienen, über das

8 Geschäftsbericht Januar bis April 1923, Staatsbibliothek zu Berlin, Dep. 42 (Archiv de Gruyter), 402.

9 „Im April fand eine Ausstellung von Aufnahmen aus dem Naumburger Dom von Walter Hege statt, bei der wir zum ersten Mal durch Anschläge an den Säulen Reklame machten, auf Grund deren der Umsatz bei der Ausstellung auf annähernd eine Million gesteigert werden konnte.“ Ebd.

10 Zu Hege vgl. BECKMANN/DEWITZ 1993; KESTEL 2023 mit älterer Literatur.

11 MEIER 1923, S. 347.

12 Dies geht aus einem Schreiben Burkhard Meiers an den Vorsitzenden des Aufsichtsrats des Deutschen Kunstverlags, Herrn Dr. Gustav Kirstein, vom 2.6.1923 hervor, Staatsbibliothek zu Berlin, Dep. 42 (Archiv de Gruyter), 402.

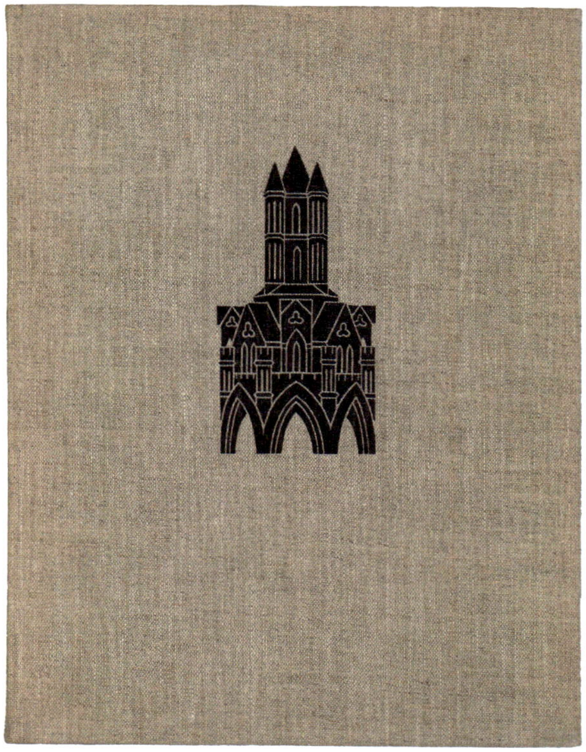

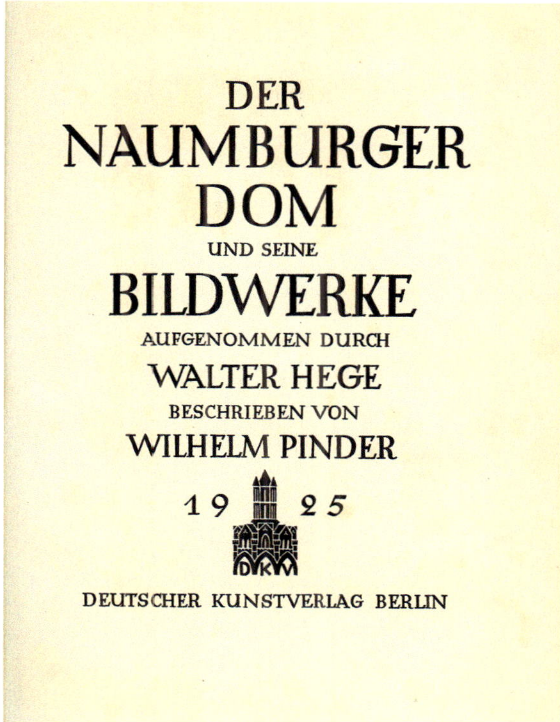

DER
NAUMBURGER
DOM
UND SEINE
BILDWERKE
AUFGENOMMEN DURCH
WALTER HEGE
BESCHRIEBEN VON
WILHELM PINDER
1925
DEUTSCHER KUNSTVERLAG BERLIN

kunsthistorische Fachpublikum hinaus ein „weithin bekannte[r] Erfolgsautor."[13] Meier schätzte ihn als Autor, wie aus seiner Rezension zu Pinders Band *Deutsche Dome des Mittelalters* hervorgeht: „Ganz ausgezeichnet ist die Einleitung, die in großen Zügen die historische Entwicklung und dazwischen die ästhetische Würdigung der hervorragendsten Denkmäler gibt. Ohne alle Phrasen ist sie begeistert geschrieben und imstande Begeisterung zu erwecken."[14]

Abb. 3 | Leineneinband von Hege/Pinder 1925 mit geprägter Umzeichnung des Baldachins der „Gepa". Deutscher Kunstverlag, Archiv

Abb. 4 | Titelblatt mit dem Logo des Deutschen Kunstverlags, in: Hege/Pinder 1925. Deutscher Kunstverlag, Archiv

DAS LOGO DES DEUTSCHEN KUNSTVERLAGS

Das 1925 erschienene Buch *Der Naumburger Dom und seine Bildwerke* ist die erste Publikation, in der das Logo des Deutschen Kunstverlags verwendet wurde. Umgeben von der Angabe des Erscheinungsjahres, 19 links und 25 rechts, ist auf der Titelseite die Umzeichnung einer mehrgeschossigen Architektur zu sehen (Abb. 4). Über einem Sockel aus drei spitzbogigen Arkaden und einem durch Türme in den Arkadenzwickeln gegliederten Zinnenkranz erhebt sich eine Miniaturarchitektur aus kleinen, von Maßwerkfenstern durchbrochenen giebelständigen Häusern und einem bekrönenden mehrgeschossigen Turm mit spitzbogigen Lanzettfenstern. Die drei nach unten offenen Arkaden, in die die Buchstaben D, K und V als Abkürzung des Verlagsnamens eingefügt sind, lassen das

13 Peters 2010, S. 243.
14 Meier 1911a, S. 245.

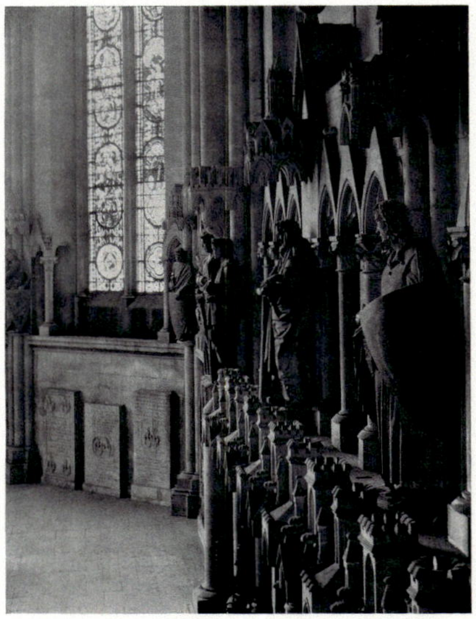

57. DIE NORDSEITE DES LAUFGANGES MIT DEN STIFTERN
VON LINKS: WILHELM, TIMO, EKKEHARD-UTA, GEPA, DIETRICH

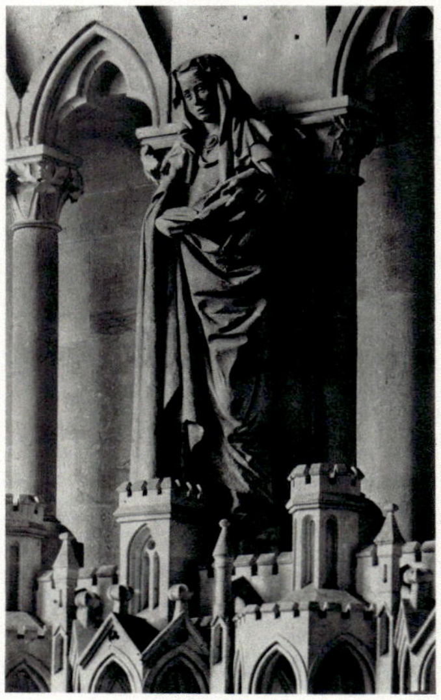

66. GEPA

Abb. 5 | Tafel 57, in: HEGE/PINDER 1925. Deutscher Kunstverlag, Archiv

Abb. 6 | Tafel 66, in: HEGE/PINDER 1925. Deutscher Kunstverlag, Archiv

Gefüge als Baldachin erkennen. Durch Spitzbögen und Maßwerk ist es eindeutig als gotische Architektur identifizierbar. Sachkundigen erschließt sich darüber hinaus der Bezug zum Naumburger Dom über die starke Ähnlichkeit des Turmaufbaus mit dem Oktogongeschoss des Nordwestturms der gebauten Kirche.[15]

Das auf dem Titelblatt als Verlagssignet verwendete Motiv ziert in einer detaillierten Variante auch den Leineneinband des Buches (Abb. 3). Beide Versionen der Umzeichnung wurden, wie im Impressum des Buches vermerkt, von dem Berliner Grafiker Ernst Böhm erstellt, mit dem der Verlag schon seit seiner Gründung bei der Gestaltung von Bucheinbänden wiederholt zusammengearbeitet hatte: „Den Einband schmückt der Baldachin über der Gepa – ebenso wie der Innentitel gezeichnet von Prof. Ernst Böhm in Berlin. Diesen Baldachin wählte sich der Verlag als Signum, unter dessen Schutze er fortan arbeiten wird."[16]

Die Umzeichnung Böhms basierte vermutlich auf einem Detailfoto des Baldachins von Hege, das sich jedoch nicht erhalten hat. Innerhalb der Publikation erscheint der Baldachin nur im größeren Zusammenhang des Westchors (Abb. 5), auf den beiden Fotografien der „Gepa" ist dieser nicht zu sehen. Hege folgt in der Identifikation der Frauenfigur als Gräfin Gepa der Deutung Heinrich Bergners von 1903, verweist im Text jedoch auch auf die ältere Deutung als Äbtissin Adelheid.[17] Für die Idee, den Baldachin über der Statue für das Verlagssignet

15 Zu den architektonischen Formen der Baldachine im Naumburger Westchor siehe RÖDER 2011; JELSCHEWSKI 2015, S. 287–315.
16 HEGE/PINDER 1925, Impressum, unpaginiert.
17 Inzwischen wird die Dargestellte meist als Gräfin Berchta identifiziert. Zur Deutungsgeschichte siehe BRANDL/LUDWIG/RITTER 2018, S. 456 f.

zu verwenden, spielte die Frage, wen die Statue darstellt, jedoch vermutlich eine untergeordnete Rolle. Ausschlaggebend dürfte gewesen sein, dass die Dargestellte in ihren Händen ein Buch hält, in dem sie blättert (Abb. 6).[18]

Aus dem Archivmaterial des Deutschen Kunstverlags geht nicht hervor, ob die Einführung eines Logos von Verlagsseite oder möglicherweise durch den versierten Gebrauchsgrafiker Ernst Böhm oder eine andere an der Publikation beteiligte Person angeregt wurde. Es ist jedoch erkennbar, dass Burkhard Meier ein feines Gespür dafür hatte, dass mit dem geplanten Naumburg-Buch etwas Außergewöhnliches gelingen würde. Als promovierter Mittelalter-Kunsthistoriker war er vermutlich mit den wissenschaftlichen Diskussionen um die Herkunft des „Naumburger Meisters" vertraut, die immer wieder um die Abgrenzung eines genuin deutschen Stils gegenüber französischen Einflüssen kreisten.[19] Infolge der Niederlage im Ersten Weltkrieg waren die kunsthistorischen Deutungen des Naumburger Westchors in den 1920er-Jahren zunehmend von nationalen Blickwinkeln geprägt. Pinders Text entwirft das Bild eines genialen Meisters, der mit dem Naumburger Westchor ein „Heiligtum der deutschen Bildhauerkunst"[20] geschaffen habe, dessen Verständnis Aufschluss über „das deutsche Wesen jener Zeit"[21] ermögliche.

Was hätte sich besser als Vorlage für das Logo des Deutschen Kunstverlags eignen können als ein Objekt aus jenem Ensemble, dessen Werke als „Ikonen des ‚Deutschen' in der mittelalterlichen Kunst"[22] galten? Als Verweis auf Architektur und Skulptur verkörpert die Umzeichnung des Baldachins die wesentlichen Programmpfeiler des Verlags in seinen Anfangsjahren. Der große Erfolg der Publikation – bereits im Folgejahr musste die zweite Auflage gedruckt werden, der zahlreiche weitere folgten[23] – fiel zusammen mit dem Ende der Inflation und läutete für den Verlag eine Phase wirtschaftlichen Erfolgs ein. Ganz am Puls der Zeit, wurde das Logo nicht nur in den Büchern, sondern auch auf Werbemitteln und in der Geschäftsausstattung verwendet. Im Kreis der Kunstverlage hatte sich der Deutsche Kunstverlag mit der Publikation zum Naumburger Dom und der Einführung eines sinnfälligen Logos erfolgreich etabliert.

„IN ALLEN SPIELARTEN BEWÄHRT"

Bereits in den ersten Jahren nach der Einführung wurden einige Varianten des Logos entwickelt, die über Jahrzehnte Verwendung fanden. Noch im Erscheinungsjahr der Publikation zum Naumburger Dom (Abb. 8a) entstanden zwei Versionen, in denen die architektonischen Elemente des Baldachins auf ein klares Liniengefüge reduziert wurden und dadurch leichter zu drucken waren (Abb. 8b und 8c). In diesen Versionen fehlen Details wie die Biforien in den seitlichen Giebeln, aus denen einfache Lanzettfenster wurden, und auch im Turm

18 In den Worten Heges zeigt sich in der Statue die „wundervollste Vornehmheit des Greifens in den blätternden Händen"; Hege/Pinder 1925, S. 38.

19 Kirves 2011; Dwars 2011. Burkhard Meier wurde mit einer Arbeit über romanische Portale promoviert, in der er sich auch mit dem Hauptportal des Naumburger Doms befasst; Meier 1911b, S. 51–53.

20 Hege/Pinder 1925, S. 5.

21 Ebd., S. 1.

22 Matyssek 2006, S. 605. Es ist in der Forschung nach wie vor umstritten, inwieweit die Fotografien von Hege und der Text von Pinder als Wegbereiter für die spätere Vereinnahmung der Naumburger Domskulptur durch nationalsozialistische Propaganda einzuordnen sind. Vgl. hierzu etwa Ullrich 1998, S. 76; Straehle 2009, S. 960 f.; Schrödl 2022, S. 274, Anm. 4. Dass alle an der Publikation Beteiligten – Hege, Pinder, Böhm und Meier für den Verlag – sich in unterschiedlicher Ausprägung später dem Nationalsozialismus anbiederten, soll an dieser Stelle nicht verschwiegen werden. Zu Geschichte des Verlags im Nationalsozialismus siehe Trojan o. J.

23 Die letzte Auflage erschien 1953. Zur Veröffentlichungsgeschichte Beckmann 1993.

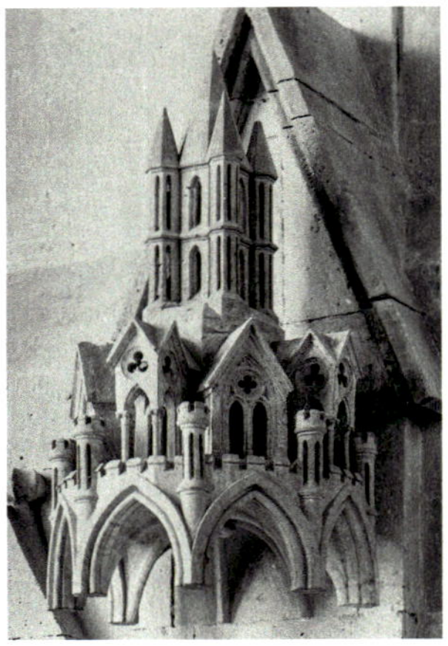

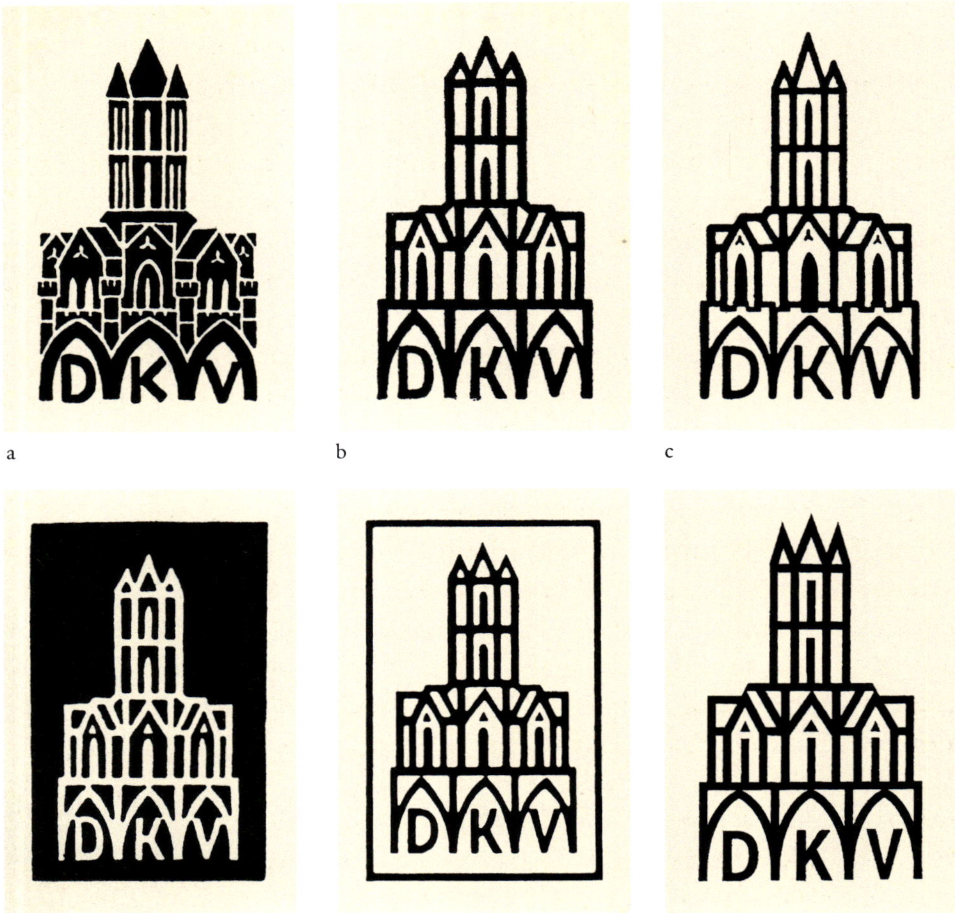

a b c d e f

Abb. 7 | Baldachin über der „Gepa“, Naumburg, Dom, Westchor, Mitte 13. Jahrhundert, Fotografie von 1885/1920 (Detail), Bildarchiv Foto Marburg

Abb. 8 a–f | Logo des Deutschen Kunstverlags. Deutscher Kunstverlag, Archiv

war nur noch im zentralen Kern ein Fenster dargestellt. In einer Version wurden zudem die Dreipässe in den Giebeln zu Dreiecken stilisiert und der Zinnenkranz zu einer waagerechten Linie vereinfacht. Gegenüber der Fassung im Naumburg-Buch veränderte sich auch das Aussehen der drei Buchstaben D, K und V – insbesondere das K fällt durch seine ungewöhnliche Form mit kurzem Querstrich auf. Mit der nüchternen Gestaltung, den klaren Linien und der serifenlosen Groteskschrift präsentierte sich der Verlag durch sein Logo als modern und zeitgemäß. Auch wenn der Bezug zum Naumburger Dom in der reduzierten Form nicht mehr so deutlich zu erkennen war, versinnbildlichte das Logo weiterhin den programmatischen Schwerpunkt des Deutschen Kunstverlags im Bereich der mittelalterlichen Architektur.

In den 1920er-Jahren etablierte sich die einfachste Form des Verlagssignets und wurde meist unten auf der Titelseite der Bücher zusammen mit dem ausgeschriebenen Verlagsnamen platziert. Das Logo kam allerdings noch nicht einheitlich in allen Publikationen zum Einsatz. Anfang der 1930er-Jahre wurde eine invertierte Version des Logos eingeführt: eine weiße Linienzeichnung der architektonischen Form auf schwarzem, rechteckigem Grund (Abb. 8d). Erstmals erhielt das Logo einen flächigen Hintergrund, der es stärker vom Papiergrund absetzt und als eigenständiges Bildelement betont. In dieser Variante steht es in manchen Büchern auch allein auf der der Titelseite gegenüberliegenden Seite oder später auf dem Schmutztitel. Nur vereinzelt fand das Logo in den ersten Jahrzehnten den Weg auf den Schutzumschlag, meist auf die Rückseite, selten auch auf das Cover.[24]

Nur einmal trat das Verlagssignet noch prominent auf einem Cover in Erscheinung – und dies wohl nicht zufällig erneut auf einer Publikation, die für einen Neubeginn in der Geschichte des Verlags steht. Die Jahre unmittelbar nach dem Zweiten Weltkrieg waren für den Verlag von tiefgreifenden Umbrüchen geprägt, nicht zuletzt durch den plötzlichen Tod von Burkhard Meier im Februar 1946. Im Jahr der Neugründung des Verlags in München durch Meiers Ehefrau Ellen und den früheren Prokuristen Ernst Hermann erschien 1948 posthum – Pinder war bereits ein Jahr zuvor verstorben – dessen letztes Werk *Von den Künsten und der Kunst*. Auf dem Schutzumschlag sticht das Logo des Verlags in kräftigen weißen Linien vor olivgrauem Hintergrund hervor. Der Nachname des Autors und der Buchtitel sind in feiner schwarzer Garamond-Schrift über das Logo gesetzt (Abb. 9).[25] In kleinerem Format wurde das Logo außerdem in den Pappeinband des Buches geprägt. Mit diesem selbstbewussten grafischen Auftritt meldete sich der Verlag in den schwierigen Nachkriegsjahren mit neuen kunstpublizistischen Ambitionen zurück.

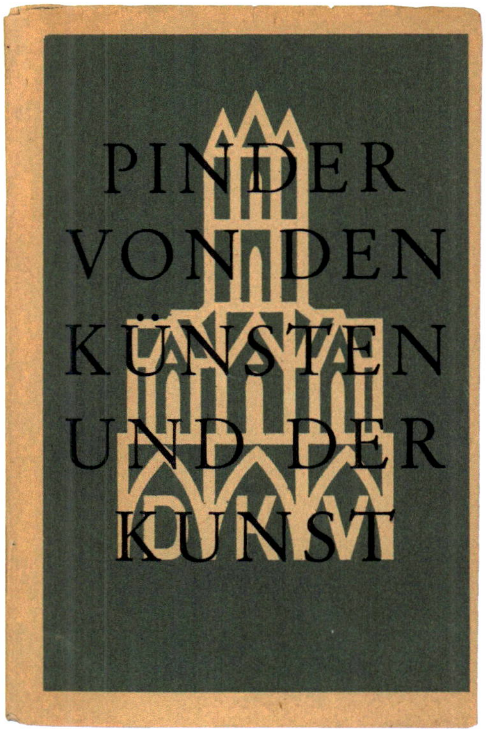

Abb. 9 | Schutzumschlag von Wilhelm Pinder, *Von den Künsten und der Kunst*, München 1948

In der zweiten Hälfte des 20. Jahrhunderts wurde das Verlagssignet in seiner Grundform unverändert weiterverwendet. So stellte Michael Meier in der Festschrift zum 75-jährigen Bestehen des Verlags 1996 fest, das Logo habe sich „bis heute in allen Spielarten bewährt".[26] Ab den 1980er-Jahren meist in einen schwarzen Rahmen eingefasst (Abb. 8e), erhielt das Signet dann in den 1990er-Jahren seinen festen Platz am unteren Ende der Buchrücken – und macht den Verlag damit auch im Regal deutlich sichtbar.

MODERNISIERUNG IM 21. JAHRHUNDERT

Zwei Jahre nach der Rückverlegung des Hauptsitzes des Verlags nach Berlin entschied man sich 2011 für eine Neugestaltung der Geschäftsausstattung. Dabei wurden kleinere Veränderungen am Logo vorgenommen (Abb. 8f): Die architektonische Form des Baldachins wurde noch stärker abstrahiert, um dem Signet ein moderneres Erscheinungsbild zu verleihen. Die Lanzettfenster in Haupt-

24 So zum Beispiel auf dem Cover der Publikation *Die alte deutsche Stadt in ihrer Stammeseigenart* von August Grisebach, erschienen 1930.

25 Eine ähnliche Form, Schrift über das (manchmal orangefarbige) Signet zu setzen, war schon in den Jahren zuvor in der Geschäftsausstattung des Verlags üblich.

26 Meier 1996, S. 19.

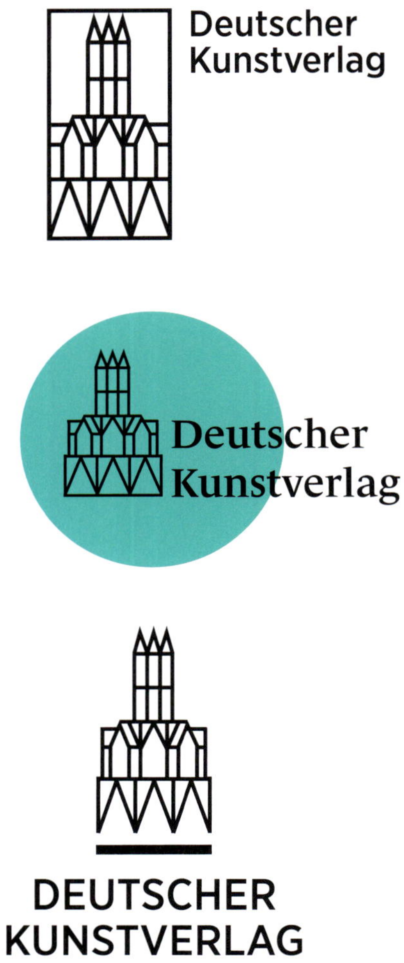

Abb. 10 | Nicole Schwarz, Entwürfe für das Verlagslogo des Deutschen Kunstverlags, Mai 2020

geschoss und Turm ersetzte man durch rechtwinklige Öffnungen, die Arkadenbögen wurden stärker gerundet. Die Buchstaben D, K und V wurden in neuer Schrifttype und leicht verkleinert in die Arkadenöffnungen gesetzt, mit mehr Weißraum um sie herum.[27] Die Anpassungen verliehen dem Logo eine modernisierte, leichtere Anmutung, ohne einen deutlichen Bruch mit der Tradition zu vollziehen.

Nach dem Verkauf des damals finanziell angeschlagenen Verlags aus Privatbesitz an den Walter de Gruyter Verlag im Jahr 2018 wurde mit Blick auf das hundertjährige Jubiläum 2021 eine umfassende Neugestaltung des Gesamtauftritts in die Wege geleitet.[28] Eine vorbereitende Umfrage zeigte auf, dass eine visuelle Aktualisierung des Markenauftritts notwendig war, um vor allem auch ein jüngeres Publikum sowohl als Leser:innen als auch als Autor:innen anzusprechen. Gleichzeitig bestätigte die Umfrage den hohen Wiedererkennungswert des bisherigen Logos als Marke eines Verlags mit langer Tradition und hoher Seriosität. Ziel der Neugestaltung war es daher, die Modernisierung so umzusetzen, dass die Identität des Logos und seine Wiedererkennbarkeit gewahrt blieben.

Das Festhalten an der wiedererkennbaren architektonischen Grundstruktur bildete die Grundlage für eine zentrale Entscheidung: Die Verlagsabkürzung sollte entfallen, der Verlagsname nur noch als Schriftzug verwendet werden. Ein weiterer Beweggrund hierfür war die Tatsache, dass die Abkürzung „DKV“ in zahlreichen anderen Zusammenhängen gebräuchlich ist – und dadurch leicht Verwechslungsgefahr besteht. Gestalterisch ergab sich dadurch die Herausforderung, der geöffneten Form unten einen überzeugenden Abschluss zu geben. Die drei von Nicole Schwarz entwickelten Vorschläge für das neue Logo lösen dies auf unterschiedliche Weise: Variante 1 fasst das gesamte Logo in einen Rahmen, Variante 2 führt eine Grundlinie ein, Variante 3 schließt mit einer Linie unterhalb der eigentlichen Form (Abb. 10). Alle drei Vorschläge arbeiten außerdem mit einer weiteren Vereinfachung und Geometrisierung der architektonischen Elemente, ohne die Wiedererkennbarkeit des Logos infrage zu stellen.

In einem internen Entscheidungsprozess entschied man sich für den zweiten der vorgestellten Entwürfe, der mit der Einführung eines runden, türkisfarbenen Hintergrunds die bislang tiefgreifendste Veränderung in der Geschichte des Verlagslogos darstellte. Farbigkeit und Kreisform bilden ein Gegengewicht zur rein aus geraden Liniensegmenten bestehenden Architekturform des überarbeiteten Logos. Für den begleitenden Namenszug wählte Nicole Schwarz mit der Calluna eine zeitlose, klassische Serifenschrift, die sowohl im Druck als auch digital gut funktioniert. Im Zuge der weiteren Ausarbeitung der Geschäftsausstattung durch Sven Lindhorst-Emme wurde schließlich die Überlagerung von Bildelement und Schriftzug aufgelöst.

Seit 2021 prägt das Logo den gesamten Markenauftritt des Verlags (Abb. 11). Auch wenn in der aktuellen Form der Bezug zum Baldachin über der „Gepa“ im Westchor des Naumburger Doms nicht mehr unmittelbar nachvollziehbar ist und sich dadurch eine größere Distanz zur historischen – und mitunter problematischen – Herkunft ergibt, bleibt der architektonische Verweis als programmatischer Kern bestehen, insbesondere auf den Bereich (kirchlicher) Baukunst. Mit dem farbigen Hintergrund sind zugleich neue Bezugspunkte hinzugekommen: In der flächigen Form und der klaren Linie spiegeln sich nun auch Gattungen wie Malerei und Zeichnung, die im heutigen Programm eine gleichberechtigte Rolle neben der Architektur spielen.

In der gelungenen Weiterentwicklung und Modernisierung des Verlagssignets zeigt sich die gestalterische Stärke des vor hundert Jahren erstmals verwendeten Logos. In der Tradition historischer Druckerzeichen steht es für das verlegerische Selbstverständnis des Verlags als eines der führenden Häuser im Bereich des Kunstbuchs. Dieses Signet ist *mehr als nur ein Logo:* In der Geschichte seiner Entstehung und seines Wandels spiegelt sich die gesamte bewegte Geschichte des Deutschen Kunstverlags wider.

Deutscher Kunstverlag

Abb. 11 | Aktuelles Logo des Deutschen Kunstverlags

27 Die Neugestaltung wurde von der Designagentur Kraft plus Wiechmann auf Basis einer Grundkonzeption durch die Werbeagentur Groothuis, Lohfert, Consorten ausgeführt.

28 Der Relaunch des Logos wurde unter der Programmleitung von Pipa Neumann von der verlagsinternen Grafikerin Nicole Schwarz durchgeführt. Ich danke Nicole Schwarz für zahlreiche Gespräche und Informationen diesbezüglich sowie ihr und Max Dornemann für die Erstellung der Fotografien für diesen Beitrag.

LITERATURVERZEICHNIS

ADELPHOTIS 1591: *Adelphotis/Ἀδελφότης. Grammatika dobroglagolivago ellinoslovenskago yazyka,* Lwiw: Stauropegion-Bruderschaft 1591.

AEMILIUS 1539: Georg Aemilius, *Biblicae Historiae,* Frankfurt am Main: Christian Egenolff 1539.

AKADEMIE DER WISSENSCHAFTEN DER UDSSR 1959: Akademie der Wissenschaften der UDSSR (Hrsg.), *U istokow ruskowo knigopetsch starodrukiv atania/У истоков русского книгопечатания,* Moskau 1959.

ALTENHEIM 2022: Hans Altenheim, Zeitdokument: Das Buchhändler-Taschenbuch (1925 bis 1932), in: *Archiv für Geschichte des Buchwesens* 77 (2022), S. 189–196.

AMMAN 1578: Jost Amman, *Kunst- und Lehrbüchlein für die anfahenden Jungen. Daraus reissen und Malen zu lernen. Darjnnen allerley art Lustige und artliche fürreissung von Manns und Weybsbildern,* Frankfurt am Main: Sigmund Feyerabend 1578.

ANDREÄ 1564: Jacob Andreä, *Ein Christenliche Predig vom Nachtmal des Herrn,* Tübingen: Magdalena Morhart 1564 (VD 16 A 2531).

ANDRESEN/STIMMER 1872: Andreas Andresen und Tobias Stimmer, *Der deutsche Peintre-Graveur oder die deutschen Maler als Kupferstecher nach ihrem Leben und ihren Werken, von dem letzten Drittel des 16. Jahrhunderts bis zum Schluss des 18. Jahrhunderts,* Leipzig 1872, Bd. 3, S. 7–217.

ANFÄNGE DER SCHRIFTGIESSEREI 1969: Anfänge der Schriftgießerei. Im Gutenberg-Museum: Sammlung des Frankfurters Gustav Mori, in: *Frankfurter Rundschau,* 7.7.1969.

ANFOLOGION 1609: *Anfologion,* Lwiw: Stauropegion-Bruderschaft 1609.

ANFOLOGION 1651: *Anfologion,* Lwiw: Stauropegion-Bruderschaft 1651.

ANFOLOGION 1694: *Anfologion,* Lwiw: Stauropegion-Bruderschaft 1694.

APOSTOL 1574: *Apostol,* Lwiw: Iwan Fedorowytsch 1574.

ARISTOTELES 1965–1991: Aristoteles, *Historia animalium.* übers. von A. L. Peck, 3 Bde., hrsg. von David M. Balme, Cambridge (MA) 1965–1991.

ARMSTRONG 1954: Elizabeth Armstrong, *Robert Estienne Royal Printer. An Historical Study of the Elder Stephanus,* Cambridge 1954.

BAERT 2016: Barbara Baert, *Kairos or occasion as paradigm in the visual medium. „Nachleben", iconography, hermeneutics,* Leuven u. a. 2016 (= Studies in Iconology, 5).

BAERT 2021: Barbara Baert, *From Kairos to Occasio through Fortuna. Text/image/afterlife: on the antique critical moment, a grisaille in Mantua (School of Mantegna, 1495–1510), and the fortunes of Aby Warburg (1866–1929),* London 2021.

BAUMGARTEN 1748: Siegmund Jakob Baumgarten, *Theologische Bedencken,* Halle: Johann Andreas Bauer 1748.

BECKMANN 1993: Angelika Beckmann, Eine „optische Tat". Walter Heges Bildbände zum Naumburger Dom. Eine Veröffentlichungsgeschichte von 1923 bis 1953, in: BECKMANN/DEWITZ 1993, S. 23–36.

BECKMANN/DEWITZ 1993: Angelika Beckmann und Bodo von Dewitz (Hrsg.), *Dom, Tempel, Skulptur. Architekturphotographien von Walter Hege,* Kataloghandbuch Agfa Foto-Historama, Köln 1993.

BENZING 1977: Josef Benzing, Die deutschen Verleger des 16. und 17. Jahrhunderts. Eine Neubearbeitung, in: *Archiv für Geschichte des Buchwesens* 18 (1977), Sp. 1077–1322.

BIBLIA 1518: *Biblia,* Prag: Francysk Skaryna 1518.

BIBLIA 1581: *Biblia,* Ostroh: Iwan Fedorowytsch 1581.

BIBLIA LATINA 1462: *Biblia latina, sog. 48-zeilige Bibel,* Mainz: Peter Schöffer und Johann Fust 1462.

BOHIER 1574: Nicolas Bohier, *Consilia Sive Responsa Ivris,* Frankfurt am Main: Sigmund Feyerabend 1574.

BRANDL/LUDWIG/RITTER 2018: Heiko Brandl, Matthias Ludwig und Oliver Ritter, *Der Dom zu Naumburg,* Regensburg 2018.

Brenz 1567: Johannes Brenz, *Brevis & perspicua explicatio Psalmorum Davidis. Decas Quarta,* Tübingen: Magdalena Morhart 1567 (VD 16 B 7520).

Breviarium 1756: *Breviarium Romanum ex decreto sacro-sancti concilii Tridentini restitutum,* Antwerpen: Officina Plantiniana 1756.

Brielis 1470: Adrianus Brielis, *Hieronymus Epistolae,* Mainz 1470.

Bukvar 1574: *Bukvar,* Lwiw: Iwan Fedorowytsch 1574.

Butzer/Jacob 2020: Günter Butzer und Joachim Jacob (Hrsg.), *Metzler Lexikon literarischer Symbole,* 3. Aufl., Stuttgart 2020.

Corneo 1572: Pier Filippo Corneo, *Consiliorum siue resposorum,* Venedig: Niccolò Bevilacqua & socios 1572.

Corsten 1999: Severin Corsten, Metternich, in: *Lexikon des gesamten Buchwesens,* hrsg. von dems. u. a., 2. Aufl., Stuttgart 1999, Bd. 5, S. 163.

Das alt Testament 1530/31: *Das alt Testament teutsch,* Nürnberg: Kunigunde Hergot, 1530/31.

Deutsche Verlags-Signete 1924: *Deutsche Verlags-Signete,* 10 ungezählte Seiten, erschienen als Sonderdruck zu: *Die Reklame. Zeitschrift des Vereins Deutscher Reklamefachleute,* Sonderheft: Buchreklame und Buchkunst, Juli 1924.

Dietrich 1577: Veit Dietrich, *Kinder Postilla,* Nürnberg: Katharina Gerlach 1577.

Długosz 1615: Jan Długosz, *Historia Polonica,* Dobromyl: Jan Szaszny 1615.

Dugin 2015: Aleksandr Dugin, *Ukraina: maia waina. Geopolititscheski dnewnik/Украина: моя война. Геополитический дневник,* Moskau 2015.

Dwars 2011: Jens-Fietje Dwars, Fortgesetzte Spiegelungen. Kontinuitäten und Brüche in der Rezeptionsgeschichte des Naumburger Meisters, in: Hartmut Krohm (Hrsg.), *Der Naumburger Meister. Bildhauer und Architekt im Europa der Kathedralen,* Bd. 1, Petersberg 2011, S. 43–64.

Ein Leben für die Schrift 1969: Ein Leben für die Schrift. Zu einer Ausstellung im Gutenberg-Museum, in: *Mainzer Allgemeine Zeitung,* 21.6.1969.

Engau 1748: Johann Rudolph Engau, *Elementa Ivris Germanici Civilis,* Jena: Dorothea Rosina Cröcker 1748.

Farinacci 1605: Prospero Farinacci, *Ivrisconsvlti romani praxis, et theoricae criminalis amplissimae pars tertia,* Frankfurt am Main 1605.

Feyerabend 1579: Sigmund Feyerabend, *Stam und Wapenbuch hochs und niders Standts,* Frankfurt am Main: Sigmund Feyerabend und Georg Rab 1579.

Fischer 2012: Ernst Fischer, Der Sortimentsbuchhandel, in: Ernst Fischer und Stephan Füssel (Hrsg.), *Geschichte des deutschen Buchhandels im 19. und 20. Jahrhundert*, Bd. 2: Die Weimarer Republik 1918–1933, Teil 2, Berlin 2012, S. 335–412.

Fleischmann 2003: Peter Fleischmann, Die Nürnberger Ämterbüchlein, in: Grieb 2003, S. 560–569.

Freig 1578: Johannes Thomas Freig, *Orationes In Gymnasio Altorfiano* [...] *recitatae*, Nürnberg: Katharina Gerlach 1578.

Gelli 1566: Giovanni Battista Gelli, *Les discours fantastique de Justin Tonnellier*, Lyon: A la Salamandre (Brüder Senneton) 1566.

Giovio 1559: Paolo Giovio, *Dialogo dell'imprese militari et amorose,* Lyon: Guglielmo Roviglio 1559.

Glaser 1916: Curt Glaser, Hans Sebald Behams Holzschnittillustrationen zu den Bibelausgaben des Nürnberger Verlegers Hans Hergot, in: *Amtliche Berichte aus den Königlichen Kunstsammlungen* 37 (1916), Sp. 258–267.

Gomez 1591: Antonio Gomez, *Ad Leges Tauri Commentarius*, Frankfurt am Main: Nikolaus Basse 1591.

GREGORIUS IX. 1573: Gregorius IX. [= Papst Gregor IX.], *Decretales Gregorii IX pont. max. suis commentariis illustratae,* Antwerpen: Christophe Plantin, Philippus Nutius und Joannes Steelsius 1573.

GRIEB 2003: Manfred Grieb (Bearb.), Michael Diefenbacher und Wiltrud Fischer-Pache (Hrsg.), *Das Nürnberger Buchgewerbe. Buch und Zeitungsdrucker, Verleger und Druckhändler vom 16. bis zum 18. Jahrhundert,* Nürnberg 2003.

GRIMM 1965: Heinrich Grimm, *Deutsche Buchdruckersignete des XVI. Jahrhunderts. Geschichte, Sinngehalt und Gestaltung kleiner Kulturdokumente,* Wiesbaden 1965.

GUTENBERG-GESELLSCHAFT 1942: Gutenberg-Gesellschaft (Hrsg.), *Verzeichnis der von Gustav Mori veröffentlichten Arbeiten über Schriftguß und Buchdruck,* [Mainz] 1942.

HACKE 2025: Axel Hacke, Das Beste aus aller Welt. Warum Mensch heute mehr sein will als nur ein Mensch, in: *Süddeutsche Zeitung Magazin,* 1, 2025, S. 80.

HÄGELE/THIERBACH 2017: Günter Hägele und Melanie Thierbach (Hrsg.), *Augsburg macht Druck. Die Anfänge des Buchdrucks in einer Metropole des 15. Jahrhunderts,* Augsburg 2017.

HANISCH/WILLASCH 2018: Evelyn Hanisch und Friederike Willasch, Frauen in einer Männerdomäne – Druckerinnen im 16. Jahrhundert?, in: *Staatsbibliothek zu Berlin – Bibliotheksmagazin* 14 (2019), S. 40–45, und in: Blog-Netzwerk für Forschung und Kultur, 16.12.2018, https://blog.sbb.berlin/frauen-in-einer-maennerdomaene-druckerinnen-im-16-jahrhundert/ (abgerufen am 10.10.2024).

HANSTEIN 1985: Henrick R. Hanstein, Lempertz, Heinrich, in: *Neue Deutsche Biographie* 14 (1985), S. 192 f. https://www.deutsche-biographie.de/pnd116898186.html#ndbcontent (abgerufen am 4.4.2025).

HARMS/PEIL 2002: Wolfgang Harms und Dietmar Peil (Hrsg.), *Polyvalenz und Multifunktionalität der Emblematik,* Bd. 2, Frankfurt am Main 2002.

HEGE/PINDER 1925: Walter Hege und Wilhelm Pinder, *Der Naumburger Dom und seine Bildwerke,* Berlin 1925.

HEITJAN 1980: Isabel Heitjan, Die Druckerei und Buchhandlung Metternich im Schwarz(en)haus vor den Augustinern zu Köln, 1629–1733, in: Paul Raabe (Hrsg.), *Bücher und Bibliotheken im 17. Jahrhundert in Deutschland,* Hamburg 1980, S. 38–56.

HEITZ 1885: Paul Heitz, *Baseler Büchermarken bis zum Anfang des 17. Jahrhunderts,* Straßburg 1885.

HEITZ 1892: Paul Heitz, *Elsässische Büchermarken bis Anfang des 18. Jahrhunderts,* Straßburg 1892.

HEITZ 1896: Paul Heitz, *Frankfurter und Mainzer Drucker- und Verlegerzeichen bis in das 17. Jahrhundert,* Straßburg 1896.

HEITZ 1898: Paul Heitz, *Die Kölner Büchermarken bis Anfang des XVII. Jahrhunderts,* Straßburg 1898.

HEITZ 1908: Paul Heitz, *Genfer Buchdrucker- und Verlegerzeichen im 15., 16. und 17. Jahrhundert,* Straßburg 1908.

HELAS 2000: Philine Helas, Fortuna-Occasio. Eine Bildprägung des Quattrocento zwischen ephemerer und ewiger Kunst, in: *Städel-Jahrbuch,* 17.1999, 2000, S. 101–124.

HELAS 2024: Philine Helas, Der Salamander. Fusion und Konfusion in Texten und Bildern zwischen 1100 und 1450, in: *Reinardus,* 36, 2024, S. 87–121.

HENKEL/SCHÖNE 1967: Arthur Henkel und Albrecht Schöne (Hrsg.), *Emblemata. Handbuch zur Sinnbildkunst des XVI. und XVII. Jahrhunderts,* Stuttgart 1967.

HOMER 1563: Homer, *Omphoy Odysseia Batra. chomyomachia hymnoi. lb,* Worms: Philipp Köpfel und Sigmund Feyerabend 1563.

IMHOF 2014: Dirk Imhof, *Jan Moretus and the Continuation of the Plantin Press. Eine Bibliographie der von Jan Moretus I. in Antwerpen verlegten und gedruckten Werke (1589–1610),* 2 Bde., Leiden 2014.

ISSAJEWYTSCH 1982: Jaroslaw Issajewytsch, Sammlungen alter Drucke in der Ukrainischen SSR, in: *Marginalien* 1982 (88), S. 10–15.

ISSAJEWYTSCH 2002: Jaroslaw Issajewytsch, *Ukrajinske drukarstwo: witoki, rozvitok, problemi/Українське друкарство: витоки, розвиток, проблеми,* Lwiw 2002.

ISSAJEWYTSCH/ZAPASKO 1981: Jaroslaw Issajewytsch, Yakim Zapasko, *Pam'yatky knyzhkovoho mystetstva: katalog starodrukiv, vydanykh na Ukrayini/Яким Запаско. Пам'ятки книжкового мистеитва: каталог стародруків, виданих на Україні,* Lwiw 1981.

JACKSON 1997: Susan Jackson, Who is Katherine? The Women of the Berg & Neuber – Gerlach – Kaufmann Printing Dynasty, in: Eugeen Schreurs und Henri Vanhulst (Hrsg.), *Music Fragments and Manuscripts in the Low Countries. Alta Capella. Music Printing in Antwerp and Europe in the 16th Century,* Leuven 1997, S. 451–463.

JACKSON 1999: Susan Jackson, *Berg and Neuber: Music Printers in Sixteenth-Century Nuremberg,* Phil. Diss. City University New York 1998 (Ann Arbor, MI, 1999).

JACKSON 2023: Susan Jackson, A Tale of Two Katharinas: Katharina Gerlach and Her Daughter Katharina Dietrich. Outstanding Women Printers in Sixteenth-Century Nuremberg, in: Christine Sauer (Hrsg.), *Frauen machen Druck! Nürnbergs Buchdruckerinnen der Frühen Neuzeit,* Nürnberg 2023, S. 31–41.

JAEGER 2012: Roland Jaeger, Pflege der deutschen Kunst. Der Deutsche Kunstverlag, Berlin, in: Manfred Heiting und Roland Jaeger (Hrsg.), *Autopsie. Deutschsprachige Fotobücher 1918 bis 1945*, Göttingen 2012, Bd. 1, S. 142–163.

JAMOTIUS 1578: Federicus Jamotius, *Eidyllium*, Antwerpen: Officina Plantiniana 1578.

JELSCHEWSKI 2015: Dominik Jelschewski, *Skulptur, Architektur und Bautechnik des Naumburger Westchors*, Regensburg 2015.

JESSEWITSCH 1987: Rolf Dieter Jessewitsch, *Das „Ständebuch" des Jost Amman (1568)*, zugl. Münster Univ. Diss. 1987 (= Kunstgeschichte. Form und Interesse, 18).

JUSTINIANUS 1575: Justinianus: *Infortiatum, seu pandectarum juris civilis tomus secundus*, Anwerpen: Philipp Nutrius 1575.

KAPPADOKIYS'KYY 1625: Andriy Kappadokiys'kyy, *Tlumachennya na Apokalipsys*, Kyjiw: Druckerei des Kyjiwer Höhlenklosters 1625.

KAUER 1976: Hans Kauer, *Signet – Signal – Symbol: Handbuch internationaler Zeichen*, Zürich 1976.

KAUFMANN 2022: Thomas Kaufmann, *Die Druckmacher. Wie die Generation Luther die erste Medienrevolution entfesselte*, München 2022.

KENNEDY GRIMSTED 1988: Patricia Kennedy Grimsted, *Archives and Manuscript Repositories in the USSR: Ukraine and Moldavia*, Princeton 1988.

KERSTING 2005: Martin Kersting, Der Schwan der Kunigunde Hergotin – ein Symbol der Nürnberger Opposition?, in: *Aus dem Antiquariat* N. F. 3 (2005), S. 253–258.

KESTEL 1988: Fritz Kestel, Walter Hege (1893–1955). „Rassekunstphotograph" und/oder „Meister der Lichtbildkunst"?, in: *Fotogeschichte. Beiträge zur Geschichte und Ästhetik der Fotografie* 8 (1988), H. 29, S. 65–75.

KESTEL 2023: Fritz Kestel, Ästhetisch multifunktional. Das Phänomen Walter Hege, in: *Kunstchronik* 76 (2023), S. 276–288.

KILIAAN 1562: Cornelis Kiliaan, *Dictionarium tetraglotton*, Antwerpen: Officina Plantiniana 1562.

KIRSCHBAUM/BRAUNFELS 1994: Engelbert Kirschbaum und Wolfgang Braunfels (Hrsg.), *Lexikon der christlichen Ikonographie*, Bd. 1, Rom 1994.

KIRVES 2011: Martin Kirves, Die Widerständigkeit der Bildwerke. Die Naumburger Skulptur zwischen Kunstwissenschaft und Ideologie, in: Hartmut Krohm (Hrsg.), *Der Naumburger Meister. Bildhauer und Architekt im Europa der Kathedralen*, Bd. 1, Petersberg 2011, S. 30–42.

KLÖSS 1959: Erhard Heinrich Georg Klöss, Der Frankfurter Drucker-Verleger Weigand Han und seine Erben. Ein Beitrag zur Geschichte des Frankfurter Buchgewerbes im 16. Jahrhundert, in: *Archiv für Geschichte des Buchwesens* 13 (1959), S. 299–364.

KNYHA O SWYASCHCHENSTWI 1614: *Knyha o swyaschchenstwi*, Lwiw: Stauropegion-Bruderschaft 1614.

KOTLOBULATOVA 2005: Irina Kotlobulatova, *Knigari ta knigarni v minulom Lwiwa/Книгарі та книгарні в минулом Львова*, Lwiw 2005.

KRETSCHMER 2008: Hildegard Kretschmer, *Lexikon der Symbole und Attribute in der Kunst*, Stuttgart 2008.

KRISTELLER 1893: Paul Kristeller, *Die italienischen Buchdrucker- und Verlegerzeichen bis 1525*, Straßburg 1893.

KROMBACH 2003: Gabriela Krombach, Gutenberg-Museum und Gutenberg-Bibliothek, in: Bernhard Fabian, *Handbuch der historischen Buchbestände in Deutschland*, Hildesheim 2003, https://fabian.sub.uni-goettingen.de/fabian?Gutenberg-Museum_Und_Bibliothek (abgerufen am 8.4.2025).

KÜHNE 1983: Heinrich Kühne, *Wittenberger Buchdruckersignets. Die Signets der Wittenberger Drucker und Verleger des 16. und 17. Jahrhunderts*, Leipzig 1983.

LANCELLOTTI 1685: Roberto Lancellotti, *Tractatus De Attentatis Et Innovatis*, Köln: [Paul Metternich] 1685.

LANGE 1912: Konrad Lange, Der ehemalige Jörgenbrunnen in Tübingen und sein Schöpfer, in: *Tübinger Blätter* 14 (1912), S. 1–19.

LAUER/LIMBACH/RESKE/SCHEIBE/WEICHSELBAUMER 2024: Gerhard Lauer, Saskia Limbach, Christoph Reske, Michaela Scheibe, Nikolaus Weichselbaumer, Zukunft der VD – Vision einer forschungsadäquaten Nationalbibliographie der frühen Neuzeit, in: *Bibliotheksdienst* 58 (9–10) 2024, S. 507–525, https://doi.org/10.1515/bd-2024-0076.

LEIGH 1769: Edward Leigh, *Critica Sacra*, Amsterdam: Witwe von Joannes van Someren 1769.

LEMPERTZ 1838: Heinrich Lempertz, *Bibliographische und xylographische Versuche von Heinrich Lempertz. Erstes Heft* (Bei Gelegenheit der Kunstausstellung des Gewerbevereins herausgegeben), Köln 1838.

LEMPERTZ 1839: Heinrich Lempertz, *Beiträge zur ältern Geschichte der Buchdruck- und Holzschneidekunst*, Köln 1839.

LENGER 1964–1975: Marie-Thérèse Lenger, *Bibliotheca Belgica. Bibliographie générale des Pays-Bas*, Brüssel 1964–1975.

LIMBACH 2019: Saskia Limbach, Life and Production of Magdalena Morhart. A Successful Business Woman in Sixteenth-Century Germany, in: *Gutenberg-Jahrbuch* 94, 2019, S. 151–172.

LIMBACH 2021: Saskia Limbach, *Government Use of Print. Official Publications in the Holy Roman Empire, 1500–1600*, Frankfurt am Main 2021.

LIMBACH 2022a: Saskia Limbach, „Darzu mancher Mann sich viel zu schwach unnd zu wenig Befinden wu[e]rde". Buchdruckerinnen und ihre Tätigkeiten im Alten Reich, ca. 1550–1700, in: *Zeitschrift für Historische Forschung* 49, 3 (2022), S. 399–440.

LIMBACH 2022b: Saskia Limbach, Scholars, Printers, and the Sphere. New Evidence for the Challenging Production of Academic Books in Wittenberg, 1531–1550, in: Matteo Valleriani und Andrea Ottone (Hrsg.), *Publishing Sacrobosco's De sphaera in Early Modern Europe. Modes of Material and Scientific Exchange,* Cham 2022, S. 147–185.

LIMBACH 2022c: Saskia Limbach, „Doing Men's Work". Katharina Rebart, Her Life and Her Activities in Context, in: Arthur der Weduwen und Malcolm Walsby (Hrsg.), *The Book World of Early Modern Europe. Essays in Honour of Andrew Pettegree,* Leiden/Boston 2022, S. 51–60.

LIMBACH 2023: Saskia Limbach, Sales and Trading in Frankfurt. Feyerabend's Prices in Perspective (1565–1597), in: Angela Nuovo u. a. (Hrsg.), *Competition in the European Book Market. Prices and Privileges (15th–17th Centuries),* Antwerpen 2023, S. 27–67.

LIPSIUS 1596: Justus Lipsius, *Poliorceticon sive de machinis, tormentis, telis,* Antwerpen: Officina Plantiniana 1596.

LISTES 1578: *Listes Des Moyens Generaux,* Antwerpen: Christophe Plantin 1578.

LIVIUS 1588: Titus Livius, *Libri Omnes, Quotquot Ad Nostram Aetatem Pervenerunt,* Frankfurt am Main: Sigmund Feyerabend, Heinrich Tack und Peter Fischer 1588.

LOOSE 1879: W. Loose, Johann Herrgott, in: *Anzeiger für Kunde der deutschen Vorzeit* 26 (1879), Sp. 293–295.

LÜBBECKE 1948: Fried Lübbecke, *Fünfhundert Jahre Buch und Druck in Frankfurt am Main,* Frankfurt am Main 1948.

LUTHER 1524: Martin Luther (Übers.), *Das Ander teyl des alten testaments,* Wittenberg: Lucas Cranach d. Ä. und Christian Döring 1524 (VD 16 B 2908).

LUTHER 1560: Martin Luther und Virgil Solis, *Biblia, Das ist, Die gantze Heylige Schrifft, Teutsch. D. Mart. Lut. Sampt einem Register, vnd schönen Figuren,* Frankfurt am Main: Sigmund Feyerabend, David Zöpfel und Johann Rasch 1560.

MANGOLD 1596: Marx Mangold, *Marckschiff, oder Marckschiffer Gespräch, von der Franckfurter Meß* o. O. 1596.

MANTICA 1580: Francesco Mantica, *De coniecturis ultimarum voluntatum,* Frankfurt am Main: Sigmund Feyerabend und Martin Lechler 1580.

MARKEY 2020: Lia Markey (Hrsg.), *Renaissance Invention. Stradanus's Nova Reperta,* Evanston (IL) 2020.

MARKEY 2020a: Lia Markey, Introduction: Inventing the Nova Reperta, in: dies. (Hrsg.), *Renaissance Invention. Stradanus's Nova Reperta,* Evanston (IL) 2020, S. 25–39.

MASSLOW 1926: Sergius J. Masslow, Ukrainische Druckkunst des 16. bis 18. Jahrhunderts, in: *Gutenberg-Jahrbuch,* 1, 1926, S. 65–76.

MATHESIUS 1562: Johannes Mathesius: *Sarepta oder Bergpostill,* Nürnberg: Johann vom Berg und Ulrich Neuber 1562.

MATHIESEN 1992: Robert Mathiesen, Cyrillic and Glagolitic Printing and the Einstein Thesis, in: *Solanus. International Journal for Russian & East European Bibliographic, Library & Publishing Studies,* N. S., 6, 1992, S. 3–26.

MATHY 2005: Helmut Mathy, Frank Joseph Bodmann – umstritten, und doch extrem gelehrt, in: Annelen Ottermann und Stephan Fliedner (Hrsg.), *200 Jahre Stadtbibliothek Mainz,* Wiesbaden 2005, S. 59–65.

MATSYUK 1968: Orest Matsyuk, Tschi bilo knigodrukuvania na Ukrajini do Iwana Fedorowa?/ Чи було книгодрукування на Україні до Івана Федорова?, in: *Archivy Ukrajini,* 2, 1968, S. 3–14.

MATYSSEK 2006: Angela Matyssek, Grenzen des fotografischen Dokuments? Die Fotografien der ‚Deutschen Dome', in: Regine Abegg, Bernd Carqué und Daniela Mondini, *Visualisierung und Imagination. Materielle Relikte des Mittelalters in bildlichen Darstellungen der Neuzeit und Moderne,* Göttingen 2006, S. 597–643.

MCLUHAN 2002: Marshall McLuhan, *The Gutenberg Galaxy. The Making of Typographic Man,* Toronto 2002.

MEEUS 2018: Hubert Meeus, From Nameplate to Emblem. The Evolution of the Printer's Device in the Southern Low Countries up to 1600, in: Anja Wolkenhauer und Bernhard F. Scholz (Hrsg.), *Typographorum Emblemata. The Printer's Mark in the Context of Early Modern Culture,* Berlin/Bostson 2018 (= Schriftmedien – Kommunikations- und buchwissenschaftliche Perspektiven, 4), S. 77–100.

MEIER 1911a: Burkhard Meier, Rezension von: Wilhelm Pinder, Deutsche Dome des Mittelalters, Düsseldorf 1910, in: *Monatshefte für Kunstwissenschaft* 3 (1910), S. 245 f.

MEIER 1911b: Burkhard Meier, *Die romanischen Portale zwischen Weser und Elbe,* Heidelberg 1911 (= Zeitschrift für Geschichte der Architektur, Beiheft 6).

MEIER 1923: Burkhard Meier, Aus Deutschlands Schatzkammern: Die Bildwerke des Naumburger Doms, in: *Die Woche* 25 (1923), Nr. 14, S. 346 f.

Meier 1996: Michael Meier, Der Deutsche Kunstverlag – Eine Übersicht, in: *Deutscher Kunstverlag 1921–1996. Geschichte und Zukunft,* München/Berlin 1996, S. 15–29.

Meiner 1922: Annemarie Meiner, *Das Deutsche Signet. Ein Beitrag zur Kulturgeschichte,* Leipzig 1922.

Mollerup 1999: Per Mollerup, *Marks of Excellence. The History and Taxonomy of Trademarks,* New York 1999.

Mori 1921: Gustav Mori, *Was hat Gutenberg erfunden? Ein Rückblick auf die Frühtechnik des Schriftgusses,* Mainz 1921.

Mori 1924: Gustav Mori, *Das Schriftgiessergewerbe in Süddeutschland und angrenzenden Ländern,* Stuttgart 1924.

Mori 1926: Gustav Mori, Die Egenolff-Lutherische Schriftgiesserei in Frankfurt am Main und ihre geschäftlichen Verbindungen mit den Vereinigten Staaten von Amerika, Frankfurt am Main 1926.

Mori 1932: Gustav Mori, *Chronik der Firma Aug. Weisbrod, Buchdruckerei und Verlag Frankfurt a. M. (1582–1932),* Frankfurt am Main 1932.

Mori 1945: Gustav Mori, *Lebenserinnerungen. Niedergeschrieben in den Monaten Januar und Februar 1945* [Schreibmaschinenschrift in drei Exemplaren: zwei im Gutenberg-Museum, eines im Institut für Stadtgeschichte, Frankfurt am Main].

Mori 1949: Gustav Mori, Nochmals der Typendruck des „Canon Missae" und der Sandguss. Entgegen des Aufsatzes von Professor Hupp im Gutenberg-Jahrbuch 1942/43, in: Gutenberg-Jahrbuch, 19–24, 1944–1949 (ersch. 1949), S. 80–90.

Müller 1959: Arnd Müller, Zensurpolitik der Reichsstadt Nürnberg. Von der Einführung der Buchdruckerkunst bis zum Ende der Reichsstadt, in: *Mitteilungen des Vereins für Geschichte der Stadt Nürnberg* 49 (1959), S. 66–169.

Nemirovski 1989: Evgenii Nemirovski, Iwan Fjodorow (Moskvitin)/Иван Федоров (Москвитин), in: *Slovar knizniko i kniznosti Drevnei Rusi,* 1989.

Nemirovski 2010: Evgenii Nemirovski, *Iwan Fjodorow. Natschalo knigopetschatania na Rusi: Opisanie izdanii i ukazatel literatury: K 500-letiu so dnia rozhdenia velikovo ruskovo prosvetitelia/Иван Фёдоров. Начало книгопечатания на Руси: Описание изданий и указатель литературы: К 500-летию со дня рождения великого русского просветителя,* Moskau 2010.

Ness 1992: Harry Neß, *Der Buchdrucker – Bürger des Handwerks. Berufserfahrung und Berufserziehung,* Wetzlar 1992 (zugl. Hagen, Fernuniv., Diss., 1989).

Neubauer 2009: Hans-Joachim Neubauer, *Fama. Eine Geschichte des Gerüchts,* Berlin 2009.

O wospytanii tschad 1609: *O wospytanii tschad,* Lwiw: Stauropegion-Bruderschaft 1609.

O'Dell 1993: Ilse O'Dell, *Jost Ammans Buchschmuck-Holzschnitte für Sigmund Feyerabend. Zur Technik der Verwendung von Bildholzstöcken in den Drucken 1563–1599,* Wiesbaden 1993 (= Repertorien zur Erforschung der frühen Neuzeit, 13).

O'Dell-Franke 1977: Ilse O'Dell-Franke, *Kupferstiche und Radierungen aus der Werkstatt des Virgil Solis,* Wiesbaden 1977.

O'Dell-Franke 1986/87: Ilse O'Dell-Franke, Die Nachwirkung von Dürers Tierdarstellungen auf Arbeiten Jost Ammans, in: *Jahrbuch der kunsthistorischen Sammlungen in Wien,* hrsg. von Fritz Koreny, Wien 1986/87, Bd. 82/83: *Albrecht Dürer und die Tier- und Pflanzenstudien der Renaissance. Symposium,* S. 91–99.

Ogiienko 1925: Iwan Ogiienko, *Istoria ukrajinskoho drukarstva/Історія українського друкарства,* Lwiw 1925.

Oktoikh 1491: *Oktoikh,* Krakau: Schweipolt Fiol 1491.

Oktoikh 1630: *Oktoikh,* Lwiw: Stauropegion-Bruderschaft 1630.

Oktoikh 1694: *Oktoikh,* Lwiw: Stauropegion-Bruderschaft 1694.

Origenes 1512: Origenes, *Operum Origenis Adamantii,* [Paris]: Jodocus Badius 1512.

Pallmann 1881: Heinrich Pallmann, *Sigmund Feyerabend, sein Leben und seine geschäftlichen Verbindungen. Ein Beitrag zur Geschichte des Frankfurter Buchhandels im sechzehnten Jahrhundert. Nach archivalischen Quellen,* Frankfurt am Main 1881 (= Archiv für Frankfurts Geschichte und Kunst, N. F., 7).

Panzer 1788–1805: Georg Wolfgang Panzer, *Annalen der* ältern *deutschen Litteratur oder Anzeige und Beschreibung derjenigen Bücher, welche ... in deutscher Sprache gedruckt worden sind,* Leipzig/Nürnberg 1788–1805.

Passerini 1693: Pietro Francesco Passerini: *De Occidente Unum Pro Alio Tractatio Methodica,* Parma: Alberto Pazzoni und Paolo Monzio 1693.

Pauli 1901: Gustav Pauli, *Hans Sebald Beham. Ein kritisches Verzeichnis seiner Kupferstiche, Radierungen und Holzschnitte,* Straßburg 1901.

Peters 2007: Dorothea Peters, Kunstverlage, in: Ernst Fischer und Stephan Füssel (Hrsg.), *Geschichte des deutschen Buchhandels im 19. und 20. Jahrhundert.* Bd. 2: *Die Weimarer Republik 1918–1933,* Teil 1, Berlin 2007, S. 463–508.

Peters 2010: Dorothea Peters, ‚... die sorgsame Schärfung der Sinne'. Kunsthistorisches Publizieren von Kugler bis Pinder, in: Horst Bredekamp und Adam S. Labuda (Hrsg.), *In der Mitte Berlins. 200 Jahre Kunstgeschichte an der Humboldt-Universität,* Berlin 2010, S. 229–255.

Petruccius 1488: Fredericus Petruccius, *Disputationes, questiones et consilia,* Siena: Heinrich von Haarlem und Johann Valbeck 1488.

Piemontois 1557: Alexis Piemontois [= Girolamo Ruscelli], *Les secrets,* Antwerpen: Officina Plantiniana 1557.

Plinius 2014: Plinius Secundus der Ältere, *Naturkunde/Naturalis historia libri xxxvii,* Buch x: Zoologie. Vögel, hrsg. von Roderich König, Berlin 2014.

Plokhy 2015: Serhii Plokhy, *Gates of Europe. A History of Ukraine,* New York 2015.

Pozdeeva 2011: Irina Pozdeeva (Hrsg.), *Moskowskii petschatnii dvor – fakt i factor ruskoi kulturi, 1652–1700/Московский Печатный двор – факт и фактор русской культуры, 1652–1700,* 2. Aufl., Moskau 2011.

Psalterium 1457: *Psalterium Benedictinum,* [Mainz]: Johann Fust und Peter Schöffer 1457.

Quintus 1541: Quintus, *Quinti Calabri Derelictorum,* Lyon: Sebastian Gryphius 1541.

Rambach 1759: Friedrich Eberhard Rambach, *Schicksal der Protestanten in Frankreich,* Halle: Johann Immanuel Gebauer 1759.

Rautenberg 2008: Ursula Rautenberg, Die Entstehung und Entwicklung des Buchtitelblattes in Deutschland, den Niederlanden und Venedig – Quantitative und qualitative Studien, in: *Archiv für Geschichte des Buchwesens* 2008 (62), S. 1–105.

Recueil des traittez 1643: *Recueil des traittez de paix, tréves et neutralité entre les couronnes d'Espagne et de France,* Antwerpen: Officina Plantiniana 1643.

Reske 2023: Christoph Reske, *Drucken in der Handpressenzeit im deutschen Sprachbereich (1450–1800). Technik und Handwerk in Druckereien und bei der Herstellung von Büchern,* Wiesbaden 2023 (= Beiträge zum Buch- und Bibliothekswesen, 69).

Reske/Benzing 2015: Christoph Reske und Josef Benzing, *Die Buchdrucker des 16. und 17. Jahrhunderts im deutschen Sprachgebiet. Auf der Grundlage des gleichnamigen Werkes von Josef Benzing,* 2. Aufl., Wiesbaden 2015 (= Beiträge zum Buch- und Bibliothekswesen, 51).

Roberts 1893: William Roberts, *Printer's Marks. A Chapter in the History of Typography,* London 1893.

Röder 2011: Bernd Röder, Zwischen Tradition, Phantasie und Abbild: Die Baldachine des Naumburger Westchores und die Architektur und Kleinplastik ihrer Zeit, in: Hartmut Krohm (Hrsg.), *Der Naumburger Meister. Bildhauer und Architekt im Europa der Kathedralen,* Bd. 1, Petersberg 2011, S. 91–103.

Roeck 2018: Bernd Roeck, *Der Morgen der Welt. Geschichte der Renaissance,* 3. Aufl., München 2018.

Rollenhagen 1611: Gabriel Rollenhagen, *Nucleus emblematum selectissimorum. quae Itali vulgo impresas vocant: priuata industria, studio singulari, vndiq[ue] conquisitus, non paucis venustis inuentionibus auctus, additis carminib[us] illustratus,* Köln: Jan Jansz. 1611.

Roth-Scholtzius 1730: Friedrich Roth-Scholtzius, *Thesaurus symbolorum ac emblematum, id est, insignia bibliopolarum et tyyporaphorum ab incunabulis typographiae ad nostra usque tempora [...] Praemissaest Joh.Conradi Spoerlii dissertatio epistolaris [...] quae introductionis [...] locum tueri poterit [...],* Nürnberg/Altdorf 1730.

Rouse 1988: Mary A. Rouse, *Cartolai, Illuminators, and Printers in Fifteenth-Century Italy. The Evidence of the Ripoli Press,* Los Angeles 1988.

Ruppelt 1997: Georg Ruppelt, *Buchmenschen in Büchern. Von Antiquaren und Buchhändlern, Verlegern und Buchbindern, Buchdruckern und Setzern, Bücherschändern und Bücherdieben, vom letzten Buchautor und der Zukunft des Buches,* Wiesbaden 1997.

Saavedra Fajardo 1655: Diego de Saavedra Fajardo: *Ein Abriss Eines Christlich-Politischen Printzens,* Amsterdam: Jan Jansson 1655.

Sachs 1568: Hans Sachs, *Eygentliche Beschreibung Aller Stände auff Erden. Hoher vnd Nidriger, Geistlicher vnd Weltlicher, Aller Künsten, Handwercken vnd Händeln, [et]c. vom grösten biß zum kleinesten, Auch von jarem Ursprung, Erfindung vnd gebreuchen,* Frankfurt am Main: Sigmund Feyerabend und Georg Rab 1568.

Sambucus 1584: Johannes Sambucus, *Emblemata, et aliquot nummi antiqui operis,* Antwerpen: Officina Plantiniana 1584.

Sauer 2023: Christine Sauer (Hrsg.), *Frauen machen Druck! Nürnbergs Buchdruckerinnen der Frühen Neuzeit,* Nürnberg 2023.

Sauer 2023: Christine Sauer, „Nicht so voellige ... doch etliche der Meisterschafft anhaengende Rechte". Witwen als Leiterinnen von Buchdruckereien in Nürnberg und Altdorf zwischen 1500 und 1700, in: dies. (Hrsg.), *Frauen machen Druck! Nürnbergs Buchdruckerinnen der Frühen Neuzeit,* Nürnberg 2023, S. 11–29.

Schard 1566: Simon Schard, *Germanicarum rerum quatour celebriores vetustioresque chronographi,* Frankfurt am Main: Sigmund Feyerabend, Georg Rab und Weigand Han Erben 1566 (vd 16 s 2277).

Scheibe/Wolkenhauer 2015: Michaela Scheibe und Anja Wolkenhauer (Hrsg.), *Signa Vides. Researching and Recording Printers' Devices,* London 2015.

Schelle-Wolff 1996: Carola Schelle-Wolff, *Zwischen Erwartung und Aufruhr. Die Flugschrift* Von der newen wandlung eynes Christlichen lebens *und der Nürnberger Drucker Hans Hergot,* Frankfurt am Main u. a. 1996.

SCHENCK VON TAUTENBERG 1537: Friedrich Schenck von Tautenberg, *Viridarii conclusionum iuridicarum tomus primus*. Schwäbisch Hall: Peter Braubach, 1537 (VD 16 S 2628).

SCHOTTENLOHER 1935: Karl Schottenloher, *Der Buchdrucker als neuer Berufsstand des fünfzehnten und sechzehnten Jahrhunderts*. Festvortrag gehalten auf der Generalversammlung der Gutenberg-Gesellschaft in Mainz am 24. Juni 1934, Mainz 1935 (= Kleiner Druck der Gutenberg-Gesellschaft, 23).

SCHRÖDL 2022: Barbara Schrödl, „Die steinernen Wunder von Naumburg". Ein Film, ein Buch und das Zu-sehen-Geben eines Doms, in: Hubert Locher und Maria Männig (Hrsg.), *Lehrmedien der Kunstgeschichte*, Berlin 2022, S. 264–277.

SEIDEL/TOEPFER 2010: Robert Seidel und Regina Toepfer, Einleitung. Frankfurt im Schnittpunkt der Diskurse, in: Robert Seidel (Hrsg.), *Frankfurt im Schnittpunkt der Diskurse. Strategien und Institutionen literarischer Kommunikation im späten Mittelalter und in der frühen Neuzeit*, Frankfurt am Main 2010 (= Zeitsprünge. Forschungen zur Frühen Neuzeit, 14), S. 1–20.

SICHYNSKYI 1936: Volodimir Sichynskyi, *Drukarski i widawnitschi znaki XVI–XX st./Друкарські і видавничі знаки XVI–XX st*, Warschau 1936.

SILVESTRE 1867: Louis-Catherine Silvestre, *Marques typographiques ou recueil des monogrammes, chiffres, enseignes*, Paris 1867.

SIROPOLKO 1943: Stepan Siropolko, *Schwaipolt Fiol perschi drukar slowianskih kiriliwskikh knig/ Швайпольт Фіоль перший друкар слов'янських кирилівських книг*, Krakau/Lwiw 1943.

SLUZHEBNYK 1604: *Sluzhebnyk*, Striatyn: Gedeon Balaban 1604.

SOLMS-LICH 1563: Reinhard zu Solms-Lich, *Beschreibung Vom Ursprung anfang und herkhomen des Adels*, Frankfurt am Main: Sigmund Feyerabend, Johann Lechler und Simon Hüter 1563.

STEINMANN 2013: Martin Steinmann, *Handschriften im Mittelalter. Eine Quellensammlung*, Basel 2013.

STÖCKL/KUENZER 1988: Alois Thomas Stöckl und Jörg A. Kuenzer, *Gutenberg war's nicht allein. Gutenberg, Fust u. Schöffer als Erfinder d. Buchdruckkunst*, Karlsruhe 1988.

STRAEHLE 2009: Gerhard Straehle, *Der Naumburger Meister in der deutschen Kunstgeschichte. Einhundert Jahre deutsche Kunstgeschichtsschreibung 1886–1989*, München 2009.

STROHM 1987: Stefan Strohm, unter Mitarbeit von Peter Amelung, Irmgard Schauffler und Eberhard Zwink, *Deutsche Bibeldrucke 1466–1600*, Stuttgart 1987.

SYLVANUS 1560: Johannes Sylvanus, *Christliche Bekantnus ... von den streitigen Artikeln christlicher Lehr*, Tübingen: Ulrich Morhart d. J. 1560 (VD 16 S 10354).

TERRAHE 2010: Tina Terrahe, Frankfurts Aufstieg zur Druckmetropole des 16. Jahrhunderts. Christian Egenolff, Sigmund Feyerabend und die Frankfurter Buchmesse, in: Robert Seidel und Regina Toepfer (Hrsg.), *Frankfurt im Schnittpunkt der Diskurse. Strategien und Institutionen literarischer Kommunikation im späten Mittelalter und in der frühen Neuzeit*, Frankfurt am Main 2010 (= Zeitsprünge. Forschungen zur Frühen Neuzeit, 14), S. 177–194.

TIMOSHIK 2019: Mikola Timoshik, Perwi ukrajinski dwukar Stepan Dropan, a ne Iwan Fedorowytsch/ Перший український друкар Степан Дропан, а не Іван Федорович, in: *Ukrainski informaziinii prostir* 2019 (2/4).

TIRAQUEAU 1574: André Tiraqueau, *Andreae Tiraquelli Regii In Curia Parisiensi Senatoris dignissimi*, Frankfurt am Main: Sigmund Feyerabend, Georg Rab und Nikolaus Basse 1574.

TOXITES 1557: Michael Toxites (Hrsg.), *Orationes Pvblice In Celeberrima Tvbingensi Academia A Professoribvs Pvblicis Per Hoc Trimestre Habitae*, Tübingen: Magdalena Morhart 1557 (VD 16 T 1770).

TRIOD' TSWITNA 1685: *Triod' tswitna*, Tschernihiw: Druckerei des Dreifaltigkeitsklosters 1685.

TROJAN: Gesa Trojan, *Chronologie: „... ein Unternehmen ganz eigenartigen Gepräges". 100 Jahre Deutscher Kunstverlag*, o. J., https://geschichte.deutscherkunstverlag.de/ (abgerufen am 26.7.2025).

ULLRICH 1998: Wolfgang Ullrich, *Uta von Naumburg. Eine deutsche Ikone*, Berlin 1998.

VAN BREDERODE 1587: Pieter Cornelis van Brederode und Franciscus Modius (Hrsg.), *Repertorium sententiarum et regularum, itemque definitionum, divisionum, differentiarum, formularum, singularum locutionum, collationum verborum, synonymorum, omonymorum, epithetorum, dictionum denique omnino omnium ex universo iuris civilis corpore, & glossis tam veteribus, quam recentioribus collectarum*, Frankfurt am Main: Sigmund Feyerabend, Heinrich Tack, Peter Fischer 1587.

VAN DELFT 2003: Marieke van Delft (Hrsg.), *Bibliopolis. History of the Printed Book in the Netherlands*, Zwolle, Den Haag 2003.

VAN DER STRAET [1589–1593]: Jan van der Straet, *Nova Reperta*, [Antwerpen]: Philipps Galle und Jan Collaert [1589–1593].

VAN HAVRE 1883–1884: Gustave van Havre, *Marques typographiques des imprimeurs et libraires anversois*, 2 Bde., Antwerpen 1883–1884.

VAN HAVRE 1911: Gustave van Havre, *Les marques typographiques de l'Imprimerie plantinienne*, Antwerpen 1911.

Van Huisstede/Brandhorst 1999: Peter van Huisstede und Hans (J. P. J.) Brandhorst, *Dutch Printer's Devices: Ein Katalog,* 2 Bde., Nieuwkoop 1999.

Vander Haeghen 1891–1923: Ferdinand vander Haeghen (Hrsg.), *Bibliotheca Belgica. Bibliographie générale des Pays-Bas,* Deuxième Série, tomes XVIII–XIX (Marques typographiques), Gent/Den Haag 1891–1923.

Vandeweghe/Op de Beeck 1993: Frank Vandeweghe und Bart Op de Beeck, *Drukkersmerken uit de 15e en de 16e eeuw binnen de grenzen van het huidige België,* Nieuwkoop 1993.

VD 16: Verzeichnis der im deutschen Sprachbereich erschienenen Drucke des 16. Jahrhunderts (VD 16), https://www.bsb-muenchen.de/sammlungen/historische-drucke/recherche/vd-16/ (abgerufen am 28.04.2025).

VD 17: Das Verzeichnis der im deutschen Sprachraum erschienenen Drucke des 17. Jahrhunderts (VD 17), http://www.vd 17.de/ (abgerufen am 10.10.2024).

Vizkelety-Ecsedy 2018: Judit Vizkelety-Ecsedy, Mottos in Printers' Devices – Thoughts about the Hungarian Usage, in: Anja Wolkenhauer und Bernhard F. Scholz (Hrsg.), *Typographorum Emblemata. The Printer's Mark in the Context of Early Modern Culture,* Berlin/Boston 2018 (= Schriftmedien – Kommunikations- und buchwissenschaftliche Perspektiven, 4), S. 333–346.

Voet 1969–1972: Leon Voet, *Die Goldenen Zirkel. Eine Geschichte und Bewertung der Druck- und Verlagstätigkeit der Officina Plantiniana in Antwerpen,* 2 Bde., Amsterdam 1969–1972.

Voet/Voet-Grisolle 1980–1983: Leon Voet und Jenny Voet-Grisolle, *Die Plantin-Presse, 1555–1589. Eine Bibliographie der von Christopher Plantin in Antwerpen und Leiden gedruckten und veröffentlichten Werke,* 6 Bde., Amsterdam 1980–1983.

Von Schade 1981: Herwarth von Schade, *Joachim Westphal und Peter Braubach. Briefwechsel zwischen dem Hamburger Hauptpastor, seinem Drucker-Verleger und ihrem Freund Hartmann Beyer in Frankfurt am Main über die Lage der Kirche und die Verbreitung von Büchern,* Hamburg 1981.

Von Zur Westen 1931: Walter von Zur Westen, *Meine Sammlung. Den Teilnehmern am Stiftungsfeste des Deutschen Vereins für Exlibriskunst und Gebrauchsgraphik e.V. zu Berlin am 11. April 1931 gewidmet,* Berlin 1931.

Wendland 1984: Henning Wendland, *Signete. Deutsche Drucker- und Verlegerzeichen, 1457–1600,* Hannover 1984.

Wolkenhauer 2002a: Anja Wolkenhauer, *Zu schwer für Apoll. Die Antike in humanistischen Druckerzeichen des 16. Jahrhunderts,* Wiesbaden 2002 (= Wolfenbütteler Schriften zur Geschichte des Buchwesens, 35).

Wolkenhauer 2002b: Anja Wolkenhauer: Druckerzeichen und Emblematik von Alciato bis Rollenhagen. Eine Geschichte wechselseitiger Anregungen, in: Wolfgang Harms u.a. (Hrsg.), *Polyvalenz und Multifunktionalität der Emblematik,* Bd. 2, Frankfurt am Main 2002, S. 845–866.

Wolkenhauer 2015a: Anja Wolkenhauer, Printers' Marks in Scholarly Research – Overview and Questions, in: *Signa Vides. Researching and Recording Printers' Devices,* hrsg. von The Consortium of European Research Libraries, London 2015, S. 7–25.

Wolkenhauer 2015b: Anja Wolkenhauer, Symbola ac emblemata. Perspektiven der Druckerzeichenforschung für die Frühe Neuzeit, in: *Wolfenbütteler Renaissance-Mitteilungen*, 36, H. 1, 2015, S. 25–37.

Wolkenhauer 2018: Anja Wolkenhauer, Sisters, or Mother and Daughter? The Relationship between Printer's Marks and Emblems during the First Hundred Years, in: dies. und Bernhard F. Scholz (Hrsg.), *Typographorum Emblemata. The Printer's Mark in the Context of Early Modern Culture*, Berlin/Boston 2018 (= Schriftmedien – Kommunikations- und buchwissenschaftliche Perspektiven, 4), S. 3–28.

Wolkenhauer/Scholz 2018: Anja Wolkenhauer und Bernard F. Scholz (Hrsg.), *Typographorum Emblemata. The Printer's Mark in the Context of Early Modern Culture*, Berlin/Boston 2018 (= Schriftmedien – Kommunikations- und buchwissenschaftliche Perspektiven, 4).

Zapasko/Matsiuk/Stasenko 2000: Iakim Zapasko, Orest Matsiuk und Volodimir Stasenko, *Potschatki ukrajinskoho drukarstwa/Початки українського друкарства,* Lwiw 2000.

Zernova 1958: Antonina Zernova, *Knigi kirilowskoi petschati izdannyie v Moskwe v XVI–XVII vekax/Книги кирилловской печати изданные в Москве в XVI–XVII веках,* Moskau 1958.

Zlatoust 1624: Ioann Zlatoust: *Besidy na diyannya Sv. Apostoliv,* Kyjiw: Druckerei des Kyjiwer Höhlenklosters 1624.

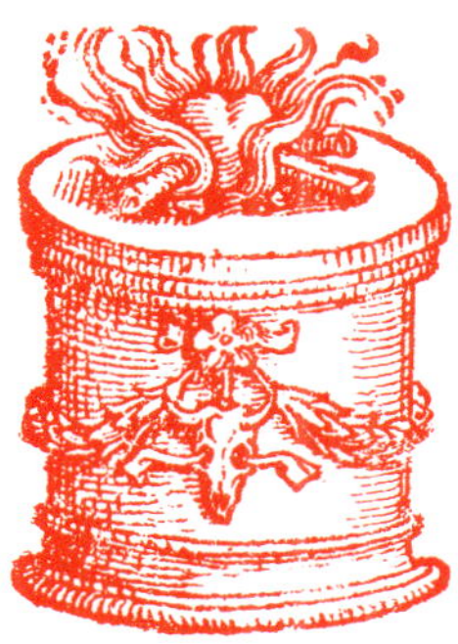

IMPRESSUM

Herausgeberinnen: Nino Nanobashvili, Hui Luan Tran

Autor:innen der Beiträge:
Valentyna Bochkovska, Joost Depuydt, Saskia Limbach, Josefine Milde, Nino Nanobashvili, Katja Richter, Christine Sauer, Sophia Sarbinowski, Hui Luan Tran

Lektorat: Ilka Backmeister-Collacott

Übersetzung der Beiträge von Valentyna Bochkovska und Joost Depuydt aus dem Englischen: Nino Nanobashvili, Hui Luan Tran

Projektmanagement im Verlag: Imke Wartenberg

Herstellung im Verlag: Kerstin Protz

Gestaltung, Satz und Layout: Andreas Koch

Bildbearbeitung: Andreas Koch

Reproduktionen: Die verwendeten Bilder stammen aus dem Bestand des Gutenberg-Museums oder wurden durch die jeweiligen Institutionen zur Verfügung gestellt. Beitrag Richter, Abb. 2 VG Wort, Vergriffene Werke 1.0; Abb. 7 Aufnahme-Nr. KBB 921, © Bildarchiv Foto Marburg

Druck und Bindung: DZA Druckerei zu Altenburg GmbH, Altenburg

Schrift: EB Garamond

Papier, Inhalt: Magno Volume 150 g/m²;
Umschlag: Crescendo 260g/m²;
Schutzumschlag: IGEPA Transparent 150 g/m²

Umschlagabbildung: Details des Titelblatts mit dem Druckerzeichen von Jodocus Badius (Paris), in: ORIGENES 1512. Gutenberg-Museum Mainz, GM Mori Bs 402; siehe auch Frontispiz

Verlag und Vertrieb:
Deutscher Kunstverlag
Ein Verlag der Walter de Gruyter GmbH
Genthiner Straße 13
10785 Berlin

ISBN 978-3-422-80320-6
Library of Congress Control Number: 2025944225

Bibliografische Information der Deutschen Nationalbibliothek
Die Deutsche Nationalbibliothek verzeichnet diese Publikation in der Deutschen Nationalbibliografie; detaillierte bibliografische Daten sind im Internet über http://dnb.dnb.de abrufbar.

www.deutscherkunstverlag.de
www.degruyterbrill.com
Fragen zur allgemeinen Produktsicherheit:
productsafety@degruyterbrill.com